Beltz Taschenbuch 97

Über dieses Buch:

Computereinsatz in der Grundschule – das hieß bis vor kurzem: Angst und Fremdheit vor dem neuen Medium überwinden, erste Erfahrungen beim Einsatz des PCs in der Klasse sammeln, Begeisterung bei Lehrerinnen und Lehrern, wenn das Programm »lief«, und herbe Enttäuschung und Ratlosigkeit, wenn der Rechner mal wieder »abgestürzt« war.

Inzwischen sieht das Bild, wie es sich in den Grundschulen darstellt, anders aus. Heute geht es um Fragen nach der didaktisch sinnvollen Einbindung des PCs in den Themenkanon der Grundschule und die kritische Auseinandersetzung mit der angebotenen Software, um die Vernetzung der vorhandenen Ressourcen und damit um die Frage nach Pflege und Verwaltung des schulinternen Netzes, aber auch – und in steigendem Maße – um die Frage, wie das Internet als Kommunikation-, Interaktions- und Präsentationsmedium genutzt werden kann.

Welche Chancen bietet der Computer für eine Erweiterung der Lernerfahrungen der Schüler und der bisherigen Unterrichtsmethoden? Und wo liegen die Grenzen eines sinnvollen Einsatzes im Grundschulbereich?

Mit diesen Fragen setzen sich in diesem Buch erfahrene Fachleute in theoretischen Ausführungen und anhand vieler Praxisbeispiele auseinander.

Inhalt

Editorial

Vor vier Jahren erschien unser Buch »Computer in der Grundschule«. Inzwischen hat sich so viel ereignet, dass wir uns entschlossen haben, nicht noch einmal eine unveränderte Neuauflage herauszubringen, sondern – unter Beibehaltung und Aktualisierung einzelner Beiträge – ein neues Buch zu machen. Ging es damals um ein Motivieren von Grundschullehrerinnen, den PC als das Medium im Unterricht einzusetzen, an dem man im Rahmen einer »modernen« Pädagogik nicht vorbeikomme, so zeigt sich heute in Grundschulen insgesamt ein sehr disparates Bild. Neben solchen, in denen die Informationstechnologie (IT) Einzug gehalten hat und dort auch quasi professionell genutzt wird, gibt es andere, an denen nach wie vor das Arbeiten mit dem PC einzelnen, engagierten Lehrkräften überlassen geblieben ist. Allerdings wird bei den schulischen Highlights von Computernutzung häufig verschwiegen, dass Lehrerinnen bei technischen Problemen je nach Möglichkeit auf ihren männlichen Lebenspartner im Hintergrund zurückgreifen.

Nun haben sich ja auch Politiker des Themas »Informationstechnologien und Schule« angenommen und politische Programme entwickelt, wie man Grundschulen auf das Niveau der heutigen Zeit anheben könne. Neben den Initiativen »Schulen ans Netz«, der Unterstützung durch Firmen wie der Deutschen Telekom oder Sponsoren, die Schulen komplette Ausrüstungen bereitstellen, tönen Politiker landauf, landab, wie sie den Schulen durch Bereitstellung von Geldmitteln den Erwerb der benötigten Hardware ermöglichen wollen – bis hin zur Forderung eines Computerarbeitsplatzes für jeden Schüler! Allerdings: Noch scheint – abgesehen von vereinzelten »Technologieinseln« – kaum jemand ernsthaft auf die Anforderungen vorbereitet zu sein, die ein derartiger Ansturm von Veränderungswünschen im schulischen Alltag nach sich zieht. Immer noch gibt es keine allgemein anerkannten und überprüften didaktischen Konzepte für die Integration von Computern in den Unterricht der Grundschule. Und immer noch ist unklar, ob der verstärkte Einsatz der Informationstechnologien insgesamt überhaupt sinnvoll ist.

Die Situation gleicht ein wenig der Unsicherheit im Börsenalltag in der Frage, ob E-Commerce eine Zukunft habe oder nicht. Da steigen und fallen die Kurse der in dieses Geschäft involvierten Firmen ohne Sinn und Verstand. Vielleicht werden nirgendwo so viel Wunschdenken und so viel Glaube an paradiesische Aussichten produziert wie im Bereich der neuen Informationstechnologien. Diese Situation spiegelt auch die Zusammenstellung der Beiträge in dem vorliegenden Buch wider. Neben Beiträgen, mit denen wir noch unentschlossene Kolleginnen und Kollegen zu motivieren hoffen, gibt es solche, die Informationen über bereits in den Höhen professioneller informationstechnologischer Anwendungen schwebende Kolleginnen und Kollegen vermitteln, und schließlich solche, die ganz offen fragen, welcher Unsinn da getrieben werde, wenn man meine, die Errungenschaften der Erwachsenenwelt eins zu eins auf den Umgang mit Grundschulkindern übertragen zu können.

Ein Weiteres kommt hinzu: Wir erleben in vielen Bereichen unseres heutigen Alltags, wie wir mit den destruktiven Konsequenzen von angeblich segensreichen Entwicklungen zu kämpfen haben. Die Folgen der Produktion und Verwendung von Informationstechnologien sind inzwischen untersucht worden. Statistische Überlegungen sprechen davon, dass z.B. der Energieverbrauch im Betrieb, mehr noch aber in der Herstellung von Hard- und Software Dimensionen angenommen hat, die erschreckend sind: »Das US-Magazin Forbes hat errechnet, dass

1998 die rund drei Millionen Router und vier Millionen Server in den USA rund 185 Milliarden Kilowattstunden verbraucht haben. Das entsprach etwa acht Prozent des US-Energieverbrauchs. Wer heute zwei Megabyte an Daten erstellt und über das Internet verschickt, der verbraucht laut Forbes die Energie von einem halben Kilogramm Kohle«, so Andreas Grote in der Zeitschrift c't (Heft 5, 2000). Und ca. 13 Prozent des amerikanischen Energieverbrauchs gehen auf das Konto der Computerherstellung. Nicht weniger pessimistisch sind die Aussichten bei der Entsorgung von Computerschrott. Wenn man bedenkt, dass die Herstellung eines einzigen PCs zwischen 16 und 19 Tonnen Rohstoffe verschlingt (verursacht z.B. durch extreme Anforderungen an die Produktionsbedingungen der Chipherstellung), kann man sich leicht vorstellen, dass die Entsorgung noch weit kostspieliger ist: Eine 1999 veröffentlichte Studie des »National Safety Council's Environmental Health Center« (USA) prognostizierte, dass bis zum Jahr 2004 über 315 Millionen obsoleter Computer in den Staaten anfallen würden. 1998 wurden nur sechs Prozent der Computer einer relevanten Entsorgung zugeführt. Da ein Computer aus bis zu 1000 verschiedenen Grundstoffen bestehen kann, die zum Teil hochgiftig sind, muss er als Sondermüll behandelt und entsorgt werden. Hier hilft immerhin eine neue europäische Regelung, wenigstens die Spitze des Eisbergs abzutragen.

Heute, nach ca. 15 bis 20 Jahren Computerentwicklung sind wir immer noch nicht so weit, dass eine Technik zur Verfügung stünde oder sich hätte marktwirtschaftlich durchsetzen können, die umweltfreundlich ist, zuverlässig funktioniert und nicht bereits nach zwei Jahren als Elektronikschrott entsorgt werden muss. Die Halbwertzeit neuer Geräte beträgt heute gerade mal ca. drei Jahre. Der Computer ist zudem eine derart komplizierte Maschine, dass kaum jemand die Voraussetzungen mitbringt, sie adäquat zu pflegen und bei Problemen wieder instand zu setzen. Damit dürften viele PCs in Grundschulen ein ähnliches

Schicksal erleiden wie andere technische Geräte, die in irgendwelchen Abstellräumen ein Dasein als technische Leiche fristen. Wer die Informationstechnologie in die Grundschulen bringen möchte, muss sich auch darum kümmern, wer die Zeit und das Know-how aufbringen soll, sich kompetent um eine derart komplizierte Technik zu kümmern.

Da heute auch über komplexe Vernetzungen von Schulen nachgedacht wird und es neben einzelnen bereits intern vernetzten Schulen hier und da konkrete Pläne zur flächendeckenden Vernetzung gibt, kommt man auch um dieses Thema in einem Fachbuch zu Computern in Grundschulen heute nicht mehr herum. Wer jemals in einem Computernetz gearbeitet oder es gar administriert hat, weiß um die Problematik dieser technologischen Anforderungen. Es sind aber nicht nur die Anforderungen an eine administrative Professionalität, für die in der Industrie hohe und höchste Gehälter bezahlt werden, es ist auch die so genannte »user-Betreuung«, also die Schulung und Beratung der Nutzer von Netzwerktechnologien. Die Situation auf diesem Sektor ist einerseits mit dem Beispiel des Technikers vergleichbar, der wegen einer nicht funktionierenden Waschmaschine gerufen wird, bei der der Kunde vergessen hat, den Stecker in die Dose zu stecken, bis hin zu experimentierfreudigen Kolleginnen und Kollegen, die einen an das Schulnetz angeschlossenen PC derart »ruinieren«, dass er softwareseitig komplett neu aufgebaut werden muss. Wer soll all dies leisten? Und wer steht in den Schulen zur Verfügung, um die sich hinter den technischen Problemen verbergenden kollegialen Beziehungsprobleme zu durchschauen, die das Funktionieren bzw. Nichtfunktionieren eines Schulnetzes beeinflussen? Immerhin heißt Vernetzung ja auch, dass Menschen in einem System zusammengebracht werden, die unter Umständen gar nicht zusammenarbeiten wollen oder können oder deren Zusammenarbeit nicht unbedingt sinnvoll ist.

Bei allen Vorteilen und Notwendigkeiten, die den Einsatz von Computern in Grundschulen sicherlich begründen, muss heute auch gefragt werden, ob der Aufwand, die Widrigkeiten und die Energie der Kolleginnen und Kollegen dem Ziel eines Grundschulunterrichtes angemessen sind. Zu dieser Situation wollen wir mit unseren Texten einen informativen Beitrag leisten.

Zu den Beiträgen

Die Schulen sind auf dem Weg, den Computer in ihren normalen Schulalltag einzugliedern. Der Weg dahin wurde möglich dadurch, dass sich die schulische Ausstattung in der Qualität immens erhöht hat (sei es durch Unterstützung der Schulträger, Zuwendung von Firmen oder durch Initiative besonders engagierter Eltern) und dass – vor allem – die Lehrerschaft begonnen hat, sich auf das neue Medium einzustellen.

Zudem darf nicht übersehen werden, dass die jungen Kolleginnen, die kürzlich den Schuldienst begonnen haben, nicht nur umfassendes Know-how mitbringen, sondern auch eine große Bereitschaft, den PC als Arbeitsmittel in ihre Planungen mit einzubeziehen.

In welchen Bereichen und Zusammenhängen das möglich ist, wie man den PC in den Unterrichtsalltag integrieren kann, dass er nicht nur eine starke Motivationshilfe darstellt, sondern auch das Lernen fördert, das beschreibt Sigrid Müller in ihrem Beitrag. Die Darstellung einzelner Programme und Anwendungshinweise ist auch gerade für diejenigen interessant, die einen Neueinstieg wagen wollen. Sigrid Müller übersieht dabei nicht, dass viele der Lerninhalte durchaus auch über andere Medien (vor allem über Bücher) erarbeitet werden könnten, verweist jedoch auf den Umstand des – in diesem Zusammenhang wieder einmal wichtigen – Lernens mit allen Sinnen.

Wer sich nicht nur anwendungsorientiert informieren möchte,

sondern sich mit dem didaktischen Stellenwert auseinander setzen will, mit der Einbindung und Verknüpfung der neuen Technologie mit dem Lehr- und Lernprozess, sollte den Beitrag von Gerold Scholz lesen. Seine These: Es kommt nicht mehr auf die Vermittlung von Wissen an, sondern auf den Umgang mit Wissen. Könnte der PC auch dazu seinen Beitrag leisten?

Einen für manche vielleicht überraschenden Vorschlag macht Wolfgang Sander: Er begründet sachlich und durchaus nachvollziehbar, warum es eigentlich sinnvoller wäre, wenn sich Schulen bei einer Neuausstattung mit Computern für Apple-Rechner entscheiden würden. Der Beitrag stimmt nachdenklich, denn eingefahrene Denkmuster werden plötzlich nachhaltig infrage gestellt.

Zwei Lehrerinnen, Birgit Volp und Elke Schwichtenberg, die zunächst einmal ganz andere Erfahrungen gemacht hatten, beweisen mit ihren Praxisberichten: Neugierig sein und beharrlich bleiben lohnt sich. Trotz Frustration durch erfolglose Computerfortbildungen und der daraus resultierenden Blockaden haben beide schließlich ihre Möglichkeiten gefunden, Computer im offenen Unterricht der Grundschule einzusetzen. Diesen Weg, der natürlich gekennzeichnet ist von vielen Ungewissheiten und Problemen, aber eben auch von der Begeisterung und Kooperation der Kinder, beschreiben sie in ihren Beiträgen. »Neulinge« werden sich einige brauchbare Tipps holen können.

Inge Blatt schreibt über die Notwendigkeit, gesicherte didaktische Modelle zur Verfügung zu haben, bevor die neue Technologie auf breiter Basis installiert wird. Von grundlegender Wichtigkeit sind dafür die Erfahrungen, die bisher gewonnen werden konnten, und zwar unter den Fragestellungen: Mit welchen Vorerfahrungen und Einstellungen kommen die Kinder in die Schule? Welche Anforderungen stellen Lesen und Schreiben mit Computer? Welche Unterrichtsziele und didaktisch-methodischen Konzepte sind daraus abzuleiten? Wie also kann ich den Computer einsetzen bei der eigentlichen Aufgabe des Deutschunterrichts, nämlich grundlegende Kenntnisse über das System der Sprache zu vermitteln? Fragen, zu denen sie den derzeitigen Wissensstand in ihrem Beitrag zusammenfasst.

Dass der PC gerade für die gezielte Bearbeitung spezieller Probleme von großem Nutzen sein kann, beweist Marianne Hoffmanns Bericht über die an ihrer Schule vorgenommene Neustrukturierung des Förderunterrichts für lese-rechtschreibschwache Kinder.

Wie steht es denn nun mit dem Angebot von guter Unterrichtssoftware, wie muss eine Fortbildung gestaltet werden, bei der Lehrerinnen in Ruhe, ohne Druck, aber mit Spaß einen Zugang zum PC entwickeln können? Horst Eufinger und Udo Spindler beschäftigen sich mit den Fragen, wie man Motivation wecken kann, welche Erwartungen die Teilnehmerinnen haben und welche grundlegenden Kenntnisse vermittelt werden müssen.

Bei den von Horst Eufinger beschriebenen Fortbildungen speziell für Grundschullehrerinnen wird vor allem bedacht, dass Frauen einen völlig anderen Zugang zu Computern finden als Männer. Zwei Aspekte werden in diesen Kursen besonders herausgestellt: die Möglichkeiten des Computereinsatzes im Unterricht und (ebenso wichtig, auch für die Motivation der Teilnehmerinnen) die Nutzung des Rechners als Arbeitserleichterung bei der Unterrichtsvorbereitung und in weiteren schulischen Zusammenhängen (z.B. beim Schreiben der Zeugnisse).

Dennoch richten sich die Aufsätze nicht in erster Linie an Fortbilder (z.B. Rektorinnen und Rektoren), sondern sie geben potenziellen Teilnehmerinnen und Teilnehmern die Möglichkeit herauszufinden, welche Bedürfnisse sie haben (könnten) und welche Anforderungen sie an eine Fortbildung stellen wollen, d.h., sie können ein Stück weit aktiv ihre Weiterbildung mitbestimmen.

Grundsätzliche Fragen zum Einsatz von Unterrichtssoftware behandeln Knut Künkel und Rudolf Peschke. Passt die Software zu den benutzten Lernarrangements, in welcher Art unterstützt sie den Lernprozess, wie oft arbeiten die Kinder damit, ist sie für Einzelarbeit oder für Kleingruppen konzipiert? Es ist offensichtlich noch nicht selbstverständlich, dass Pädagogen und Programmierer gemeinsam Softwareprogramme entwickeln. Die Autoren eröffnen dazu verschiedene Sichtweisen: Im Vordergrund stehen die Ansprüche von Unterricht und Schule (mit ihren individuellen Lernprozessen), andererseits werden auch die Interessen und Probleme der Programmierer und des Vertriebs dargestellt. Ein weiteres Feld ist die Beratung, die sich Eltern von Lehrerinnen und Lehrer wünschen: Welche Beurteilungskriterien lege ich an, was verbirgt sich hinter dem Begriff »Edutainment«?

Die erfreuliche Tatsache, dass die Schulen inzwischen teilweise mit einer ganzen Anzahl von Rechnern ausgestattet sind, die zum Teil auf die einzelnen Klassen verteilt und sogar schon miteinander vernetzt sind, wirft auf der anderen Seite nicht ganz unerhebliche Probleme auf: die Fragen nach der Pflege und Administration. Grundlegendes dazu ist dem Beitrag von Gerhard Renner zu entnehmen. Als Schulleiter mit weitgehenden Erfahrungen darin, den Computer als Innovationsmotor für schulisches Leben zu nutzen, weist er auf die »Schaltstellen« hin, die auf dem Weg dorthin Beachtung finden müssen. Eine gute Übersicht findet der Leser in den 14 Punkten, mit denen sein Beitrag zur Initiierung einer schuleigenen Arbeit mit PCs in Grundschulen zusammengefasst wird; z.B. wie gelange ich an funktionstüchtige Computer, wie motiviere ich Kolleginnen und Kollegen, brauche ich technisches Fachwissen, wie werden Kompetenzen angebahnt, wer hilft mir bei Problemen mit Hard- und Software? Zudem berichtet er über eine Initiative, die es überflüssig macht, dass Schulen sich selbst um ihre Ausstattung mit Geräten bemühen müssen. So gibt es im Hochtaunuskreis in Hessen das Projekt »Schule digital«, das in vier eigens dafür ausgestatteten Schulen allmählich alle Lehrer und Lehrerinnen der

Region fortbilden will und parallel dazu alle Schulen mit einer größeren Anzahl neuer Rechner ausrüstet.

Ein Beispiel, wie der Beginn von Computerarbeit in der Schule durch Elterninitiative gefördert und vorangetrieben werden kann, ist in dem Beitrag von Sylvia Reiß und Claudia Lenius nachzulesen. Die enge Zusammenarbeit zwischen Schule und Elternschaft und das große Engagement der Väter und Mütter werden mit Beispielen belegt, die möglicherweise für andere Anregung und Hilfestellung sein können. So erfreulich diese Elternarbeit ist, muss doch andererseits auch kritisch gefragt werden, welche Möglichkeiten die Schulen nutzen können, die nicht auf so engagierte Eltern zurückgreifen können (denn schließlich kann dieses Engagenment nicht verbindlich von allen Eltern verlangt werden).

Wie umfangreich die – notwendige – Arbeit eines Administrators (die »Pflege des Netzes«) wirklich ist, dass dabei derart professionelle Kenntnisse verlangt werden, dass es nicht »nur so nebenbei« erledigt werden kann, lässt sich dem Beitrag von Ralf Kirchhartz entnehmen.

Zuletzt die neueste Entwicklung: Otto Mantler verrät seine Schreibintention schon im Titel. Im »Internet für Einsteiger« werden Technik und Organisation wie auch Nutzen und Anwendungshinweise erklärt und kommentiert.

Und auch Angela Hilger gibt mit ihrem Aufsatz den Kolleginnen und Kollegen, die sich mit dem Thema »Internet« auseinander setzen wollen, eine Reihe von interessanten Hinweisen und Ideen. Bewundernswert ist das Engagement dieser Kollegin, die zusätzlichen Zeit- (und Kosten-)Aufwand nicht scheut, um ihren Schülerinnen und Schülern den »Weg in die zukünftige Informations- und Wissensgesellschaft ebnen zu können«. Gleichzeitig klingt dabei aber auch an, dass ein solches Vorgehen eine umfassende Kenntnis des neuen Mediums voraussetzt und vermutlich vorerst noch nicht zum Normalfall an unseren Schulen gehören wird.

Fast den gegenteiligen Eindruck könnte man erhalten, wenn man den folgenden Beitrag anschaut. »Lernen mit dem Internet kann aktiv, kreativ, fantasievoll und kooperativ sein« – so formuliert es Anja Throm in ihrem Aufsatz über die Aktivitäten, die der Verein *Schulen ans Netz* hervorgerufen hat. Ausführlich beschreibt sie, wie vielfältig die Nutzungsmöglichkeiten bereits in verschiedene Projekte einfließen, wie intensiv das Angebot zur Teilnahme an einem Wettbewerb genutzt wurde.

Einen Einblick in die Möglichkeiten unterrichtlicher Arbeit gibt ihr Bericht über ein Internetangebot, das Kinder auffordert, unter vorgegebenen Fragestellungen die Natur in ihrer Umgebung genau zu betrachten und die Erkenntnisse im Internet zu veröffentlichen; Erfahrungen und Beobachtungen aus erster Hand werden mit den Möglichkeiten des Internets verknüpft.

Ein Interview mit erfahrenen »Internet-Lehrerinnen« gibt abschließend Einblicke in Details und interessante Fragestellungen.

1 Kinder, Schüler und Computer

Der PC als Werkzeug in der Grundschule – Ein erster Überblick

Sigrid Müller

In den letzten fünf Jahren hat sich in der Medienlandschaft der Schulen viel verändert. Wurden bis dahin Filme, Videos, Kassettenrekorder oder Overheadprojektor regelmäßig (wenn auch in den einzelnen Schulen mit unterschiedlicher Intensität) eingesetzt, so hat das neue Medium Computer die Schulen entweder in eine so fremdartige Situation gestellt, dass ihr nur mit Ratlosigkeit begegnet werden konnte, oder es hat eine überschwängliche Begeisterung ausgelöst.

Allmählich jedoch beginnt eine sachliche Diskussion

- um den angemessenen Einsatz des Rechners in fachlichen Zusammenhängen,
- um die Position im didaktischen Rahmenkonzept der Schule.

Der Computer kann die Qualität von Schule verbessern, wenn er überlegt eingesetzt wird.

Der PC kann als Schreib- und Gestaltungswerkzeug in einer Medienecke des Klassenzimmers genutzt werden und hilft bei verschiedenen Lern- und Übungsformen.

Besonders in projektorientierten, offenen, differenzierenden und fächerübergreifenden Unterrichtsformen lässt sich die Informationstechnologie gezielt einsetzen. Schülerinnen und Schüler können gemeinsam publizieren, kommunizieren und recherchieren. Schwächere Schülerinnen und Schüler, die sonst kaum zu Wort kommen, entwickeln Fähigkeiten, die ohne PC eventuell unentdeckt bleiben.

Folgende Aspekte sind für die Nutzung des PCs im Unterricht besonders interessant:

- Der PC als Schreibwerkzeug
- Der PC als Malwerkzeug
- Der PC als Trainer
- Der PC als Musikinstrument
- Der PC als Wissensvermittler
- Der PC als Kommunikationsmittel
- Der PC als Spiel- und Spaßgerät

Der PC als Schreibwerkzeug

Als Schreibwerkzeug hat der Rechner schon jetzt seinen festen Platz im Unterricht. Der PC bietet zahlreiche Schreibanlässe für die Kinder, die sich so mit Schreiben und Lesen befassen. Durch kommunikatives und kreatives Schreiben in Gruppen und anschließende Schreibkonferenzen mit gegenseitigen Verbesserungsvorschlägen fördern die Kinder ihren sprachlichen Ausdruck und erweitern ihren Grundwortschatz mit der zugehörigen Rechtschreibung.

Schon mit »WordPad« (Write), einem kleinen Schreibprogramm, das Bestandteil jedes Windows-PCs ist, können erste Schreiberfahrungen gemacht werden.

Publikationen

Die Erstellung von Publikationen aller Art fördert die sprachliche und geistige Entwicklung der Kinder. Eine selbst erstellte Schülerzeitung mit authentischen Schreib- und Lesesituationen aus der direkten Lebenswelt der Kinder kann Printmedien näher bringen und Lesen wieder erlebbar machen.

Die Kinder schreiben schon im ersten Schuljahr ohne weitere Kenntnisse in Rechtschreibung oder Grammatik mit dem Computer Buchstaben, Wörter und kleine Texte.

Ein Erlebnis
Carolyn und ich gingen gerade in die Schule, da sahen wir einen Igel, der krank war. Wir hebten ihn auf, "Carolyn, ich nehme ihn mit nach Hause."
"Nein!", sagte Carolyn.
Da sah ich Timo. "Komm doch mit", sagte ich.
"Nein, ich gehe mit dem Dennis."
"Komm Carolyn, wir gehen in die Schule." Und so war es. (Lea)

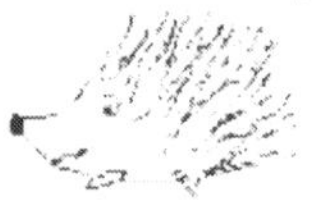

Die Tastatur des PCs zeigt zwar nur die Großbuchstaben, schreibt aber auch Kleinbuchstaben. Das hilft den Kindern sehr schnell bei der Zuordnung der beiden Formen. Da die Rechtschreibkompetenz bei den Schreibanfängern noch wenig ausgebildet ist, unterscheidet man in Schreibtexte und Lesetexte. Oft kann man die Texte nur durch Lautieren verstehen.

Die Lesetexte werden in die so genannte Bücherschrift (nach allen Regeln der Rechtschreibung!) übertragen, damit sie verständlich werden und sich bei den kleinen Lesern keine Rechtschreibfehler einprägen. Die Kinder legen meist ganz alleine fest, wie kompliziert ihr Text ist und richten sich nach ihren individuellen Leistungsmöglichkeiten. Dadurch schützen sie sich selbst vor Überforderung und lernen jedes Mal etwas dazu.

Die Texte sollten sich an der Lebenswelt der Kinder orientieren. Eine Schülerzeitung eignet sich besonders gut, um die Texte anderen zugänglich zu machen. In der Anzeigenrubrik unserer Zeitung wurde beispielsweise jemand gesucht, der die Hausaufgaben erledigt, oder die alten Rollerskates werden feilgeboten. Solche Texte werden gerne gelesen. Besonderer Beliebtheit erfreute sich auch das Horoskop, obwohl jeder wusste, dass es frei erfunden war.

Schreiben mit Anlauthilfen

Im ersten Halbjahr des ersten Schuljahrs entdecken die Schüler die Buchstaben und dass sie mit ihnen etwas ausdrücken können. Anfangs sind die eigenen Namen am interessantesten. Später sind sie vom Abtippen fertiger Texte aus dem Lesebuch fasziniert, bis sie beginnen, eigene Texte zu entwerfen. Sie tasten sich langsam an das Gerät und die Schriftsprache heran.

Mithilfe von Anlauttabellen können die Schüler schon in der ersten Klasse kleine Texte schreiben. Wohl am bekanntesten ist der Anlautbogen des Pädagogen Reichen. Die Kinder arbeiten mit einer Vorlage, auf der alle großen und kleinen Buchstaben zu sehen sind (wobei jedem Buchstaben ein Anlautbild zugeordnet ist). Durch Hören des Anlauts kann ein noch unbekannter Buchstabe gefunden werden und das Kind kann alles lautgetreu niederschreiben.

Der PC als Malwerkzeug

Mit verschiedenen Grafikprogrammen können die Kinder eigenständig malen oder auch vorhandene Grafiken bearbeiten. Zum Gestalten von Publikationen mit Grafiken eignet sich das in Windows vorhandene Programm »Paint« (Paintbrush).

Es gibt noch weitere Malprogramme, die unterschiedliche Werkzeuge anbieten. Mit »KidPix« oder dem »Creative Writer« hat man viele vorgegebene Möglichkeiten wie Bewegung und Spiegelungen aller Art bis hin zu integrierten Stempeln.

Freies Malen und Gestalten

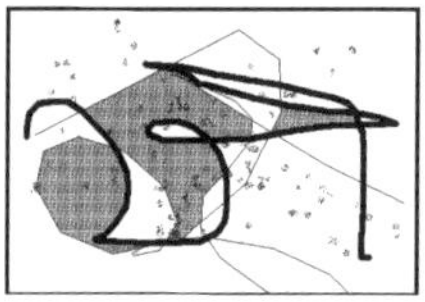

Im ersten Schuljahr probieren die Kinder gerne die einzelnen Werkzeuge aus und produzieren im freien Malen so genannte »moderne Kunst«, indem sie einfach mit den Farben experimentieren. Wenn sie geübter mit der Maus sind, können sie richtige Bilder mit konkreten Gegenständen malen.

Gestalten von Publikationen

Sehr gerne verknüpfen die Kinder Text und Bild miteinander. Entweder malen sie selbst etwas oder sie verzieren Texte mit vorhandenen Bildern und Bordüren. Im Internet gibt es eine digitale Bibliothek (z.B. www.gutenberg.aol.de). Dort finden sich Märchen und andere Texte verschiedener Autoren. Diese Märchen lassen sich z.B. in einer Projektwerkstatt mithilfe verschiedener Schriften gestalten und mit selbst gemalten Bildern (oder eingescannten) verschönern und im DIN-A4-Querformat zu kleinen Büchern binden, die sich sehr gut zur Präsentation während einer Projektwoche eignen.

Der PC als Trainer

Der Computer wird oft als Trainer zum Üben und Wiederholen des schon verstandenen Wissens eingesetzt. Er ersetzt aber keinesfalls die handelnde Erarbeitung eines Themas. Die Lehrerin sollte einen regelmäßigen Überblick über den Lernstand des Kindes und dessen Schwierigkeiten bei der Lösung der Aufgaben haben, um rechtzeitig mit anderen Übungsformen eingreifen zu können.

Einige Programme sind so gut durchdacht, dass sie sogar Hilfen anbieten und sich auf den Lernfortschritt des Schülers einstellen.

Rechnen und Kopfrechnen

Neben Päckchenrechnen im Buch, Karteikarten, LUK-Kästen usw. lassen sich mit dem PC viele weitere motivierende Übungsmöglichkeiten finden. Manche Rechentrainingsprogramme eignen sich zum Trainieren des Einmaleins, andere mehr zum Üben und Festigen der anderen Grundrechenarten. Bei schwierigeren Rechenoperationen bieten manche Programme visuelle Hilfen. Hierbei sollte beachtet werden, dass keine Falscheingaben möglich und dass die Hilfen mathematisch richtig und sinnvoll sind.

Viele Grundschulen arbeiten noch mit älteren Rechnern und sind auf Diskettenversionen angewiesen. Ein günstiges Angebot und gut durchdachtes Anfangspaket für das Üben und Trainieren von Gelerntem findet sich in der »Budenberg«-Software, die ursprünglich für den Sonderschulbereich programmiert wurde. Einige Programmteile sind mit virtuellen Handlungen verbunden, z.B. indem Dinge mit einem Lastwagen zur richtigen Kategorie transportiert werden müssen.

Die »Oriolusprogramme« auf Disketten haben Arbeitsblattcharakter und bieten außer »richtig« und »falsch« fast keine Hilfen. Sie sind sehr übersichtlich gestaltet und die Kinder üben deshalb gerne damit.

Das Einmaleins lässt sich hervorragend am Computer trainieren. Mit »Multiblos« vom Schubi Verlag haben meine Schüler sehr gerne gelernt. Hier gibt es verschiedene Levels, in denen immer wieder Einmaleinsaufgaben gelöst werden müssen, um einen kleinen Dinosaurier zu seinen Eltern zu führen.

Rechtschreibtraining

Für das Rechtschreibtraining gibt es sehr gute Programmangebote mit Kontroll- und Wiederholfunktion. Gute Lernprogramme passen sich der individuellen Leistungsfähigkeit des Kindes an und geben dem Lehrer die Möglichkeit einer Fehlerdiagnostik.

Für die einzelnen Schuljahre gibt es Grundwortschätze, die immer wieder geübt und gefestigt werden müssen. Hierbei ist der Einsatz des PCs sinnvoll. Zur Verbesserung der Rechtschreibung gibt es viele Angebote, bei denen es sich meist um so genannte Drillprogramme handelt.

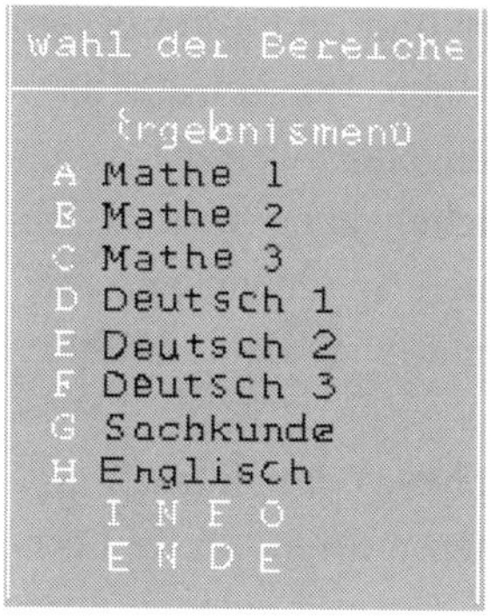

Besonders zu empfehlen ist der »HeLP-Sampler« mit der Budenberg-Software und der Lesewelt. Das breit gefächerte Übungsangebot des Budenberg-Programms beinhaltet Deutsch, Mathematik, Englisch und Sachunterricht, und es bietet die Möglichkeit, Kopiervorlagen zu den einzelnen Übungsabschnitten auszudrucken. Der Sampler ist als Schullizenz für DM 100,- beim Pädagogischen Institut in Frankfurt für hessische Schulen erhältlich.

»Alfons« und »Alfon's Lernwelt« gehören ebenfalls zu den gut durchdachten Programmen, benötigen aber eine etwas bessere Ausstattung der Rechner mit CD-ROM-Laufwerk und Soundkarte.

Lese-Rechtschreib-Schwäche

Bei einer Lese-Rechtschreib-Schwäche (LRS) sollte immer die Rechtschreibkontrolle des verwendeten Schreibprogramms aktiviert sein. Dies bietet den Kindern eine gute Hilfe, auf Fehler aufmerksam zu werden.

Vokabeln

Die Hilfe des PCs ist besonders gut zu nutzen beim Üben und Festigen von Vokabeln, denn das Vokabellernen ist angewiesen auf motivierende Abwechslung. Hier ist natürlich eine Soundkarte wichtig, damit die Sprache auch zu hören ist.

Übungen zum deutschen Grundwortschatz sind besonders gut geeignet für die Eingliederung ausländischer Kinder. In einigen Übungsprogrammen lassen sich Wort und Bild unter besonderer Berücksichtigung der Artikel zuordnen. Der einzelne Laut oder das einzelne Wort kann mehrmals angehört werden.

Der erste Kontakt mit anderen Sprachen kann über so genannte »Living books« zustande kommen, in denen verschiedene Dinge angeklickt werden können, die in der gewählten Sprache erläutert werden.

Manche Kindersoftware (z.B. von Tivola) ist in mehreren Sprachen angelegt und die Kinder können während einer Lernsequenz umschalten und sich den Inhalt in verschiedenen Sprachen erzählen lassen.

Auch das Lernprogramm »Rosetta Stone« (Speak!) gibt es für sehr viele Sprachen und es bietet eine Menge Übungsmöglichkeiten bis hin zur Tonaufnahme der eigenen Sprache.

Der PC als Musikinstrument

Einfache Musikstücke für die Grundschule lassen sich z.B. mit dem Programm »Mein erstes großes Musikstudio« vom Tandem Verlag erstellen. Es handelt sich um einen so genannten Musik-Malkasten. Mit einem Pinsel kann man Töne verschiedener Instrumente erzeugen. Die Tonhöhe und Länge ergeben sich ähnlich wie auf dem Notenblatt aus der räumlichen Lage des gemalten Strichs. Die Tastatur als Eingabegerät für Töne kann fast wie ein Klavier genutzt werden.

Der PC als Wissensvermittler

Beim Sammeln von Informationen und beim Recherchieren üben die Kinder die selbstständige Informationsbeschaffung sowie deren Selektion und Verarbeitung.

Recherche in verschiedenen Datenbanken

Die Softwareindustrie bietet eine Menge Lexika auf CD-ROM an, die teilweise auch für die Grundschule geeignet sind, wie »LexiKids«, einige Werke von Duden oder Meyers sowie »Winnies Welt« von Cornelsen. Viele dieser Informationen kann man genauso gut auch in Büchern finden, und sicher ist es von Vorteil, mehrere Medien anzubieten. Menschen nehmen Informationen auf unterschiedliche Weise auf, je nachdem welche Sinne bei ihnen besonders ausgeprägt sind. Gerade Kinder sollten dazu animiert werden, sich Realität und Wissen über verschiedene Sinne anzueignen.

Informationen aus dem Internet

Viele Grundschulen bieten Informationen zum gemeinsamen Leben, zum Umweltschutz und zur Natur auf ihrer Homepage an. Es gibt Projekte im Internet, etwa Zeitungen oder Geschichten, die z.B. von Klassen aus unterschiedlichen Ländern weitergeschrieben werden. Zahlreiche Suchmaschinen und Abfragesysteme unterstützen die Suche nach aktuellen Informationen im Internet.

Der PC als Kommunikationsmittel

Der PC deckt in unserer Wissens- und Informationsgesellschaft immer mehr auch den Kommunikationsbedarf ab. Von SMS über E-Mail, Chat und Spiel wird einiges für die Kommunikation geboten.

Gemeinsames Handeln am PC

Durch den starken Aufforderungscharakter des Computers treffen sich vor dem Bildschirm die unterschiedlichsten Kinder, um zu sehen, was da passiert. Schüler, die sonst kein Wort miteinander reden, stehen zusammen und diskutieren über das Geschehen am PC. Kinder aus anderen Klassen drängen in die Räume, in denen ein Computer läuft. Eltern sehen gespannt, was hier passiert. Sogar den PC ablehnende Kollegen schauen herein. Wenn wir dieses geballte Interesse richtig nutzen, lassen sich viele Kommunikationsanlässe schaffen. Auch für die Integration ausländischer Schüler ist der PC dabei als Medium geeignet.

E-Mail

Viele Schulen nutzen inzwischen die Möglichkeit, mit anderen Schulen E-Mail-Kontakte aufzunehmen. Sie schicken sich Texte und Bilder aus ihrem Schulalltag.

Kinder schreiben gerne Briefe, am liebsten aber am Computer. Hat die Schule die Möglichkeit, einen Internetzugang zu nutzen, bietet eine E-Mail-Freundschaft mit einer anderen Klasse viele neue Schreibmotivationen.

Chat

Wenn sich verschiedene Teilnehmer in einem Chatroom online begegnen, haben sie die Möglichkeit, direkt über den PC miteinander Meinungen und Informationen auszutauschen. So verabredet sich z.B. eine Klasse aus Schleswig-Holstein mit einer Partnerklasse aus der Schweiz zum Chatten. Die sofortige Rückmeldung bietet einigen Kindern schnelle Schreibanlässe und fördert die schriftliche Kommunikation.

Internet

Immer mehr Informationen findet man auch schon für Grundschüler im Internet. Das richtige Recherchieren (und das Vermeiden der mit dem »Surfen« verbundenen Gefahren) will aber erst gelernt sein.

Der PC als Spiel- und Spaßgerät

In manchen Phasen wollen Kinder einfach nur mal spielen und ausprobieren, was die einzelnen Programme so zu bieten haben. Oft werden bei den Lern- und Übungsprogrammen auch Spiele angeboten. Vom Puzzle über eine Simulation (»SimTown«, »SimPark«), vom Schach bis zur feinmotorischen Übung beim Autorennen gibt es die verschiedensten Möglichkeiten, sich gemeinsam mit viel Spaß am Computer zu beschäftigen.

Ausblick

Es stellt sich nicht die Frage, den Unterricht in der Grundschule per Computer völlig neu zu gestalten. Doch wie die Beispiele in diesem Text zeigen, kann sein Einsatz dazu beitragen, nicht nur das Lernen zu fördern, sondern er bietet den Lehrerinnen und Lehrern eine starke Motivationshilfe für die Schüler. Hinzu kommt, dass die Kinder angesichts der schnellen Entwicklung in der schönen neuen Medienwelt sehr frühzeitig mit dem »Erwerb von Medienkompetenz« beginnen sollten. Das bedeutet allerdings, dass sie sich nicht nur den Spielen am PC widmen, sondern auch den praktischen Nutzen der Technik erfahren sollen.

Kind und Computer – Mehr Fragen als Antworten

Gerold Scholz

Entwicklung der Frage

Computer sind für einen großen Teil der Kinder in Deutschland Bestandteil ihrer Lebenssituation geworden.[1] In vielen Haushalten sind Computer ebenso vorhanden wie Radio, Telefon, Auto oder Waschmaschine. Wenn Kinder mit Arbeitssituationen von Erwachsenen in Berührung kommen, so finden sie dort fast flächendeckend Computer vor. Zurzeit werden große Summen investiert, um alle Schulen mit Computern auszustatten und ihnen einen Zugang zum Internet zu ermöglichen. Dies ist die äußerlich sichtbare Seite der Durchsetzung der Computer. Ein anderer Teil der Entwicklung ist eher unsichtbar. Viele Alltagsgeräte – von der Waschmaschine über das Auto bis zur Heizung – werden computerisiert. Der Computer übernimmt dabei Aufgaben der Informationsgewinnung und Informationsverarbeitung,

---

1 Etwa die Hälfte aller Kinder und Jugendlichen spielt und arbeitet nach einer Forsa-Umfrage 1999 zu Hause am Computer. Familien ohne Computer halten laut Umfrage zu 40 Prozent ihre Kinder für zu jung für die Computernutzung. 22 Prozent gaben an, dass sie sich keinen Computer leisten könnten, 14 Prozent sind aus pädagogischen Gründen dagegen. Insgesamt sitzen den Angaben zufolge 72 Prozent der Kinder mehr als eine Stunde pro Woche am PC, 30 Prozent sogar länger als vier Stunden. 79 Prozent verwenden den Rechner für Spiele, 67 Prozent für die Schularbeiten.
Nur sechs Prozent der Eltern gaben an, dass ihre Kinder im Internet surfen. Bei Jugendlichen erhöht sich der Anteil auf 15 Prozent. Was die Kinder dort suchen, bleibt den Erwachsenen meist verborgen. Knapp die Hälfte der befragten Eltern lässt den Nachwuchs allein im Internet surfen, so das Ergebnis der Umfrage, für die 1007 Personen befragt worden waren.

die bisher von Menschen vorgenommen wurden und steuert damit Geräte und Arbeitsabläufe.

Gerade aus dieser Art der Anwesenheit von Computern wird eine Perspektive deutlich, die mit dem Thema »Kind und Computer« verbunden ist und in der Regel unterschlagen wird.[2]

Die Steuerung der Fahrzeuge beispielsweise, die Passagiere im Frankfurter Flughafen von Terminal 1 zu Terminal 2 fahren, geschieht durch Computer. Es gibt keinen sichtbaren Fahrer. Wer in die Wagen einsteigt und mitfährt, vertraut nicht mehr der Kompetenz eines Menschen, sondern den Fertigkeiten eines Rechners. Diese Art der Computerisierung verändert deutlich die Beziehung zwischen Mensch und Maschine. Der mitfahrende Reisende übergibt die Verantwortung an eine Technik, die für ihn selbst unsichtbar bleibt.

Sozialisation

Computer als Alltagsgegenstände im Leben von Kindern lassen sich auf ihre sozialisatorische Bedeutung untersuchen: Welche Vorstellung von sich und seiner Umwelt muss ein Kind entwickeln, um routiniert seinen Alltag bewältigen zu können, sei es als Kind oder später als Erwachsener?

Diese Frage lässt sich in viele Unterfragen differenzieren. Ich deute hier nur einige an: Da Computer in einer anderen Weise als Druckerzeugnisse oder Schriftprodukte Raum und Zeit gestalten, stellt sich die Frage, welche Vorstellung von Raum, Zeit,

2 Retschitzki/Gurtner nennen in ihrem Buch »Das Kind und der Computer« typischerweise lediglich die folgenden Möglichkeiten der Computernutzung durch Kinder: als Lehrmittel, Untersuchungsgegenstand, Arbeitsinstrument, Spielgefährte (Retschitzki/Gurtner 1997, S. 14f.).

von Gegenwart, Anwesenheit oder Abwesenheit, Gleichzeitigkeit und Vergangenheit oder auch Zukunft Kinder aus dem Umgang mit Computern entwickeln. Und: Wie lernen sie, sich selbst, ihre eigene zeitliche, räumliche und biografische Position zu bestimmen? Welche anderen Vorstellungen von Moral, von Verantwortung sind notwendig, um in ein Auto steigen zu können, dessen Bremsen und Fliehkräfte elektronisch gesteuert werden? Da Computer einen leichten Zugang zu anderen Orten ermöglichen, existiert eine neue Vielfalt von Möglichkeiten, z.B. Dinge zu kaufen oder sich zu informieren. Wie kann ein Kind lernen, aus der Vielfalt das Wichtige herauszufinden, und was bedeutet es, permanent Auswahlentscheidungen treffen zu müssen?

Zusammenfassend stellt sich die Frage, welche Rolle Computer für die Erfahrung von Welt und für die Möglichkeit, in dieser Welt einen eigenen Platz zu finden, spielen.

Erziehung

Eine zweite Ebene, die das Thema »Kind und Computer« berührt, ist die der Erziehung. Wenn in den bisherigen Beispielen nach der Bedeutung des Computers für das Kind in dessen Gegenwart gefragt wurde und nach der Bedeutung dieser gegenwärtigen Erfahrungen für den späteren Erwachsenen, so lässt sich aus einer erzieherischen Perspektive danach fragen, was denn die Erwachsenen wollen, was eine computerisierte Welt für das Kind bedeuten soll. Ein Aspekt dieser Frage wird häufig diskutiert, nämlich die Darstellung von Gewalt und Pornografie im Internet. Dahinter steht die Frage, wie das Zusammentreffen der Kinder mit der Realität der Erwachsenenwelt gestaltet werden soll. Es gibt keine Kultur, die Kinder ungebremst mit der Realität der Erwachsenenwelt konfrontiert. Wenn die Lesefähigkeit gewissermaßen eine Art natürlicher Schranke zu der Informationswelt der Erwachsenen ist, so stellt sich die Frage, ob diese Schranke hinfällig wird, wenn die Informationen nicht als Schrift, sondern in Form von Bildern vorliegen. Der Hinweis, dass Kinder ja auch im Kino, im Fernsehen und in Printmedien Gewalt und Pornografie begegnen, unterschlägt, dass hier faktisch Zensur geübt wird. Bestimmte Vertriebswege bleiben Erwachsenen vorbehalten. Diese Art von Zensur ist im Internet nicht möglich, weil es sich um ein dezentrales Medium handelt. Ebenso ist aus meiner Sicht auszuschließen, dass auch Informationen für Erwachsene generell zu zensieren sind. Das kann man weder wollen noch ist es technisch machbar.

Ein Aspekt der Erziehung bezieht sich also auf die Frage, wie die Erwachsenen ihren Kindern das Verhältnis zwischen den Generationen darstellen. Eine gängige These behauptet ein zumindest tendenzielles Verschwinden der Unterscheidung von Kind und Erwachsenem, sei es in der These vom »Verschwinden der Kindheit« (Postman 1987) oder vom »Verschwinden der Erwachsenen« (Lenzen 1977).

Auch ein anderes Phänomen verweist auf das Generationenverhältnis. Durch die Medien geistert die Argumentationsfigur von der Überlegenheit der Jungen gegenüber den Alten im Umgang mit den neuen Medien. Es mag für diese Behauptung manche Hinweise aus dem Alltag geben, aber es gibt dazu keine gesicherte Erkenntnis. Es sind auch nicht die Jungen, sondern die Alten, die dieses Bild in die Welt gesetzt haben und es beständig wiederholen. Man kann sich fragen, was eine Generation von Erwachsenen dazu motiviert, die eigenen Fähigkeiten zur Bewältigung des gegenwärtigen und zukünftigen Lebens geringer einzuschätzen als die Fähigkeiten der Kinder und Jugendlichen. Eine Antwort könnte in der These bestehen, die Erwachsenen seien dabei, die Erziehungsaufgabe zu verweigern. Die Hoffnung ist, dass die Kinder von allein »gut« werden. Und sie beruht auf der Hoffnung auf die Möglichkeiten, die eine geplante Fortpflanzung ohne Geschlechtsverkehr und eine Betreuung der Kinder durch Computer eröffnen (Dessai 1985). Aus einer anderen Sicht verweist die Rede von der Überlegenheit der Jungen über die Alten auf eine Veränderung der Vorstellungen über die Abfolge kultureller Entwicklungen. Die alte Denkfigur, nach der die Jungen, auf den Schultern ihrer Vorfahren stehend, das Begonnene weiterentwickeln, gilt danach nicht mehr. Aber auch die Denkfigur einer »offenen Zukunft« (Schleiermacher) ist fragwürdig geworden. Denn der Gedanke, dass die jeweils nachfolgende Generation in die Lage versetzt werden soll, zu eigenständigen Lebensformen zu gelangen, war immer mit den Gedanken verbunden, dass Voraussetzung der Eigenständigkeit des Neuen die Kenntnis der bisherigen Kultur und Tradition, die Kenntnis des Wissens der Alten ist. Dass die Kinder schon in der Gegenwart und nicht erst in der Zukunft ihre Eltern überholen sollen, ist als Erziehungsziel ein vollkommen neuer Gedanke. Als Phänomen ist dies in der Lebenssituation von Einwanderern zu beobachten. Weil die ältere Generation sich schwer tut, die neue Sprache zu lernen und mit den kulturellen und gesellschaftlichen Regeln zurechtzukommen, setzt sie vielfach auf ihre Kinder. Dies wird als notwendige Anpassung an einen Übergang und für eine Übergangszeit angesehen. Aus dieser Sicht verweist das Bild auf das Gefühl der Generation der Erwachsenen, von den technischen und gesellschaftlichen Veränderungen überrannt zu werden.

Lehren

Der größte Teil der Diskussion über Kinder und Computer bezieht sich nicht auf Kinder, sondern auf Schülerinnen und Schüler. Und dort, wo in den Texten von »Lernen« die Rede ist, sind eigentlich Lehrprozesse gemeint. Dies betrifft sowohl den Einsatz des Computers in der Schule wie auch die Nutzung von so genannter Lernsoftware im außerschulischen Kontext. Zurzeit lässt sich die Qualität der Lernsoftware grundsätzlich kritisieren. In aller Regel handelt es sich um so genannte »drill and practice«-Programme, die die technischen Möglichkeiten des Computers nicht nutzen. Diese könnten vor allem darin bestehen, dass die Lernsoftware nicht einfach mit »falsch« oder »richtig« auf eine Antwort des Schülers reagiert, sondern Hilfen zum Verstehen des gemachten Fehlers bietet. Das Schlagwort »Interaktivität« verdeckt dabei, dass dies nur eine der Leistungen der Software wäre. Sie müsste darüber hinaus auch in der Lage sein, den konkreten Fehler des Anwenders auf seine Struktur hin zu analysieren und aus dieser Kenntnis heraus Lehrwege anzubieten. Das ist technisch möglich, mir ist jedoch kein Programm bekannt, das dies leistet. Doch die Frage lässt sich auch allgemeiner diskutieren.

Beispielhaft für die Befürworter des Einsatzes von Lernsoftware ist der Erziehungswissenschaftler Peter Struck, der in einer Podiumsdiskussion sagte:

»Es gibt eine Studie aus den Niederlanden, die besagt, dass Kinder, wenn sie vor dem Computer lernen, in wesentlich kürzerer Zeit wesentlich mehr lernen, das dann auch noch wesentlich länger im Hirn haften bleibt. Wir ahnen schon, wenn man einen Heinz-Sielmann-Film über den Dachs in der Grundschule zeigt oder den sogar über Internet aus der Landesbildstelle abrufen kann, dass der Dachs sehr lebensnah rüberkommt, unter Tage gezeigt werden kann, wie er Würmer frisst, wie er seine Jungen zur Welt bringt usw., man kann ihn fast riechen und schmecken. Und das ist schon eine andere Qualität, als wenn der Lehrer nur etwas über den Dachs erzählt. Kinder lernen besser, wenn sie selbst lernen, anstatt belehrt zu werden, sie lernen besser, wenn sie beim Lernen handeln dürfen, und sie lernen am besten, wenn sie zu zweit vor einem Problem sitzen.« (Struck 1997)

Die erste Behauptung, Kinder würden vor dem Computer mehr lernen und das Gelernte bleibe länger haften, kann ich nicht nachprüfen. Wenn es sich aber so verhielte, wie Struck behauptet, so stellt sich fundamental die Frage, welche Art von Wissen Kinder benötigen, das sie möglichst schnell lernen und möglichst lange behalten sollen? Mein Verdacht ist, dass hier Lernen im Sinne eines bestimmten Ansatzes der Psychologie verstanden wird, nämlich als Lernen von Zusammenhängen, die keinen Sinn machen. Das Lernen des Alphabets, des kleinen Einmaleins oder auch von Vokabeln ist in pädagogischen Zusammenhängen nur als Lernen zu bestimmen, wenn der Sinn, die Bedeutung des Gelernten beim Lernen mit vermittelt wird. Entscheidend bei den genannten Beispielen sind nicht die Menge des Gelernten, nicht die Geschwindigkeit, mit der es gelernt wurde, auch nicht die Dauer der Erinnerungsfähigkeit, sondern die Verknüpfung des einzelnen Wissens mit den Strukturen, in denen es steht.

Mir fällt nichts ein, was Kinder möglichst schnell lernen und möglichst lange behalten sollten.

Das Beispiel des Filmes über den Dachs muss zunächst auf den Computer übertragen werden. Aufgrund seiner technischen Möglichkeiten könnte durch die Verknüpfung von Text, Bild und Ton und die Variabilität dieser Verknüpfungen der Computer eine Anschaulichkeit vermitteln, die über die Anschaulichkeit des Filmes hinausgeht. »Riechen und schmecken« kann man den Dachs auf absehbare Zeit dann aber immer noch nicht. Hinterfragt werden muss der Begriff »lebensnah«. In der Wortwahl von Struck bezieht er sich sowohl auf den Dachs als auch auf das den Film betrachtende Kind. Die Behauptung, es gelinge dem Computer besser als der Erzählung des Lehrers, eine Beziehung zwischen dem Leben des Dachses und dem Leben des Kindes herzustellen, vermag ich nicht zu teilen. Und zwar deshalb nicht, weil jede Erzählung von dem Raum lebt, der zwischen den Zeilen existiert, weil das Gesagte über das Sagbare hinausgeht. Das zuhörende Kind wiederum kann sich in diesen, durch die

Erzählung zur Verfügung gestellten Raum hineinfinden, hineindenken und hineinfühlen. Bilder dagegen machen es sehr viel schwerer als Erzählungen, diese Lebensnähe herzustellen, weil das Bild als Abbild der Realität wahrgenommen wird und sich so hermetischer gibt als die Erzählung. Die durch Computer möglichen Verknüpfungen von Text, Bild und Ton erweitern die Informationen über den Dachs, aber ein Wissen über den Dachs als Differenz zu dem Wissen über sich selbst kann so ebenso wenig erreicht werden wie durch den Film. Dieses Wissen entsteht erst in der Auseinandersetzung mit dem Film, der Erzählung oder der Collage von Text, Bild und Ton des Computers. Die Frage, welches Medium für welche Art von Wissen geeignet ist, lässt sich nicht anhand der Menge der mit einem Medium verknüpften Informationen beantworten, sondern allein mithilfe der Frage, welche Art von Auseinandersetzung mit den Informationen das Medium ermöglicht oder verhindert.

Der Dachs ist ein von Struck insofern geschickt gewähltes Beispiel, als er als lebendes Tier kaum für Lehrsituationen zur Verfügung steht. Nun kann man fragen, warum es der Dachs sein muss und nicht die Katze, die sich – im Unterschied zum Dachs – tatsächlich beobachten ließe und die – unter Beachtung aller diesbezüglichen Vorschriften – auch als »fassbares« Objekt für die Kinder zur Verfügung stünde. Zu behaupten, die Kinder würden am Computer mit realer Welt handeln, kann ich nicht nachvollziehen. Ihre Handlungen beziehen sich am Computer auf den Umgang mit Symbolen und im Rahmen symbolischer Ordnungen.

Nun kann man sagen, dass sich immer mehr Lebensbereiche einem direkten Zugang, einer direkten Beobachtung von Kindern entziehen. Das gilt vielleicht weniger für die Tier- und Pflanzenwelt als für andere Lebensbereiche der Erwachsenen wie Arbeit, Politik, Wirtschaft, Wissenschaft etc. Man kann auch sagen, dass durch die Entwicklung von Techniken der Abbildung Wissensbereiche eröffnet wurden, die vorher verschlossen waren. Dazu gehören z.B. Fotos von Embryos, Bilder vom Mond oder Mikroaufnahmen. Wenn durch gesellschaftlich-technische Entwicklungen die Form des Gegenstandes keine ausreichenden Informationen mehr über den Gegenstand liefert, dann stellt sich für das Lehren grundsätzlich die Frage, wie Schülerinnen und Schülern abstrakte Zusammenhänge gelehrt werden können. Der Computer ist dafür ein gutes Beispiel. Seine Funktionsweise, die gewährleistet wird durch Hardware, Software und Teile eines weltumspannenden Netzes, ist ihm nicht anzusehen. Die didaktische Maxime von der Notwendigkeit des handelnden Umganges als Voraussetzung für das Begreifen gerät angesichts dieser Entwicklung in eine Krise. Denn der handelnde Umgang führt – je abstrakter der Gegenstand ist – umso weniger zum Verstehen und umso eher zu einer Täuschung.

Die Anschauungsmöglichkeiten des Computers könnten also genutzt werden, wenn man die Ideologie aufgibt, der Umgang mit der Anschauung sei eine Handlung. Für Lehrprozesse kommt es aus meiner Sicht eher darauf an, auf die Differenz zwischen dem Sichtbaren und dem Nichtsichtbaren hinzuweisen, auf die Differenz zwischen dem realen Leben des Dachses und seiner Darstellung am Computer.

Der didaktische Gewinn des Computers für die Lehre besteht also gerade in der am Computer möglichen Erfahrung der Differenz zwischen Realität und Zeichen. Die Behauptung Strucks, der Computer steigere die Realitätsnähe, führt in die Irre.

Lernen

Von Seymor Papert (1994) gibt es die schöne Frage, was Giraffen mit ihrem Hals anstellen, wenn sie schlafen. Diese Frage kommt in keinem mir bekannten Lehrplan und auch in keinem Schulbuch vor. Papert zitiert sie als Frage aus einem Lernprozess eines Kindes. Die Lebensnähe ist hier greifbar: Das Kind fragt sich, wie es wäre, wenn es selbst einen so langen Hals hätte wie ein Giraffe, wo es dann wohl im Bett seinen Kopf hinlegen sollte.

Aus Paperts Sicht kann der Computer dazu beitragen, dass das Kind nicht Objekt, sondern Subjekt seines Lernprozesses werden kann.

Der Computer ist für ihn kein Lehrwerkzeug, sondern ein Lernmedium. Über den Computer ist der Zugang zu allem möglich, was in der Welt an Wissen vorhanden ist, und er bietet zudem die Möglichkeit, mit anderen Menschen zusammen eine Suche nach Antworten, nach Wissen zu organisieren. Während das Lehrwerkzeug Wissen in einer für Schülerinnen und Schüler aufgearbeiteten Form repräsentiert, verzichtet das Lernmedium sowohl auf die besondere Form der Aufarbeitung als auch auf die Auswahl zwischen vorhandenem Wissen und zu repräsentierendem Wissen. Wenn man davon ausgehen kann, dass die Repräsentation im Lehrwerkzeug im Kern das einzelne Wissen auswählt in Bezug auf seine Qualität als Exempel für einen allgemeinen Zusammenhang, das Einzelne also auf eine allgemeinere Struktur verweisen soll, ist die Grundlage des Lernmediums der Gedanke, dass sich aus der Kette des gewissermaßen zufällig ergebenden Einzelwissens in der Person des Lernenden ein Wissen über Strukturen verankert. Das Kind, das sich stundenlang mit dem Hals der Giraffe beschäftigen darf und per Computer versucht, eine Antwort auf seine Frage zu bekommen, lernt nicht nur etwas über die funktionale Beziehung der Länge des Halses und der Lebensgewohnheiten der Giraffe, es lernt auch, dass Wissen-Wollen zu den zufrieden machenden Eigenschaften von Menschen gehört. Es lernt, dass Wissen-Wollen wichtiger ist als Wissen-Haben.

Der Computer als Lernmedium stellt die Grundstruktur von Schule als Repräsentant von zu lehrendem Wissen grundsätzlich infrage. Einfach gesagt: Die Auswahl der Lerninhalte geschieht im Lernmedium losgelöst von dem Klassenraum, losgelöst von Schulbuch und Lehrplan und bestimmt von den Aktivitäten von Kindergruppen. Die Abfolge der Prozesse wird sich dabei aus der Logik der Kooperation entwickeln und nicht aus didaktischen Strukturen. Erwachsene werden diese Prozesse nur noch moderieren können, aber nicht mehr steuern.

Der Text auf einer Webseite einer zweiten Klasse macht die Problematik deutlich. Katrin und Sonja schreiben – sicher mit erheblicher Unterstützung ihrer Lehrerin u.a.:

»Im Jahre 2005 werden uns zwar noch die Lehrer unterrichten, aber sie werden die Aufgaben auf Disketten speichern und der Computer kontrolliert sie. Jedes Kind hat einen eigenen Computer, viele CD-ROMs und viele Disketten. Natürlich sind alle Schüler über das Internet miteinander verbunden. Sie können einander E-Mails schicken oder einfach im Netz surfen. So können auch alle Schulen miteinander ›sprechen‹. So sind wir eigentlich nur mehr in einem gemeinsamen großen Klassenraum – im ›classroom 2005‹.«

Und Kevin aus der gleichen Klasse fährt fort:

»2005 wird das Jahr der Technik. Jeder Klassenraum wird im Internet angemeldet sein, so wie unserer. Im Klassenzimmer werden mindestens zwei Computer stehen und die Kinder werden auf eine Leinwand schauen. Tafeln wird es nicht mehr geben. Manche Klassen werden einen Computer zerlegen und einen beweglichen Roboter bauen können. Das Lernprogramm wird von einem Computer gemacht. In den Pausen wird immer ein Kind auf dem Computer ein Lernprogramm spielen. Viele Kinder werden im Internet surfen, damit sie wichtige Informationen bekommen. Der Computer wird in das Hauptzimmer der Schule auf den Hauptcomputer geleitet, aber eines wird es nicht geben: einen Roboter als Lehrer.« (www.classroom2005.at/u00504/klasse2.htm)

Man kann den Text dieser drei Kinder als Ausdruck von Wünschen, Ängsten und Hoffnungen ihrer Lehrerinnen oder Lehrer lesen. Dann wird verständlich, dass es einen Roboter als Lehrer nicht geben soll, aber dafür keine Begründung gegeben wird. Deutlich wird auch die Vermischung der Hoffnungen, die in den Computer als Lehrwerkzeug und als Lernmedium gesetzt werden. Wenn man diese Hoffnung als Hoffnung von Lehrerinnen und Lehrern liest, dann ist sie Ausdruck einer Illusion. Der Computer als Lehrwerkzeug wird, wenn die erste Faszination verflogen ist, seine Untauglichkeit beweisen. Der Computer als Lernwerkzeug wird, wenn die Schule sich nicht grundlegend verändert, von den Lehrerinnen und Lehrern nicht akzeptiert werden. Die Angst so mancher Planer der flächendeckenden Versorgung von Schulen mit Computern besteht genau darin, dass sich die Computer in den Schulen in kurzer Zeit zu Investitionsruinen entwickeln werden, wenn sich die Vorstellungen der Lehrenden über Lernen, die Bedeutung der Organisation von Lernprozessen und die Rolle der Lehrerinnen und Lehrer in diesem Zusammenhang nicht grundlegend verändern.

Ein Problem dabei ist das wahnsinnige Tempo der Entwicklung. Es stellt fast in das Unterbewusstsein abgesunkene Bilder und Leitbilder von Schule in den Köpfen von Lehrerinnen und Lehrern, aber auch Eltern und Kindern infrage. In dem oben zitierten Text der Kinder haben die Lehrenden als Vermittler von Wissen keine Funktion mehr. Dies erledigen *Computer, CD-ROMs* und *viele Disketten*. Aus heutiger Sicht ist dies eine Fantasie von Kindern, weil der Zugang zu diesem im Computer gespeicherten Wissen selbst auf einem Wissen über den Umgang mit Kulturtechniken beruht, das zurzeit eben durch Erwachsene vermittelt wird.

Geht man aber ein paar Jahre weiter in die Zukunft als die drei Kinder, vielleicht in das Jahr 2010, dann sind vermutlich zwei Schranken gefallen, die den Zugang der Kinder zu Computern zurzeit noch erschweren.

Als Szenario formuliert, lässt sich eine Situation beim Schulanfang einer ersten Klasse denken: Kinder bringen einen kleinen transportablen Computer in den Klassenraum, der permanent mit einem Server verbunden ist. Die Eingabe und die Ausgabe erfolgen nicht mehr schriftlich, sondern mündlich. Die Kinder könnten also beispielsweise fragen, wie viel drei mal neun ist, und sie bekämen »siebenundzwanzig« als Antwort. Oder sie könnten fragen, wie man das Wort »Computer« richtig schreibt, und sie bekämen die Auskunft. Der mitgeführte PC könnte auch ihre Hautaktivität messen und den Kindern etwa sagen: »Zappele nicht so viel herum, sondern konzentriere dich.«

So stellt sich die Frage: Was ist es, was dann den Unterricht der Lehrerin ausmacht?

Deutlich wird, dass es nicht mehr auf die Vermittlung von Wissen ankommt, sondern auf den Umgang mit Wissen. Eigentlich ist dies auch jetzt schon der Fall, und die Verweigerung der Schule, diesen Aufgabenwechsel auch tatsächlich zu vollziehen, dürfte die Ursache eines großen Teils der von Lehrerinnen und Lehrern beklagten Probleme sein. Viel Zeit zur Umstellung besteht jedenfalls nicht mehr, wenn tatsächlich Computer flächendeckend in die Schulen einziehen.[3]

Schule

Nun kann man fragen, ob Computer in die Schule gehören. Zweifelsohne gehören Computer zu den Erfahrungsbereichen von vielen Kindern. Das gilt aber auch für viele andere Dinge.

Ich skizziere zunächst einige bekannte Positionen. Die Frage, die sich stellt, lautet, welche Auswahl aus der Vielfalt der Erfahrungsbereiche von Kindern soll in der knappen, der Schule zur

3 Das gilt nicht nur für die Schule, sondern auch für die Lehre an der Hochschule.

Verfügung stehenden Zeit bearbeitet werden. Ich beschränke mich dabei auf die Grundschule.

Die Position von Peter Struck habe ich schon angedeutet. Er sieht den Computer als Lehrwerkzeug, das den Lernprozess beschleunigen kann. Diese Zeitersparnis soll Raum geben für jene Prozesse, die Struck vor allem in der Schule verstärkt sehen möchte, nämlich soziale Lernprozesse.

Eine gänzlich andere Antwort gibt der amerikanische Computerforscher Joseph Weizenbaum. Er ist gegen den Einsatz von Computern in der Grundschule und sieht in der flächendeckenden Einführung von PCs in amerikanischen Schulen ein typisch amerikanisches Vorgehen bei der Bearbeitung von Problemen: Angesichts einer katastrophalen Schulsituation mit einem hohen Anteil an Analphabeten und einem hohen Maß an Gewalt wird – so Weizenbaum – einfach eine technische Lösung des Problems offeriert, weil man dann sagen kann, dass man etwas getan habe. Aus seiner Sicht muss sich die Schule fragen, welche Prioritäten sie setzen will – und da hält er z.B. die Einrichtung einer Bibliothek für wichtiger als das Aufstellen von Computern.

Der Waldorfpädagoge Ernst Schuberth sieht angesichts der Erfahrungswirklichkeit der Kinder die Aufgabe der Schule vor allem in der Vermittlung von Sinnes- und Sinnerfahrungen. Kinder sollten eine gesunde Motorik entwickeln, lernen, sich zu bewegen, sich in ihrem Körper »einzuhausen«. Sie sollten lernen, mit Menschen zu sprechen, die eigene Sprache im Umgang mit Menschen zu nutzen. Und Kinder sollten lernen, Lernen als Entwicklung von Fähigkeiten zu erfahren, lernen, selbstbestimmt Neues zu entwickeln. Lernen am Computer bezeichnet er als Dressur. »In den Klassenraum gehören Menschen, die mit Kindern umgehen können, die offen für Kinder sind, die individuell Kinder sehen können, die Kinder zu Eigentätigkeit anregen können, die sprechen können, die Sprache der Kinder entwickeln können. […] Ich votiere entschieden gegen den Einsatz von Computern in der Grundschule, gerade wegen der Medien, die das Kind im außerschulischen Bereich überschwemmen, um ihm dort die Chance zu geben, sich wirklich in sich selber, in seinem Leib, einzuhausen, Primärerfahrungen zu machen, Sprache zu entwickeln, kreativ schöpferisch tätig zu sein im künstlerischen Prozess, und nicht durch das Medium Bildschirm von der Wirklichkeit abgetrennt zu werden.«[4]

Hartmut Mitzlaff vertritt die These: »Die moderne Grundschule formuliert für sich den pädagogischen Anspruch, ihren Unterricht an die Erfahrungswirklichkeit der Kinder anzubinden und ihnen Hilfen bei der Bewältigung und theoretischen Verarbeitung dieser erfahrenen Wirklichkeit zu bieten.« (Mitzlaff 1996, S. 11)

Mitzlaff geht es nicht – wie Struck – um die Lehrmaschine, auch nicht primär um das Erlernen des technischen Wissens, das notwendig ist zur Bedienung des Computers. Ihm geht es um den Computer als Teil der gesellschaftlichen und kulturellen Umgebung, in der Kinder leben und aufwachsen. Eine besondere Rolle spielt dabei, dass der Computer zu einem wichtigen Medium der Speicherung von Informationen und der Suche nach Informationen wird und wahrscheinlich noch stärker werden wird. Die Frage, die sich stellt, lautet: Was ist Erfahrungswirklichkeit? Um sie beantworten zu können, müssen drei weitere Fragen zumindest angerissen werden:

1. Was sind Computer?
2. Was ist neu an den Neuen Medien?
3. Wie erfahren Kinder die gesellschaftliche Realität, in der sie leben?

---

4 Ich beziehe mich auf Redebeiträge aus einer Diskussion auf der Interschul-Messe Berlin 1997, an der neben Peter Struck der amerikanische Computerforscher Joseph Weizenbaum und der Waldorfpädagoge Ernst Schuberth beteiligt waren.

Auch eine Antwort auf diese Fragen wird nicht in der Lage sein, die Frage abschließend zu klären, ob Computer in die Grundschule gehören. Hartmut von Hentig hält es für wenig sinnvoll, dass sich die Pädagogik an der Entwicklung der Verkehrsfähigkeit der Kinder in der Gesellschaft durch die schulische Verarbeitung ihrer Erfahrungswirklichkeit orientiert, wenn er – in Anlehnung an die Grundfigur pädagogischen Handelns als Ermöglichung einer selbst bestimmten Zukunft – schreibt: »Sie [die Schule] muss vor allem lehren, was das Leben nicht lehrt, was aber für seine Erhaltung und Würde notwendig ist. [...] Die Schule darf das Gemeinte – ideale Verhältnisse – im Sinn haben, wenn sie auf das Wirkliche – reale Verhältnisse – vorbereitet.« (Hentig 1999, S. 39)

Es gibt also drei Fragen: Die eine lautet, ob man Kinder an den Computer heranführen soll; die zweite, wie man sie an den Computer heranführt, und die dritte, was in den Kindern vorgeht, wenn man sie an die Computer heranführt.

Was sind Computer?

Die Antwort ist: Diese Frage ist zurzeit nicht zu beantworten.[5]

Vordergründig lassen sich die technischen Möglichkeiten aufzählen. Mit dem Computer kann man:

5 Ein Grund für die Schwierigkeit, eine Antwort auf die Frage zu geben, was ein Computer ist, liegt in der ungeheuren Geschwindigkeit der technischen Entwicklung. Einen Einblick in zukünftige Entwicklungen gibt die Time vom 11. Oktober 1999 unter dem Titel: »The Communications Revolution. How new technology lets us talk to one another – and to our machines – in new and surprising ways.«

- schreiben, Texte speichern, wieder aufrufen und verändern, sie grafisch gestalten,
- Bilder scannen oder gleich digital aufnehmen, sie verändern,
- Rechnungen durchführen lassen und Statistiken anfertigen,
- Töne aufnehmen und verändern,
- Texte, Bilder, Töne an einen oder viele andere Menschen per E-Mail versenden,
- Seiten gestalten und durch Verweissysteme nebeneinander Texte, Bilder und Töne so anordnen, dass sie sich thematisch fokussieren lassen,
- im Internet auf solche gestalteten Seiten zurückgreifen, um sich zu informieren oder etwas zu kaufen oder auch zu verkaufen,
- mithilfe der Suchfunktionen des Internets bei einer noch vage formulierten Frage sich einen Überblick über den Informationsbereich verschaffen,[6]
- Texte, Bilder und Töne auf den eigenen Computer laden und selbst weiterverwenden,
- die Interaktivität des Computers für viele Zwecke nutzen, am häufigsten wohl für Spiele,
- in Chatrooms mit mehreren anderen Menschen Texte austauschen – in absehbarer Zeit wohl auch miteinander sprechen,[7]

---

6 Dies hat (noch), wie alle Nutzer wissen, seine Probleme. Eines besteht in der Vielzahl, ein anderes in der mangelnden Eingrenzung der Semantik. Am Beispiel »Kind und Computer«: Die Suchmaschine »www.google.de« gab dafür mehr als 13.000 Quellen auf deutschsprachigen Webseiten an. Einige bezogen sich aber auf verschiedene Arten von Computern: »kind of computer«.

7 Stephan Wöckel (2000) führt drei Funktionen des Internets an. Es ermöglicht eine Kommunikation zwischen Individuen, es fungiert als Kommunikationsmedium, und es ist ein Medium der Massenkommunikation, bei der ein Sender eine große Zahl von Empfängern erreicht. Als Tätigkeiten von Schülerinnen und Schülern in der Grundschule im Umgang mit dem Internet nennt er: Kooperieren, Korrespondieren, Publizieren und Recherchieren.

- per Computer fernsehen und Radio hören,
- per Webcam life an einem fremden Ort beobachten.

Die Liste, die sich verlängern ließe, macht deutlich, dass es sich einmal um Formen handelt, die auch mit anderen Medien möglich sind. Fernsehen kann man mit dem Fernseher, Radio hören mit einem Radio. Sprechen kann man auch mit einzelnen Menschen oder auch mit einer großen Gruppe. Sich informieren kann man durch Befragen von Menschen oder durch Aufsuchen von Bibliotheken, die ebenfalls über Texte, Bilder und Töne verfügen usw. Durchgreifend neu sind am Computer die folgenden Aspekte:

- Es entfällt vielfach die Notwendigkeit, den eigenen Schreibtisch zu verlassen.
- Die Kommunikation mit anderen Menschen bzw. der Zugriff auf Informationen sind unabhängig vom Raum, unabhängig von der Entfernung der Information oder der anderen Menschen.
- Die Folge von Frage und Antwort ist sehr viel schneller geworden.
- Damit ergibt sich auch die Möglichkeit, vom eigenen Schreibtisch aus auf Situationen an anderen Orten direkt einzuwirken.
- Die Multimediafunktion ermöglicht die gleichzeitige Darstellung von Text, Bild und Ton.
- Die Suchfunktion im Internet erlaubt es – und dies zunehmend besser – mit unspezifischen Fragen zu beginnen. Wer in einem Bibliothekskatalog ein Buch darüber sucht, wie die Giraffen ihren Hals gebrauchen, wird sich anhand der Systematik des Kataloges orientieren müssen. Auch der Stichwortkatalog basiert auf dieser Systematik. Begriffe, die nicht Teil der Systematik sind, werden auch nicht aufgeführt. Im Internet kann von einer Seite zur nächsten gesurft werden. Das führt einerseits zu einem hohen Grad an Zufälligkeit.

Andererseits aber wird durch das Surfen die Vielfalt an Kontexten deutlich, in denen ein gesuchter Zusammenhang stehen kann.[8]

- Der Computer verändert die Ordnungen, in denen Informationen verwaltet werden und in denen sie zugänglich sind. Die computerisierte Lagerhaltung funktioniert nicht mehr nach einer Standortsystematik. Die Teile – beispielsweise Bücher – werden dort gelagert, wo gerade Platz ist. Die Schnelligkeit der Suchfunktion macht – jedenfalls solange der Rechner funktioniert – eine Systematik überflüssig. Beim Zusammenbruch der EDV ist allerdings auch niemand mehr in der Lage, die Bücher wiederzufinden.

Mit dem letzten Beispiel wurde deutlich, dass sich die Logiken ändern. Insofern ist es auch nicht zulässig, davon zu sprechen, dass der Computer andere Medien kopiere, nachahme oder integriere. Das digitale Foto hat mit dem Papierfoto nichts mehr zu tun. Im Gegensatz zu den alten Medien, von der Schrift bis zum Rundfunk und Fernsehen, in denen Daten analog verarbeitet werden, bedient sich der Computer einer digitalen Codierung auf der Grundlage einer binären Metasprache. Mit der Unterscheidung von 1 und 0 werden nicht Abbildungen erzeugt, sondern Differenzen. Im Rechner wird nicht der Buchstabe »a« abgelegt, sondern die Differenz zu anderen Zeichen. Dies gilt für alles, was sich in Differenzen auflösen lässt. Dieser Binärcode ist ein Universalcode. Er führt zur Verschmelzung bisher getrennter

8 Man kann dies auch so beschreiben: Etwas wissen hieß früher: über Informationen verfügen. Auf der zweiten Stufe ließe sich Wissen beschreiben als ein Wissen über den Zugang zu Informationen. Mit dieser These wird ein Teil der Computerbildung begründet. Aber auch die Notwendigkeit zu wissen, wo man Informationen finden kann, ist angesichts der Entwicklung von Suchinstrumenten entfallen, die in der Lage sind, sowohl eine einzelne Informationsquelle anzugeben als auch den Kontext, in dem diese Quelle steht.

Was ist neu an den neuen Medien

Als Leserin oder Leser mögen Sie denken, dass diese Frage doch gerade in dem Absatz zuvor beantwortet wurde. Ich habe aber bisher nur einige Bedingungen diskutiert. Wenn man die Frage beantworten will, was neu an den neuen Medien ist, so muss sich die Aufmerksamkeit nicht auf den Computer richten, sondern auf die Beziehung zwischen Menschen und Computern.[9] Wenn der Computer, wie es am Schluss des vorigen Kapitels heißt, verändert, was man von sich und der Welt wissen kann und wie man es erfahren kann, so wird man die Situation betrachten müssen, in der Mensch und Computer gemeinsam vorhanden sind. Die Frage, die sich stellt, lautet, wie man zu einem Wissen über sich und die Welt gelangt, allgemeiner formuliert: Wie erfährt man etwas?

Nun ist dies eine Frage, die zu den Schlüsselfragen der Erkenntnistheorie, der Philosophie, der Sozial- und Geisteswissenschaften, der Phänomenologie und vieler Spielarten von Kognitionstheorien gehört. Ich müsste also eine Reihe von Theorien vorstellen und damit den Umfang dieses Buches sprengen. Dennoch kommt man an der Frage nicht vorbei, wenn man sich mit der Bedeutung des Computers für Kinder beschäftigt. Ich versuche eine Antwort auf die Frage, indem ich am Beispiel der Stimme einen anthropologisch-phänomenologischen Ansatz vorstelle, der sich nach meiner Kenntnis bislang am reflektiertesten mit der Frage der neuen Medien und ihrer Bedeutung für Erfahrungsprozesse beschäftigt. Zur Debatte steht dabei die These des

9 Mehan schreibt: »A microcomputer in a classroom is a social practice and not a technology. The crucial ingredients is people's experience with the machine, not its ›inherent‹ features. It is what people do with the machine itself, that makes a difference.« (Mehan 1989, S. 19). Eine von Martina Mantke durchgeführte Studie zur Computernutzung in der Familie kommt zum gleichen Ergebnis (Mantke 1999).

Erfahrungsverlustes der Kinder durch die neuen digitalen Medien, da dies gerade das Neue an den Medien ausmache, dass sie zu einem Verlust an primären Erfahrungen führen würden. Diese Argumentationsfigur ist in dem Beitrag des Waldorfpädagogen Schuberth enthalten. Er nimmt eine Unterscheidung vor zwischen dem Leib, in den sich das Kind »einhausen« soll, und trennt davon die leibfernen, künstlichen Medien. Den Leib zählt er zur Wirklichkeit, die Medien nicht. Wir bleiben bei dem von Schuberth, aber auch von Vief herangezogenen Beispiel der Stimme, beim Sprechen und Hören.[10]

Kinder erfahren Stimmen als natürliche Stimmen und bereits als medial vermittelte – durch das Radio, den Fernseher oder Kassettenrekorder. Die Stimme eines Menschen, der zu uns spricht und sich mit uns im Raum befindet, vermittelt uns ein umfassendes Wissen über die Person, die spricht, über das, worüber sie spricht, und davon, in welcher Weise wir als Hörende angesprochen werden. Diese Stimme ist die individuelle Stimme einer Person, sie vermittelt uns ein Wissen über die Identität der Person, ihre Beziehung zu uns und die Beziehung des Sprechenden zu dem, worüber er spricht. Stimmen verändern sich je nach der Form, in der gesprochen wird. (Eine Predigt wird anders gesprochen als eine Ansprache; es macht einen Unterschied, ob jemand öffentlich oder privat spricht usw.) Stimmen sind von dem Geschlecht des Sprechenden abhängig, von seinem Alter, seiner Bildung, seiner Herkunft usw. In der Stimme schwingt mit, worüber gesprochen wird. Die Stimme hat einen Ausdruck, sie kann emotional sein oder kühl, aufgeregt oder ruhig usw. Und es gibt eine Vielzahl von Möglichkeiten, die Stimme zu variieren: Man kann den Tonumfang verändern, ebenso die Tonhöhe, den Rhythmus, die Melodie, die Artikulation, die Modulation, die Atmung usw.

10 Der folgende Absatz stützt sich vor allem auf die Habilitationsschrift von Kristin Westphal (2000).

Mit diesen Beispielen will ich zunächst deutlich machen, dass die Stimme eine sinnliche Qualität hat, die wesentlicher Teil des Sinns der Rede ist.

Um zu verstehen, was die Stimme sagt, kann der Hörende nicht nur passiv zuhören. Er ist aktiver Teil der Hörerwirklichkeit. Er füllt, was er hört, mit seinen Erfahrungen und seinem Wissen – anders macht der Strom der Rede für den Hörenden keinen Sinn.[11]

Für die Frage, die mich beschäftigt, ist es wichtig, zwischen Stimme und Hören zu unterscheiden und gleichzeitig Sprechen und Hören als ein einheitliches zwischenleibliches Phänomen zu verstehen. Stimmen, das zeigt unsere Alltagserfahrung, können medial verändert werden. Schon mit analoger Technik gehörte die Veränderung von Stimmen zur Alltagsroutine von Toningenieuren. Deren Normen, so zeigen Analysen, sind heute im Zuge der Entwicklung der Technik und angesichts kulturell – oder gesellschaftlich – veränderter Hörgewohnheiten anders als zum Beispiel vor 30 Jahren.

Aber auch diese Stimmen müssen rückübersetzt werden. Die in diesem Zusammenhang zentrale These lautet, dass maßgebend für die Rückübersetzung die Orientierung an den eigenen leiblich gebundenen Hörerfahrungen ist (Westphal 2000, S. 142) und dass der Maßstab der künstlichen Stimme die natürliche Stimme sei (Westphal 2000, S. 34). Verallgemeinert man diese Aussage, so führt dies zu dem Ergebnis, »dass die Sinne auch in der Medienwelt unersetzbar sind« (Westphal 2000, S. 35).

Auch der Bildschirm des Computers muss mit den Augen gesehen werden, das sichtbare zweidimensionale Bild im Kopf des

11 Diese These wird auch neurophysiologisch gestützt: Die Sinnesrezeptoren im Innenohr werden als informationsbildendes System verstanden. Sie konservieren ein vorausgehendes Erregungsmuster und aktivieren es wieder. Hören ist danach ein aktiver und kein passiver Informationsgewinn, ein aktiver Prozess des Erkennens (Westphal 2000a, S. 45).

Betrachters durch seine Erfahrungen und sein Wissen zu einem dreidimensionalen ergänzt werden. Die Berührung der Tastatur vermittelt taktile Sinneserfahrungen und generell: In jeder Form der Berührung von Mensch und Computer ist der Mensch leiblich anwesend. Daraus folgt die These, dass eine medialisierte Welt ohne humane leibliche Referenz und Wahrnehmungsregister nicht denkbar ist.

Zwei Grundgedanken dieses Ansatzes sind leitend. Erstens: Natur und Kultur bilden keinen Gegensatz, sondern durchdringen sich gegenseitig. Zweitens: Erfahrung ist immer schon medial vermittelt. Kristin Westphal schreibt: »Medien hat der Mensch immer schon verwendet, um sich über seinen Körper hinausgehend Ausdruck zu verschaffen, sich zu inszenieren oder seine Arbeit zu erleichtern. D.h., der Zugang zur Welt ist immer schon vermittelt und medial. Er wird darüber hinaus durch eine Quasiverselbstständigung der Medien durch Instrumente, Vehikel oder Werkzeuge intentional-technisch vermittelt. Medien bringen das Wie ins Spiel, nämlich die Mittel, Wege und Verfahren, um sich zu entäußern und auszudrücken. Waldenfels weist auf die Grundsituation des Menschen als Lebewesen hin, das auf der Schwelle von Natur und Kultur existiert (Waldenfels 1994, S. 94). Weder geht der Mensch gänzlich in die Natur ein, noch lässt ihn seine leibliche Zugehörigkeit zur Natur aus dieser gänzlich heraustreten. Diese Ambivalenz verweist uns zunächst auf die grundlegende Medialität unseres Zugangs zur Welt, wie sie sich z.B. über die Sprache vollzieht.« (Westphal 2000a)

Aus dieser Sicht wird auch einer Gegenüberstellung von Medien und Leib widersprochen. Westphal schreibt: »Angesichts einer Medienwelt, deren Dichte an Bildern und an schnellen Informationen gewachsen ist, gewinnt die leibliche Existenz des Menschen an Bedeutung. Die modernen Technologien können z.B. die Stimme über eine Tonbandaufnahme von ihrer leiblichen Präsenz abkoppeln und – vom Ursprung sich lösend – in alle Zukunft hinein konservieren. Auch das Körperbild und seine Figurationen im Raum können im Computer zu immer neuen Möglichkeiten entworfen und verworfen, manipuliert und bis zur Auflösung verfremdet werden. Sie vermögen uns zu täuschen. Die Kehrseite dieser medialen Prozesse ist, dass gerade diese Körperbilder und Figurationen die Präsenz des leiblichen Körpers bewusst machen. Der Mensch hat im Umgang mit Bild und Ton – angefangen mit der Fotografie und dem Tonband, heute weiterentwickelt mit Fernsehen, Internet und virtuellen Räumen – seinen Körper nicht verloren. Verloren gehen vielmehr traditionelle Vorstellungen von Raum und Zeit, Körper und Bewegung. Die neuen hingegen erzeugen eine gesteigerte Aufmerksamkeit, die durch die Eigenwahrnehmung hergestellt werden. Kommunikation kann ohne leibliche Anwesenheit in einer gemeinsamen Situation stattfinden. Erst das Medium lässt ein Bewusstsein des Unterschiedes zwischen einem leiblichen und medialisierten Körper als Konstruktion aufkommen.« (Westphal 2000, S. 11f.)

Aus dieser Sicht sind die technisch-medialen Welten nicht neue Welten, sondern transformierte (Westphal 2000, S. 210), und folglich wird in dem Umgang mit neuen Medien auch die Möglichkeit gesehen, über Umlernprozesse im Umgang mit Medien neue Möglichkeiten des Erfahrens zu erschließen. Im Unterschied zu einer Auffassung, die zwischen Natur und Kultur, also zwischen »Eigenem und Fremdem« unterscheidet, schreibt Meyer-Drawe: »Nicht das Alte ist im Neuen aufgehoben, sondern in der Konfrontation mit dem Fremden gestaltet sich das Neue in einem Umgestaltungsprozess und hebt sich als eine Transformation heraus. Dann verwirklicht sich das Subjekt als antwortendes Ich.« (Meyer Drawe, zitiert nach Westphal 2000, S. 212)

Aus meiner Sicht infrage stellen lässt sich die These: »Stimmen können medial verändert werden, das Hören jedoch nicht.« (Westphal 2000, S. 31)

Die explorativen Studien, die Kristin Westphal mit Studierenden unternommen hat, zeigen nämlich zweierlei:

1. »Technische Medien bestimmen unseren Alltag und beeinflussen – oft unbemerkt, aber wirksam – unseren Umgang mit ihnen und unsere Wahrnehmungs- und Äußerungsmöglichkeiten.« (Westphal 2000, S. 201)
2. »Technologien vermögen Natürliches derart gut zu simulieren, dass unsere Wahrnehmung getäuscht werden kann. Es zeigt sich, dass ›natürlich‹ als Norm über die mediale Perfektionierung mitbestimmt.« (Westphal 2000, S. 202)

Vor allem die zweite These soll als Konkretisierung der ersten These etwas genauer betrachtet werden. Sie besagt, dass der Techniker, der eine künstliche Stimme manipuliert, die natürliche Stimme zum Vorbild hat. Dies ist aus meiner Sicht die eine Seite der Medaille. Die andere besteht darin, dass die Manipulation der künstlichen Stimme zu einer natürlichen Maßstäbe der Perfektion setzt, die nun allgemein, für künstliche wie für natürliche Stimmen, gelten. »Und hier setzen sich – über alle Individualität hinweg – gesellschaftliche Normierungen durch.« (Westphal 2000, S. 142)

Das bedeutet eben doch, dass sich das Hören ebenso ändert wie die Stimme. Denn der Hörende hört – eben, weil er nicht passiv hört, sondern aktiv – entsprechend seinen Hörgewohnheiten. Und diese Hörgewohnheiten werden durch technische Medien verändert.

Die Verwobenheit von sinnlicher Wahrnehmung und die schon immer diese Wahrnehmung begleitende und in mancher Hinsicht ihr vorausgesetzte Art und Weise der Deutung der Wahrnehmung macht das, was wahrgenommen wird, abhängig von Kultur und Gesellschaft, und damit auch von Technik. Wahrnehmung erfolgt im Kontext möglicher Ordnungen. Unterschiedliche Medien folgen unterschiedlichen Ordnungen. Deshalb ändert sich die Wahrnehmung, wenn sich die Ordnungsformen verändern.[12] Ein Alltagsbeispiel kann diesen Gedanken veranschaulichen: Wir haben gelernt, die technisch erzeugte Idealform einer Frucht, z.B. eines Apfels, als Normalfall zu betrachten, und empfinden von daher Früchte als »unnormal«, wenn sie dieser Form nicht entsprechen und so aussehen, wie dies von Natur aus der Fall ist.

Wenn die Medienwelt Teil der erfahrbaren Wirklichkeit ist, so hat dies eben nicht nur Auswirkungen auf unsere Wahrnehmung der Medien, sondern auch Auswirkungen auf unsere Wahrnehmung jener nicht im technischen Sinne medialen Welt. Die Medien verändern unsere Vorstellungen über uns selbst, über die Welt, über das, was als wahr erscheint, als authentisch, als bedeutsam oder unbedeutsam. Gerade weil Natürlichkeit und Künstlichkeit integrale Bestandteile jeder Erfahrung sind, bedeuten die Neuen Medien für die Erfahrung einen neuen Zwang zur Vergewisserung, zur Reflexion über die Wahrnehmung. Wenn die Neuen Medien als Transformationen zu verstehen sind, so müssen Menschen, wenn sie sich selbst als Subjekte erfahren wollen, in einer anderen Weise ihre Wahrnehmungen reflektieren als ohne diese Medien.

Käte Meyer-Drawe hat diese Anforderung so formuliert: »Bildung bedeutet in dieser Perspektive gerade nicht Identitätsfindung, sondern Gestaltung einer unausweichlichen Fremdheit mit uns selbst, also einer konflikthaften Lebensformung unter historischen, gesellschaftlichen, aber auch naturgegebenen Bedingungen.« (Meyer-Drawe, zitiert nach Westphal 2000, S. 213)

Im Folgenden wird mich die Frage beschäftigen, ob Kinder dies leisten können.

---

12 Hier liegt der Kern für die Debatte um die Ablösung der Schriftkultur durch eine Medienkultur. Die Durchsetzung der Schriftlichkeit hat zur Gewöhnung an Ordnungen der Darstellung und der Selbstdarstellung geführt, die sich aus der Struktur und der Logik der Anordnung von Texten ergeben. Deren wesentliches Kennzeichen ist das Nacheinander. Die multimediale Ordnung ermöglicht ein Nebeneinander.

Wie erfahren Kinder die gesellschaftliche Realität, in der sie leben?

Eine Antwort auf diese Frage ist außerordentlich schwierig. »Bisher wissen wir aber sehr wenig darüber, wie Kinder dieses für sie neue Medium der elektronischen Bildschirmspiele in ihren Alltag und ihre Lebenswelt einbauen«, schreiben Fromme/Kommer (1996, S. 157). Dies gilt nicht nur für Bildschirmspiele, sondern allgemein für den Umgang von Kindern mit Computern. Die Mehrzahl der publizierten Bücher besteht aus einer Ratgeberliteratur, die sich entweder aus noch aus den alten Medien stammenden Ängsten speist oder Euphorie verbreitet. Die pädagogisch-didaktische Literatur betrachtet den Computer fast ausschließlich als Lehrwerkzeug, als Maschine, auf der sich Lernsoftware installieren lässt.

Empirische Studien beschränken sich auf spezielle Fragen und beruhen fast ausschließlich auf Befragungen von Kindern. Im Mittelpunkt dieser Untersuchungen stehen vor allem die These der Vereinsamung der Kinder und die Verdrängung anderer Medien durch den Computer.[13] Alle empirischen Untersu-

---

13 Die Ergebnisse dieser Studien legen eher nahe, dass diese Befürchtung zu Unrecht besteht. Die Computernutzung unter Kindern ist in einem hohen Maße sozial organisiert, und es ist eher davon auszugehen, dass es unterschiedliche Typen gibt; nämlich Kinder, die viel Zeit mit Medien verbringen, und andere, die ihre Freizeit ohne Medien nutzen. Die Befürchtung etwa, die Computer würden die Bücher verdrängen, hat sich eher nicht bestätigt. Man kann auch darauf verweisen, dass vor allem für behinderte Kinder – aber nicht nur für diese – der Computer überhaupt erst die Möglichkeit schafft, sich auszudrücken und anderen mitzuteilen. Für lernschwache Kinder ist von daher der Computer eine Chance – aber nicht zuletzt deshalb, weil in der Schule im Umgang mit dem Computer Ausdrucksformen von den Lehrerinnen und Lehrern erlaubt werden, die sie ohne Computer verbieten würden. Das Gleiche gilt für das Spielen mit computerisierten Bausteinen.

chungen nennen Ergebnisse, die schon zum Zeitpunkt ihrer Veröffentlichung veraltet sind. Es gibt zurzeit keine Studien, die sich mit der Bedeutung des Computers im Alltag von Kindern beschäftigen. Alle theoretischen Beiträge haben mit dem Problem zu tun, dass es schon in der Analyse der klassischen Medien wie des Fernsehens kaum eine Wirkungsforschung gibt, die in der Lage ist, aus der Perspektive der untersuchten Kinder deren Erfahrungen mit Medien nachzuvollziehen. Erst in jüngster Zeit wird versucht, die Bedeutung der Tatsache, dass Kinder nicht nur einen Film anders sehen als Erwachsene, sondern auch einen anderen Film, als theoretische Grundlage für die Forschung anzunehmen. Von daher bleibt die vorhandene Forschung befangen in der Interpretation von Umwelt als Realität der Kinder. Dagegen ist davon auszugehen, dass die »objektive Umwelt« nicht der subjektiv von den Kindern erfahrenen Umwelt entspricht. Kinder sind keine »Reiz-Reaktions-Deppen«, sie verfügen über eigenständige Formen der Verarbeitung von Realität.

Und die bisherigen Ergebnisse der so genannten »Neuen Kindheitsforschung«, die versucht, die Perspektive von Kindern nachzuzeichnen, zeigt, dass die Verarbeitungsformen von Kindern sich von denen von Erwachsenen unterscheiden. Ein weiteres Problem der theoretischen Diskussion besteht darin, dass in der Regel allgemeine Entwicklungen, von denen der Computer einen Aspekt darstellt, nicht deutlich von dem unterschieden werden, was denn nun tatsächlich auf den Computer zurückzuführen ist. Werner Sacher schreibt aus meiner Sicht zu Recht: »Die befürchteten Rückwirkungen der Informationstechnologie auf die geistige Konstitution des Menschen, der sich ihrer bedient, haben größtenteils im Gefolge der Symbolsysteme und ihrer Trägertechniken längst eingesetzt und sind durch die Vormachtstellung der Naturwissenschaften bereits weit verbreitet. [...] Ungünstige Auswirkungen auf das Lernen sind weniger von einer maßvollen Einführung der Computerlehre und des Computerlernens in der Schule zu befürchten als von den gesamtgesellschaftlichen Veränderungen, mit welchen der

Eintritt in die Informationsgesellschaft verbunden ist.« (Sacher 1989[CE4], S. 137f.) Der Computer ist beispielsweise ein Instrument, ohne das Globalisierung nicht möglich wäre, gleichzeitig wird seine Nutzung durch die Globalisierung mit bestimmt. Die Bedeutung des Computers wäre also genauer in einem Zusammenhang zu bestimmen, dessen Teil der Computer selber ist.

Ebenfalls defizitär ist die Abgrenzung des Computers von anderen Medien. Er ist einerseits eine Art universelles Medium, indem es alle anderen Medien wie Fernsehen, Radio, Telefon, Fax etc. vereint, und er ist gerade deshalb etwas grundlegend anderes als jedes Einzelne dieser Medien.[14] Um dies an einem Beispiel zu verdeutlichen: Schon heute lassen sich auf dem Bildschirm des Computers Fernsehfilme anschauen. Seine Besonderheit wird der Computer aber erst sichtbar machen, wenn die Computerisierung des Fernsehens dazu führt, dass sich jeder – gegen Bezahlung – zu jeder gewünschten Zeit den von ihm gewünschten Film wird auf den Rechner laden können. Fernsehen bedeutet dann etwas völlig anderes als heute.

Die Forschung, die sich mit der Bedeutung von Objekten für

---

14 Hier liegt auch eines der großen Risiken der Einführung der Computer in Schulen. Sinn machen diese Investitionen nur, wenn die besonderen Möglichkeiten des Computers auch genutzt werden. Das scheitert zurzeit an den hohen Kosten für die Entwicklung guter Lernsoftware, die von den Verlagen gescheut werden. Stattdessen werden als Lernsoftware häufig in ein anderes Medium übertragene Bücher verkauft. Und es scheitert an dem Verständnis vieler Lehrerinnen und Lehrer, die in dem Computer nur eine Ergänzung der bisherigen Medien sehen, aber nicht ein Instrument, das Lehren und Lernen grundlegend verändert. In diesem Zusammenhang ist auch die Frage zu diskutieren, ob nicht die Computerisierung eine neue Aufteilung in arme und reiche Kinder verursachen wird. Die Kinder bildungsorientierter und besser verdienender Eltern werden in Zukunft mit dem Vorwissen aus vorschulischen Lernprogrammen in die Schulen kommen. Und die Art dieser – zurzeit auf völlig überholten didaktischen Modellen beruhenden – Programme wird von diesen Eltern zum Anlass genommen werden, die Fortsetzung dieser Art von Lernen in der Schule zu fordern.

die Entwicklung von Kindern beschäftigt, ist in der Orientierung an Piaget eindeutig kognitiv orientiert und unterschlägt nicht nur die subjektive Bedeutsamkeit eines Gegenstandes für Kinder, sie unterschlägt auch häufig die emotionalen, symbolischen und sozialen Aspekte von Gegenständen. Gegenstände sind »kulturelle Objektivationen«. Das heißt: In ihnen spiegeln sich die Vorstellungen einer Kultur über sich selbst. Gegenstände sind symbolisch aufgeladen – das Auto ist mehr als ein bloßes Fortbewegungsmittel –, und sie können nicht losgelöst betrachtet werden von der Bedeutung, die sie im Umgang von Menschen miteinander einnehmen. Sie sind – auch das macht das Beispiel des Autos deutlich – Moment innerhalb der Ordnungen, in denen Kulturen sich selbst wahrnehmen und interpretieren. Eine dieser grundlegenden Ordnungen ist die Ordnung der Geschlechter: Bestimmte Gegenstände gelten als männlich, andere als weiblich. Der Computer spielt dabei eine wichtige Rolle.

Ein weiterer Aspekt ist der, dass zwar mit jedem Gegenstand gewissermaßen ein kultureller Konsens verbunden ist, wie mit ihm umzugehen ist. Dieser Konsens kann allerdings auch bewusst oder unbewusst verlassen werden. Kinder neigen dazu, schon weil sie vielfach die »Gebrauchsanweisungen« nicht kennen, mit Gegenständen anders umzugehen als Erwachsene. Sie realisieren eine größere Vielfalt an Umgehensweisen. Aber auch diese Vielfalt ist begrenzt. Man kann mit einem Handtuch sehr vieles tun, aber nicht einen Nagel einschlagen. Von daher ist genauer zu bestimmen, als dies bisher getan wurde, welche Möglichkeiten und welche Grenzen der Nutzung der Computer vorgibt. Diese Frage ist schon deshalb schwer zu beantworten, weil der Computer keine klassische Maschine und sogar – in einem gewissen Sinne – gar kein Gegenstand ist.[15]

15 In der Forschungsgruppe »Kind und Computer« haben wir den Computer heuristisch als »Beziehungsmaschine« definiert – als ein Gerät, das Beziehungen stiftet und Beziehungen verändert.

Ein weiteres – zurzeit völlig ungeklärtes – Forschungsfeld ist die Lesbarkeit von Bildern. Wie lesen Kinder Bilder, welche Voraussetzungen sind notwendig, um Bilder zu verstehen. Die Forschung zum Schriftspracherwerb hat vor noch nicht allzu langer Zeit begonnen, sich dafür zu interessieren, wie dieser Lernprozess sich, von den Kindern aus gesehen, vollzieht. Grundlage dieses anderen Blickes war die Einsicht, dass Lehrprozesse nicht identisch sind mit Lernprozessen. Diese Einsicht ist erst noch auf den Umgang mit Bildern und mit Computern zu übertragen. Voraussetzung dafür ist wiederum ein Verständnis von Lernen als langfristigem, sozial und emotional verankertem Umlernprozess, das Lernen nicht – wie ein großer Teil der Psychologen – vom Ergebnis her betrachtet, sondern in der Lage ist, Lernen als einen sinnvollen Prozess zu erfassen.

Wir verfügen über keine ausreichenden theoretischen Grundlagen, um die neue Situation hinreichend erfassen zu können. Die Durchsetzung der Computer überrollt die Diskussion. Dies gilt sowohl für kulturpädagogische als auch für pädagogische Fragen. Die pädagogischen Einwände werden zurzeit kaum wahrgenommen. Die als Sachzwang getarnten Interessen werden aktionistisch umgesetzt. Ich verbinde damit keineswegs eine Absage an den Einsatz von Computern, sei es im Lebensalltag, sei es in der Schule. Aber auffallend ist, dass in anderen Bereichen, die uns vor ähnlich grundlegende Fragen stellen wie der Computer (Gentechnologie als ein Beispiel), zumindest der Beginn einer öffentlichen Diskussion und Ethikkommissionen existieren.

Auch ich kann hier nur Fragen stellen und einige Beispiele vorstellen. Die Grundlage meiner Betrachtung bilden dabei das kompetente Kind und die Beobachtung, dass Kinder im Kindergartenalter durchaus Computer nutzen und benutzen können. Ich gehe auch aus von der Beobachtung, dass sich offenbar eine Entwicklung konstatieren lässt, die dazu führt, dass Abstraktionsleistungen von Kindern zunehmend früher erbracht werden.

Die bereits vorhandene Vielfalt der Medien scheint dazu zu führen, dass auch jüngere Kinder in der Lage sind, zwischen dem Gegenstand und dessen Abbildung sowohl einen Zusammenhang herzustellen als auch die Unterschiede zu benennen. Ich vertrete also keine Bewahrpädagogik, aber ich frage, welche Entwicklungschancen für Kinder ermöglicht, erschwert oder gar verhindert werden.

Heinz Buddemeier schreibt in seinem Beitrag über »Kind und Computer. Bildschirm und Rechner als Fenster zur Welt?«: »Wenn ein Kind einen Stift in die Hand nimmt und damit ein Haus auf ein Blatt Papier zeichnet, dann kann es den Zusammenhang zwischen seiner Tätigkeit und dem Ergebnis dieser Tätigkeit im wahrsten Sinne des Wortes begreifen. Wenn ein Kind auf eine ›Maus‹ drückt oder auf eine Taste und dadurch etwas auf dem Bildschirm bewirkt, dann kann es den Zusammenhang nicht verstehen. Der Computer insgesamt ist für das Kind unverständlich. [...] Weil der Bildschirm flächig ist und weil auch alle Eingabemöglichkeiten flächig sind (Tastatur, Maus, Benutzeroberfläche), gibt es beim Computer weder einen Sehraum noch einen Greifraum. Wenn das Kind einen Apfel schält, dann nimmt das Auge die Krümmung wahr, und die Hand folgt dem, was das Auge sieht. Da findet wirkliches Zusammenwirken statt. Beim Schreiben am Computer hat das, was die Hand tut, mit dem, was das Auge sieht, im Sinne von Koordination überhaupt nichts zu tun.« (www. geistesleben.com/diedrei/drei299/budde.html)

Die Argumentation klingt sympathisch, weil sie dem Bild eines unmittelbar aus seiner Sinneswahrnehmung lernenden Kindes folgt – aber sie ist nicht zutreffend. Es gehört zu den pädagogischen Mythen und zu denen über den Unterschied von Kindern und Erwachsenen, dass Kinder aus einer Tätigkeit oder Handlung heraus begreifen, was die Handlung bedeutet. Die Bedeutung der Handlung setzt immer einen Abstraktionsprozess voraus. Schon die Aussage, dass der von meiner Hand geführte

Stift auf einem Blatt Papier Farbspuren hinterlässt, dass also die Farbspuren Ergebnis meiner Handbewegungen sind, setzt die Fähigkeit voraus, die Handlung im Kontext einer Ordnung wahrzunehmen. Wenn Kinder lernen, so lernen sie gleichzeitig Handlungen auszuführen und diese Handlungen mit Bedeutungen zu verknüpfen. Jerome Bruner hat dies am Beispiel des Sprechenlernens gezeigt. Die Aussprache von Wörtern wird gleichzeitig gelernt mit deren semantischer und mit ihrer sozialen Bedeutung. Sprache ist von Beginn an verknüpft mit Sinn und mit den geltenden sozialen Regeln über den Umgang von Menschen miteinander. Beim Schreiben auf dem Computer ist ebenso eine Abstraktionsleistung vorzunehmen wie beim Malen mit dem Stift. Was sich ändert, ist die Art der notwendigen Abstraktion. Der Stift ist zunächst ebenso fremd wie die Tastatur. Ein kleines Kind muss erst lernen, dass es notwendig ist, die breite Seite des Stiftes zu benutzen, um einen breiten Strich zu erzielen.

Wenn man Kinder im Grundschulalter beobachtet, so kann man feststellen, dass sie jene Theorien, die sich bisher in ihrem Leben bewährt haben, auch auf die neue Situation anwenden. (Dies ist eine allgemeine Beobachtung, die nicht nur für Kinder gilt.) Sie folgen dem gelernten Muster, dass die Wiederholung der Handlung zum Erfolg führt: Sie »schlagen« fester auf die Tasten, wenn sie einen fetten Buchstaben haben wollen; sie stellen sich in einer Weise vor den Computer, der in ihrer Körperhaltung deutlich macht, dass sie bemüht sind, den Computer zu beherrschen – etwa so wie einen Schlitten.

Beobachtbar ist also die Verbindung bisheriger Erfahrungen mit der neuen Situation. Allerdings erzwingt der Computer notwendig eine andere Handlungsweise als die bisher gelernte.

Am Beispiel der Computerspiele können zwei Aspekte der neuen Herausforderung deutlich gemacht werden. Eine Reihe von Computerspielen lassen sich als »Als-ob-Spiele« fassen. Etwa ein Spiel, in dem der Benutzer ein Rennauto steuern kann.

thode geistiger Aktivität. Sie sucht nicht nach dem Algorithmus, nicht nach der Logik und nicht nach dem Gleichen, sondern assoziiert das Ähnliche miteinander. Man kann es auch beschreiben als Prozess der allmählichen, assoziativen Verfertigung der Gedanken beim Handeln. Dabei geht die »bricolage« von den vertrauten Fähigkeiten aus. Papert beschreibt anhand seiner Beobachtungen einen nahtlosen Übergang vom Vertrauten zum Neuen. Am Beispiel der Verknüpfung von Text, Bild und Ton auf einer Seite besteht die eigene Erfahrung darin, dass diese Verknüpfung von Text und Bild die Schreibweise von Kindern am Beginn der Schulzeit darstellt. Insofern knüpft der Umgang mit dem Computer an eigene Erlebnisse an – oder anders formuliert: Der in der Schule zugelassene Umgang mit dem Computer ermöglicht hier das, was jeder gute Schreiblernprozess tun sollte.

Aber auch an diesen Beispielen lässt sich vielleicht der gleiche Irrtum konstatieren wie bei Buddemeier. Levi-Strauss' Methode der »bricolage« bei der Verknüpfung von Mythen unterlag der Idee einer Struktur. Die assoziative Verknüpfung der Mythen sollte die Strukturen erkennbar machen, die sich in den Mythen ausdrücken. Seine Wahrnehmung der mythischen Erzählung erfolgte im Rahmen einer Wissensordnung, die als Strukturalismus durch Levi-Strauss bekannt geworden ist. Für Kinder lässt sich fragen, aus welcher Wissensordnung heraus sie denn erkennen können, was das Neue am Neuen ist. Und: Diese Wissensordnung, über die Levi-Strauss verfügte, war nicht angelesen. Er hatte als reflektierter erwachsener Mensch ein Bewusstsein der Verschränkung seiner Existenz in die Mythen seiner Zeit, ein Bewusstsein davon, dass er leiblich-sinnlich an etwas teilhat, das er nicht vollständig analytisch erfassen kann. Die Übertragung dieses erkenntnistheoretischen Ansatzes auf den Umgang mit Computern bricht sich an dem Abstreifen der sinnlich-leiblichen Momente des Wissens. Dies wird an einem Text deutlich, den Franz Gerlach unter Berufung auf Seymor Papert schreibt: »Medienkompetenz bedeutet in diesem Sinne die Entwicklung von kognitiven Schemata bzw. Denk- und Handlungsmustern, die Spielräume für das eigene Handeln erzeugen und Gedächtnis und Wahrnehmung strukturieren.« (Gerlach 1999, S. 10).

Denk- und Handlungsmuster sind bei Kindern und Erwachsenen nicht bloß und nicht in erster Linie kognitive Muster. Die Landkarten, die wir im Kopf konstruieren, sind emotional und sozial von Wünschen, Gefühlen, Ängsten, diffusen Erfahrungen usw. geprägt. Wir denken in Bildern und nicht in Strukturen. Unter dem Begriff der Medienkompetenz ist vor allem zu fragen, welche Bilder über uns selbst und über die Beziehung von Mensch und Welt Computer ermöglichen, nahe legen, aufdrängen oder verhindern.

Ich möchte die Bedeutung von »Landkarten« noch an einem Beispiel erörtern, auf das viele Schulen stolz zu sein scheinen. Gemeint ist die eigene Homepage von Grundschulen im Netz. Wenn man diese Seiten aufruft, so fällt zunächst auf, dass sie den Darstellungsformen von Erwachsenen folgen und nicht denen von Kindern. Die Seiten sind »offiziös«, sie transportieren Schulstoff und entsprechen in ihrer Form in aller Regel den Darstellungsformen von Fremdenverkehrsbüros. Die subjektiven Erlebnisse von Kindern, das, wovon sie untereinander erzählen oder worüber sie bei der Mutter schimpfen, sind selten zu finden. Tatsächlich gibt es für all diese Arten von gedruckten oder in Dateien abgelegten Schülerzeitungen das Problem, dass Kinder im Grundschulalter offensichtlich erst lernen zu verstehen, dass für eine Zeitung das Interesse des Lesers entscheidend ist. Kinder in diesem Alter neigen dazu, das, was ihnen interessant erscheint, als von allgemeinem Interesse zu behandeln. Auf diese Weise entstehen unendlich langweilige Schülerzeitungen. Deren Langeweile wird allerdings auch dadurch bewirkt, dass die Lehrerinnen und Lehrer eben alle spontanen Äußerungen in das Korsett der konventionellen Darstellungsformen bringen. Und die Webseiten verlieren damit den Anspruch, mit dem sie auftreten, nämlich eine Kommunikation zu ermöglichen. Sie sind bloße Darstellungen und ohne Anreiz, sich zu ihnen zu äußern.

Es lässt sich beobachten, dass die Möglichkeiten des Internets, einen direkten Austausch zwischen den Schülern unterschiedlicher Schulen herzustellen, unberücksichtigt bleiben. Doch eine andere Frage stellt sich grundsätzlicher: Welche Bedeutung für die Entwicklung einer Vorstellung über Räume vermittelt ein Umgang mit Informationen, bei denen es gleichgültig ist, wo der Ort der Person auf der Erde zu finden ist, von der die Information stammt? Bei der Benutzung des Handys lässt sich beobachten, dass viele Gespräche mit einer – notwendigen – Ortsbestimmung beginnen: »Ich bin jetzt gerade auf dem Bahnsteig.« Dies setzt voraus, dass der Gesprächspartner über eine Landkarte verfügt, in die er den Bahnsteig einordnen kann. Und diese Landkarte hat er sich erworben, weil er einmal körperlich auf dem Bahnsteig stand, weil er aus der Erfahrung ein Wissen um die Atmosphäre des Bahnsteiges, um die Besonderheit dieses Ortes besitzt. Ohne dieses Wissen wäre der Hinweis auf den Bahnsteig nicht verstehbar. Was kann es für Kinder bedeuten, die per Internet Informationen aus verschiedenen Orten bekommen, mit denen sie keine Erfahrung verbinden können. Es ist aus meiner Sicht fraglich, ob hier die verschiedenen Orte zu einer »Landkarte« im Bewusstsein des Kindes verknüpft werden können. Und der Verzicht auf die Landkarte macht den Ort beliebig – auch den eigenen. Erfahrung als Erfahrung anderer Orte, allgemeiner formuliert, als Erfahrung von anderem und Fremdem ist die Grundlage für die Entwicklung einer Vorstellung, die zugleich um die Vielzahl möglicher Orte und Perspektiven weiß und um die Besonderheit des eigenen Ortes und der eigenen Perspektive. Man kann dies abgekürzt »Identität« nennen und sich somit die Frage stellen, ob die Nutzung des Internets nicht bereits Identität voraussetzt (für sie aber keinesfalls den Grund legen kann).

Am Beispiel der zurzeit am weitesten entwickelten Lernsoftware lässt sich ein anderes Problem beschreiben. An didaktischen Programmen loben Retschitzky und Gurtner: »Durch ihren Aufbau und ihre Verwendungsweise eignen sich didaktische Programme besonders gut zum individualisierten Unterricht. [...] Didaktische Programme bieten auch Gewähr, dass alle Schüler, die das Ende des Programms erreichen, die gleichen Informationen erhalten und die gleichen Fragen studiert haben.« (Retschitzky/Gurtner 1997, S. 34) Es fragt sich allerdings, was die Schüler gelernt haben. Beobachtungen, die wir mit solchen Programmen und deren Nutzung durch Kinder durchgeführt haben, weisen eher darauf hin, dass hier ein Wissenserwerb, aber kein Lernprozess stattfindet. Der Rahmen, aus denen solche Programme ihre Attraktivität schöpfen (die wiederum notwendig ist, um die Kinder zum Weitermachen zu motivieren), macht aus dem Lernen ein Spiel. Die Orientierung der Kinder richtet sich folglich darauf, das Spiel gewinnen zu wollen. Wenn man unter Lernen ein Wissen darüber versteht, *dass* man etwas und *was* man gelernt hat, so findet hier kein Lernen statt, bzw. es entsteht keine Vorstellung darüber, was Lernen im Unterschied zu anderen Handlungen eigentlich ist. Walter Benjamin hat diese Tendenz der Didaktik, *Lernen als unbewusste Übung durch Spiel,* schon 1930 als ein Nicht-ernst-Nehmen von Kindern kritisiert. Die Hinterlist dieser Inszenierung kennzeichnet »... die ungemeine Fragwürdigkeit, die das Kennzeichen unserer Bildung geworden ist« (Benjamin 1969, S. 107). Es geht hier nicht darum, der alten Paukschule das Wort zu reden. Aber von Lernprogrammen kann man erwarten, dass sie mit vermitteln, was Lernen ist, nämlich eine manchmal oder auch häufig schwere Arbeit der Verbindung des Neuen mit dem schon Bekannten.[17]

17 Hier spielt der Einsatz von Computern eine aus meiner Sicht problematische Rolle, weil er als Verstärker einer unreflektierten allgemeinen Entwicklung der Grundschuldidaktik eine Diskussion über die Gestaltung von Lernprozessen eher verhindert als ermöglicht. Der Gegensatz zur Paukschule ist nicht die Spielschule, sondern eine Schule, die Kindern die Mühe abverlangt, über ihre Erfahrungen und ihre Theorien nachzudenken.

Eine weitere kritische Sicht ergibt sich aus einer Studie von Kathrin Cottmann. Sie schreibt: »Unbeachtet bleibt stets die ›inhaltliche‹ Seite des Computers. Es ist aber ein Trugschluss zu erwarten, dass mit dem alltäglichen Umgang mit Computern ein Verständnisgewinn einhergeht. Das haben sowohl meine Untersuchung als auch die anderer Autoren belegt. [...] Vergleicht man also die heutige Praxis des Computereinsatzes in der Grundschule mit den vorliegenden Untersuchungsergebnissen, so wird deutlich: Die hier vertretene Forderung, Computereinsatz sollte das Maschinenverständnis von Kindern weiterentwickeln helfen, ist mit den derzeitigen Programmen sehr infrage zu stellen, da Kinder mit einem unterentwickelten Maschinenverständnis erhebliche Defizite aufweisen, um den Computer als Maschine zu betrachten. Aufgrund von vermuteten menschlichen Attributen oder Kognitionen bei Rechnern gelingt es ihnen nicht, die Leistungen eines Computers angemessen einzuschätzen.« (Cottmann 1998, S. 266).[18]

Kathrin Cottmann verschärft das Problem durch die Feststellung, dass, je ausgefeilter und benutzerfreundlicher das Programm ist, desto mehr der Computer als Maschine verborgen

---

18 Cottmann fragt, welches Verständnis Kinder von Maschinen allgemein haben, wie sie Maschinen definieren und vor allem, »... ob Kinder beim Computer im Vergleich zu anderen Maschinen vor zusätzliche Verständnisprobleme gestellt werden« (Cottmann 1998, S. 15). Die von ihr untersuchten Kinder waren zwischen acht und zehn Jahre alt. Cottmann weist allerdings darauf hin, dass das Entwicklungsalter sehr viel breiter gestreut war. Sie hat die Kinder einzeln und in Gruppen befragt. Sie ermittelt drei Typen des Maschinenverständnisses: einen anthropomorphen Typ, einen prototypizistischen Typ und einen distanziert-elaborierten Typ: »Das bedeutet konkret, dass bei dem ersten, dem anthropomorphen Typ, im Gegensatz zu den anderen animistische Strukturen stark hervortreten. Der zweite Typ identifiziert Maschinen nach bestimmen Eigenschaften und bildet daraus einen Maschinen-Prototypen, während der dritte Typ Maschinen auf einer abstrakten, umfassenderen Ebene betrachtet und sich auch sprachlich gewandter auszudrücken vermag.« (Ebd. S. 49)

bleibt. »Perfekte« Programme verstärken die bei Kindern vorhandenen animistischen Vorstellungen (ebd.). Sie stellt die Frage, ob die kognitive Entwicklung der Kinder mit der technischen Umwelt Schritt zu halten vermag, und schreibt: »Wie die Untersuchungsergebnisse zeigen, ist durchaus bei allen Kindern Wissen über Maschinen und Computer vorhanden, es ist jedoch ›äußerliches‹ Wissen ohne persönlichen Bezug und Verständnis.« (Cottmann 1998, S. 267) Und sie stellt die Frage, ob mit Kindern im Grundschulalter überhaupt Begriffe wie Maschine oder Computer geklärt werden können (Cottmann 1998, S. 268).[19]

Es ist keine Frage: Dem erfahrenen Erwachsenen mag der Computer eine Vielfalt neuer Erfahrungsmöglichkeiten eröffnen. Er kann Arbeit effektiver machen, etwas darstellbar machen, was sonst nicht darstellbar wäre, er kann Beziehungen herstellen und beschleunigen und damit eine bisher ungekannte Form dichter Kommunikation ermöglichen, er kann auf der Basis selektiver Entscheidungen ein hohes Maß an Individualisierung ermöglichen, er kann einen selbstbestimmteren Umgang mit Zeit ermöglichen, er kann eine virtuelle Welt als Kunstwerk gestalten und damit zur Steigerung von Reflexivität beitragen und vielleicht anderes mehr.

In Bezug auf Kinder fragt sich allerdings, wie und wo sie die Differenz zwischen Text und Welt, zwischen der Art der Beschreibung und dem, was beschrieben wird, lernen können. Denn dieses Wissen und Können ist wohl Voraussetzung für die Möglichkeiten der Erfahrungserweiterung, die der Computer bieten kann.

---

19 Biermann und Schulte kommen aufgrund einer qualitativen Studie zum Fernsehkonsum von Grundschulkindern zu dem Schluss: »Sowohl das spezifische, d.h. auf den Grundreiz gerichtete, als auch das unspezifische Medienwissen der Grundschüler ist für sie weitgehend an ihr unmittelbares Erleben gebunden und nur schwer von den Situationen abzulösen, in denen sie es erworben haben.« (Biermann/Schulte 1996, S. 262).

Will man zu einer Bewertung kommen, so ist zunächst ein dauernd wiederholtes Argument für den Einsatz von Computern in der Schule zu zitieren. Mitzlaff formuliert dies so: »Die ersten Schritte auf dem Weg zu einem mündigen Umgang mit der gar nicht mehr so neuen Computertechnik zurückzulegen gehört zweifelsohne zu diesem Auftrag.« (Mitzlaff 1998, S. 13) Die Denkfigur ist die der Überholung technisch-gesellschaftlicher Entwicklungen durch Bildung. Die Kritik an der Emanzipationspädagogik der 70er-Jahre, aus der diese Denkfigur stammt, hat die zugrunde liegende Trennung von Bildung und Gesellschaft als Illusion entlarvt.[20]

Ich kann mich eher einer anderen Denkfigur anschließen. Sie stammt von Hartmut Schröder. Er sagte auf einer Podiumsdiskussion: »Wir wissen noch sehr wenig über Lernprozesse im Allgemeinen und insbesondere über Lernprozesse mit Medien, d.h., was real abläuft. Wir stehen hinsichtlich des Einsatzes von Medien wie der Entwicklung der Medien für Lernzwecke erst am Anfang. Deswegen wäre es, glaube ich, in dieser Phase verfrüht, vorschnell einem Kulturpessimismus zu verfallen, der in der deutschen Geschichte ja immer dann, wenn neue Medien eingeführt werden, Renaissance feiert. [...] Ich plädiere daher für ein sehr pragmatisches Herangehen, für ein Experimentieren. Mehr ist im Moment auch nicht drin.« (Beiträge zur Hochschulpolitik 1997, S. 33).

20 Niklas Luhmann verweist darauf, dass das System der Gesellschaft aus Kommunikation besteht. Einen Strukturwandel auch nur zu beobachten, geschweige denn zu planen oder zu verhindern, seien wir unfähig. Luhmann nennt drei Risiken: die Unfähigkeit vergessen zu können; den Verlust der spezifischen Funktion von Kommunikation, weil alles möglicher Gegenstand von Kommunikation werden könne; und die Schwierigkeit, Kriterien für Selektion und Verantwortung zu finden, »... wenn der ganze Prozess eine totalitäre Zirkularität besitzt« (Luhmann 1989, S. 15).

Literatur

Beiträge zur Hochschulpolitik 6/1997.

Benjamin, Walter: Über Kinder, Jugend und Erziehung. Suhrkamp, Frankfurt am Main 1969.

Biermann, Rudolf/Schulte Herbert (unter Mitarbeit von Hans-Eckehard Landwehr und Burkhard Lehmann): Bildschirmmedien im Alltag von Kindern und Jugendlichen. Peter Lang, Frankfurt am Main 1996.

Bussmann, Hans: Computer kontra Eigensinn. Was Kinder dem Computer voraus haben. Fischer Verlag, Frankfurt am Main 1988.

Cottmann, Kathrin: Wie verstehen Kinder Maschinen und Computer. Eine empirische Studie mit Konsequenzen für Pädagogik und Softwareentwicklung. KoPäd, München 1998.

Dessai, Elisabeth: »Kinder? Höchstens eins!« Vom Geburtenrückgang zur künstlichen Menschenproduktion? Rowohlt, Reinbek 1985.

Fromme, Johannes/Kommer, Sven: Aneignungsformen bei Computer- und Videospielen. Überlegungen zu Konsequenzen der Mediatisierung von Spiel und Kinderkultur. In: Mansel, Jürgen (Hrsg.): Glückliche Kindheit – schwierige Zeit? Über veränderte Bedingungen des Aufwachsens. Leske + Budrich, Opladen 1996.

Gerken, Gerd: Final Fiction. Erfolg durch Virtualität. Metropolitan in Walhalla u. Praetoria, Düsseldorf 1997.

Gerlach, Franz: Bildung und Lernen in der Informationsgesellschaft. Ein Auftrag für Kindertageseinrichtungen? In: TPS (Theorie und Praxis der Sozialpädagogik) 6/1999, S. 6–11.

Gogolin, Ingrid/Lenzen, Dieter (Hrsg.): Medien-Generation. Beiträge zum 16. Kongreß der Deutschen Gesellschaft für Erziehungswissenschaft. Leske + Budrich, Opladen 1999.

Hansen, Gunnar: Memory-Effekte: Neue Medien und pädagogische Schnittstellen. In: Marotzki, Winfried/Meister, Dorothee M./Sander, Uwe/(Hrsg.): Zum Bildungswert des Internet, Bd. 2. Leske + Budrich, Opladen 2000.

Hentig, Hartmut von: Jugend im Medienzeitalter. In: Gogolin, Ingrid/Lenzen, Dieter (Hrsg.): Medien-Generation. Leske + Budrich, Opladen 1999, S. 17–42.

Illich, Ivan/Sanders, Barry: Das Denken lernt schreiben. Lesekultur und Identität. Hoffmann und Campe, Hamburg 1988.

Lenzen, Dieter: Mythologie der Kindheit. Die Verewigung des Kindlichen

in der Erwachsenenkultur. Versteckte Bilder und vergessene Geschichten. Rowohlt, Reinbek 1985.
Levi-Strauss, Claude: Strukturale Anthropologie. Suhrkamp, Frankfurt am Main 1977.
Luhmann, Niklas: Kommunikationsweisen und Gesellschaft. In: Werner Rammert/Gotthard Bechmann (Hrsg.): Technik und Gesellschaft, Jahrbuch 5: Computer, Medien, Gesellschaft. Campus, Frankfurt am Main/New York 1989, S. 11–18.
Lyotard, Jean-François: Das postmoderne Wissen. Ein Bericht. In: Theatro Machinarum 3/4/1982 (1. Jg.).
Mantke, Martina: Dokumentation der Beobachtung von zwei Kindern im Rahmen des Forschungsprojektes »Kind und Computer«. MS Darmstadt 1999.
Mantke, Martina: Synoptische Zusammenstellung vorhandener theoretischer und empirischer Forschungen zum Thema »Kind und Computer«. MS Darmstadt 1997.
McLuhan, Marshall: Die magischen Kanäle. Understanding Media. Düsseldorf u.a. 1992.
Mehan, Hugh: Microcomputers in classrooms. Educational technology or social practice?. In: Anthropology and Education Quarterly 20/1989, S. 3–22.
Meyer-Drawe, Käte: Leibhaftige Vernunft – Skizze einer Phänomenologie der Wahrnehmung. In: Scholz, Gerold (Hrsg.): Die Sache(n) des Sachunterrichts. Erkenntnistheoretische Orientierungen. Frankfurter Beiträge zur Didaktik der Geographie und des Sachunterrichts: Bausteine + Materialien2, hrsg. v. Volker Albrecht, Jürgen Hasse, Ellen Sulger. Universität Frankfurt, Institut für Schulpädagogik und Didaktik, Frankfurt am Main 1998, S. 9–15.
Mitzlaff, Hartmut (Hrsg.): Handbuch Grundschule und Computer. Beltz, Weinheim/Basel 1996.
Mitzlaff, Hartmut: Computer – eine Herausforderung für die Grundschule. In: Die Grundschulzeitschrift 114/1998 (12. Jg.), S. 6–13.
Papert, Seymor: Die Revolution des Lernens. Kinder, Computer, Schule in einer digitalen Welt. Heise, Hannover 1994.
Postman, Neil: Das Verschwinden der Kindheit. Fischer, Frankfurt am Main 1987.
Retschitzki, Jean/Gurtner, Jean-Luc: Das Kind und der Computer. Hans Huber, Bern u.a. 1997.
Sacher, Werner: Computer und die Krise des Lernens: eine pädagogisch-

anthropologische Untersuchung zur Zukunft des Lernens in der Informationsgesellschaft. Klinkhardt, Bad-Heilbrunn/Obb. 1990.

Schründer-Lenzen, Agi: Weibliches Selbstkonzept und Computerkultur. Deutscher Studien Verlag, Weinheim 1995.

Spanhel, Dieter: Der Aufbau grundlegender Medienkompetenz im frühen Kindesalter. In: Gogolin, Ingrid/Lenzen, Dieter (Hrsg.): Medien-Generation. Leske + Budrich, Opladen 1999, S. 225–247.

Struck, Peter: Gehören Computer in die Grundschule? Aus einer Diskussion auf der Interschul-Messe Berlin 1997 im Multimedia Forum. www.waldorf.net/Festschrift/Seite 30.html

Time October 11, 1999.

Vief, Bernhard: Medientheorie und Geldtheorie. In: Scholz, Gerold (Hrsg.): Die Sache(n) des Sachunterrichts. Erkenntnistheoretische Orientierungen. Frankfurter Beiträge zur Didaktik der Geographie und des Sachunterrichts: Bausteine + Materialien 2, hrsg. v. Volker Albrecht, Jürgen Hasse, Ellen Sulger. Universität Frankfurt, Institut für Schulpädagogik und Didaktik, Frankfurt am Main 1998, S. 27–43.

Volpert, Walter: Zauberlehrlinge. Die gefährliche Liebe zum Computer. Beltz, Weinheim/Basel 1985.

Waldenfels, Bernhard: Antwortregister. Suhrkamp, Frankfurt am Main 1994.

Westphal, Kristin: Wirklichkeiten von Stimmen. Grundlegung einer Theorie der medialen Erfahrung. Eine Analyse von Stimmen als und im Medium unter erziehungswissenschaftlicher Perspektive. Habilitationsschrift, Frankfurt am Main 2000.

Westphal, Kristin: Mediale Erfahrung im Spannungsfeld zwischen »Natürlichkeit« und »Künstlichkeit« am Beispiel Stimme. Unv. MS, Frankfurt am Main 2000 (a).

Wöckel, Stephan: Internet in der Grundschule. Grundlagen einer pädagogisch-didaktischen Integration computergestützter Netzkommunikation in den Unterricht der Primarstufe. Libri Books on Demand 2000.

Der »ideale Schulcomputer« – Einladung zu einem Blickwechsel

Wolfgang Sander

»Es gibt eigentlich keine Laptops, die für die Schule geeignet sind. Das iBook von Apple, das als einziger Laptop robust genug wäre, kommt nicht infrage, weil die Bildungseinrichtungen sich auf Microsoft festgelegt haben.« (Persson 2001) Dieses Zitat des Chefredakteurs der Computerzeitschrift c't beleuchtet schlaglichtartig eine Kuriosität des deutschen Bildungswesens im Umgang mit Computern: Obwohl es erkennbar besser für schulische Zwecke geeignete Geräte gibt als diejenigen, die man in den meisten Schulen antrifft, werden sie meist nicht angeschafft, weil es in Deutschland eine scheinbar selbstverständliche Grundentscheidung für PCs mit den Microsoft Betriebssystemen (MS-DOS, Windows) und in der Regel auch mit der Anwendungssoftware Microsoft-Office gibt. Dabei ist diese Entscheidung gar nicht wirklich getroffen und erst recht nicht breit diskutiert und pädagogisch begründet worden, und auch der Begriff »festgelegt«, den Persson verwendet, ist eher übertrieben – »hineingestolpert« wäre wohl ein treffenderer Ausdruck.

In diesem Beitrag wird die These vertreten, dass diese stillschweigende Festlegung eine Fehlentscheidung ist, die zu unnötigen Kosten und vermeidbaren Problemen im Umgang mit Hard- und Software führt. Mehr noch aber ist sie aus pädagogischer Sicht ein Fehler, weil sie eine sinnvolle Nutzung von Computern unnötig erschwert und die Schulen daran hindert, sich mit eigenständigen, pädagogisch begründeten Nutzungserwartungen als Nachfragemacht auf dem Markt zu etablieren und damit auf die weitere Entwicklung von Hard- und Software Einfluss zu nehmen.

Wider die Expertenherrschaft

Bei allen Lernchancen, die die Arbeit mit Computern eröffnen kann, ist dieser Technologie bis heute anzumerken, dass sie weder für die Nutzung im Alltag noch als Lernmittel entwickelt wurde. Computer sind nicht für Schulen erfunden worden. Über lange Zeit war die Arbeit mit Computern ausschließlich eine Angelegenheit für Experten. Die Systematik der Benutzung war hermetisch geschlossen, der Intuition überhaupt nicht zugänglich. Das Betriebssystem MS-DOS, mit dem der PC in den 80er-Jahren Einzug in viele Büros hielt, erforderte das stupide Auswendiglernen von mit der Tastatur einzugebenden Befehlsfolgen.

Nicht nur in den Schulen hat sich diese Angewiesenheit auf Experten als einigermaßen ambivalent erwiesen: Auf der einen Seite haben solche Experten (so nicht wenige Informatiklehrer) eine Öffnung der Schulen für die Auseinandersetzung mit digitalen Medien bewirkt. Auf der anderen Seite hat sich aber damit auch eine Form der Expertenherrschaft entwickelt, die mancherorts in der Schlüsselgewalt dieser Experten über Computerräume ihren Ausdruck gefunden hat, die mit erheblichem finanziellen Aufwand, aber nachgerade grotesk unpädagogisch, ganz von den scheinbaren Erfordernissen der Maschinen her konzipiert und eingerichtet wurden: ohne Tageslicht, in auf den Beherrscher der Maschinen wie des Unterrichts frontal ausgerichteter Sitzordnung, bei der die Schülerinnen und Schüler buchstäblich hinter den Geräten verschwinden.

- Software muss einfach zu nutzen, für Kinder intuitiv erlernbar und fehlertolerant sein. Die Basisfunktionen eines Computers müssen so selbstverständlich funktionieren und einen ähnlich geringen Supportbedarf haben wie andere Alltagstechnologien auch (Stromnetz, Wasserversorgung, Kühlschrank, Radio ...). Computer müssen auch für die Lehrer und Schüler leicht nutzbar sein, die kein Interesse daran haben, sich zu Technikexperten zu entwickeln.
- Die Mensch-Maschine-Schnittstelle muss sich den Nutzern – in der Schule: Kindern – weitgehend anpassen. Hier sollten insbesondere bessere Lösungen als die Kommunikation über Tastatur gefunden werden. Mögliche Entwicklungswege sind z.B. die Verbesserung der Steuerung über Sprache und der Handschrifterkennung.
- Die Geräte müssen hochgradig flexibel einsetzbar sein. Sie müssen im Unterrichtsalltag ohne großen Aufwand wechselnden Sitzordnungen und unterschiedlichen Lernsituationen angepasst werden können. Gesonderte Computerräume sind allenfalls für Spezialanwendungen sinnvoll, im Normalfall müssen Computer als für unterschiedliche Zwecke nutzbare Werkzeuge in der alltäglichen schulischen Arbeit und damit in den normalen Arbeits- bzw. Klassenräumen nutzbar sein.
- Dazu müssen sie sich unauffällig machen. Große, schwerfällige und schwergewichtige Geräte, die den Raum dominieren, statt sich den pädagogisch definierten Raumstrukturen unterzuordnen, stören ebenso wie der Kabelsalat, den sie mit sich bringen. Ideal wären fast unsichtbare Geräte – zum Beispiel in Tische flach eingelassene, berührungssensitive Flatscreens, extrem leichte Laptops, vielleicht sogar einrollbare oder einklappbare Bildschirme.
- Die Konfiguration der Geräte darf nicht zu einem Problem werden. Es muss selbstverständlich erwartet werden können, dass ein für die Schule angeschaffter Computer ohne umständliche Kaufplanung allen schulischen Standardanforde-

rungen genügt. Multimediafähigkeit ist hierbei eine Basisanforderung (die hier nur deshalb erwähnt werden muss, weil noch immer neue Windows-PCs angeboten werden, für die dies nicht zutrifft). Dies gilt auch für Peripheriegeräte – »plug and play«, einstecken und funktionieren, ist bei der Nutzung von Druckern, Scannern und anderer Hardware noch längst nicht durchweg so selbstverständlich, wie es aus ergonomischer Sicht zu fordern wäre.

Sieht man sich unter diesen Kriterien das Angebot auf dem Computermarkt an, so muss man zunächst konstatieren, dass die für schulische Zwecke optimale Computerausstattung erst noch entwickelt werden muss. Den »idealen Schulcomputer« gibt es bisher nicht. Wohl aber gibt es unter den genannten Aspekten auch im heutigen Angebot auf dem Computermarkt pädagogisch relevante Unterschiede, über die intensiver gesprochen werden muss. Wir brauchen eine pädagogische Kritik- und Testkultur nicht nur für explizite Lernsoftware, sondern auch für Hardware und Standardsoftware. Die scheinbare Selbstverständlichkeit, mit der im deutschen Schulsystem vielerorts Produkte aus der »Windows-Welt« ohne langes Nachdenken als Standardausstattung betrachtet werden, ist unter den genannten Kriterien jedenfalls nicht nachvollziehbar.

Computer und Standardsoftware – eine kritische Bewertung

Wie tauglich ist das heutige – Anfang 2001 – Angebot im Bereich von Hardware und Standardsoftware für schulisches Lernen? Riskieren wir im Sinne einer Momentaufnahme einen kritischen Blick:

Desktop-Computer

Fast unsichtbare Maschinen, in Tische eingelassene Flatscreens und neue Formen der Mensch-Maschine-Schnittstelle sind zwar technologisch weithin schon möglich, werden aber zu realistischen Konditionen für Schulen noch nicht angeboten. Wer sich für mögliche Entwicklungspfade in diesem Bereich interessiert, sollte das »Zentrum für Kunst und Medientechnologie« (ZKM) in Karlsruhe besuchen, in dem eine ganze Reihe innovativer Formen der Mensch-Computer-Interaktion erkundet werden kann. Von den derzeit auf dem Markt angebotenen Computersystemen erscheinen aus einer Reihe von Gründen die von Apple angebotenen iMac-Computer mit deutlichem Abstand als die für schulische Lernsituationen geeignetsten Geräte:

- iMacs sind äußerst kompakte All-in-one-Geräte mit integriertem Bildschirm und Tragegriff im Gehäuse. Sie sind kleiner als viele herkömmliche Monitore für sich, können sehr leicht ihren Standort im Raum wechseln und sich damit wechselnden pädagogischen Situationen anpassen. Dies gilt erst recht, wenn die optional angebotene kabellose Vernetzung mit der »Airport«-Technologie von Apple genutzt wird, die im Bereich von 45 m ein Funknetz zwischen Computern und einen drahtlosen Internetzugang ermöglicht und damit die räumliche Flexibilität der Gerätenutzung weiter erhöht.
- iMacs sind in jeder Konfiguration voll multimedia- und netzwerkfähig (ebenfalls im Gehäuse integriert sind u.a. Ethernet-Karte, Modem, CD- oder DVD-Laufwerk, Stereolautsprecher, zwei Kopfhörerausgänge). Zwar gibt es Ausstattungs- (und damit Preis-)Unterschiede, die sich z.B. auf Taktgeschwindigkeit des Prozessors und Festplattengröße beziehen, aber jeder iMac ist für schulische Zwecke sinnvoll nutzbar, und in den meisten Fällen werden die preisgünstigeren Ausstattungsvarianten völlig ausreichen.

- Trotz der erwähnten Angleichungstendenz der Windows-Oberfläche an das MacOS gilt das Betriebssystem von Apple noch immer als deutlich leichter erlernbar, zuverlässiger und weniger fehleranfällig. Eine ausführliche und sehr differenzierte, die Stärken und Schwächen beider Systeme vergleichende neutrale Untersuchung kam zu folgendem Gesamtergebnis: »Weder Macintosh noch Windows-PC sind so simpel wie eine Schreibmaschine oder ein Fernsehgerät. [...] Doch die Bilanz fällt klar zugunsten von MacOS 8 aus: Es ist übersichtlicher und daher leichter verständlich, unterstützt dokumentenzentriertes Arbeiten und stellt den Anwender seltener vor schwer lösbare Probleme. [...] So [...] bietet MacOS speziell im Bereich der Hardwareintegration Vorzüge, mit denen Windows trotz redlicher Bemühungen beim gegenwärtigen Stand der PC-Technik nicht konkurrieren kann. Daran wird auch [...] ›Windows 98‹ nichts grundlegend ändern.« (Ehrmann/Meyer 1997) Die Studie basiert auf einem Vergleich von Windows 95 mit der Version 8.0 des MacOS und benennt auch deutlich Schwächen des Apple-Betriebssystems, von denen allerdings die gravierendste – das Fehlen von Benutzerprofilen, die nur über Zusatzsoftware angelegt werden konnten – mit den aktuelleren Versionen ab MacOS 9 beseitigt wurde. Auch zeigen zahlreiche Vergleichsuntersuchungen, dass der Supportbedarf von Netzwerken auf Macintosh-Basis zum Teil um Größenordnungen geringer ist von Windows-basierten Netzwerken. So kommt z.B. die Alpine Mittelschule Davos in einer vergleichenden Übersicht zu Erfahrungen von mehreren Schweizer Unternehmen und Bildungsrichtungen mit Windows- und Macintosh-Computern zu dem Resultat, dass der Supportaufwand bei Windows-Computern um den Faktor 2,5 bis 5 höher liegt.[21]

21 Internes Papier von 1999, als Download unter www.apple.com/de/education, Dezember 2000.

- iMacs werden mit dem Betriebssystem, mit der für Schulen gut geeigneten Arbeitssoftware AppleWorks (s. unten) sowie mit der Videoschnittsoftware iMovie ausgeliefert. Diese Videoschnittsoftware ist so einfach und intuitiv bedienbar, dass auch Grundschulkinder mit ihr in kürzester Zeit digitale Videofilme produzieren können. Als kostenlose »Beigabe« kann sie Schulen, die im Unterricht Multimediaprodukte erstellen wollen, erhebliche Kosten für die Anschaffung spezieller Videosoftware ersparen.
- iMacs liegen am unteren Rand der Marktpreise für Markencomputer. Sie sind derzeit inklusive integriertem Bildschirm, der genannten Multimedia- und Netzwerktools und der mitgelieferten Software bereits ab ca. 2000 DM erhältlich und haben damit ein für Schulen äußerst günstiges Preis-Leistungs-Verhältnis.
- Der iMac hat mit seiner zugleich innovativen und funktionalen Gestaltung einen weit über die Computerbranche hinaus wirkenden Designtrend gesetzt. Inzwischen gibt es nicht nur zahlreiche Computerperipheriegeräte wie Drucker und Scanner verschiedener Hersteller in der für iMacs typischen Gestaltung aus farbigem, transparentem Kunststoff, sondern auch viele Arbeitsgeräte von der Schreibtischlampe bis zum Kugelschreiber. Nun wird dies für Schulen zumeist kein primäres Entscheidungskriterium sein. Wenn aber Schulcomputer nicht nur funktionieren und preiswert sind, sondern sich darüber hinaus auch noch durch gutes Design auszeichnen, ist das zumindest ein angenehmer Nebeneffekt.

Laptop-Computer

Die iBooks von Apple, die mit einem ähnlich innovativen Design auftreten wie die iMacs, bringen die gleichen Hardware- und Softwarevorteile mit wie iMacs, sind vergleichsweise stabil (vgl. das Eingangszitat von Persson) und liegen im Laptop-

Markt preislich ebenfalls im unteren Bereich. Allerdings sind sie wie andere Laptops der Preisklasse zwischen 3000 und 4000 DM noch relativ groß und schwer. Für sehr leichte und vom Gewicht her besser »schulranzenfähige« Geräte müssten im Macintosh- wie im Windows-Bereich schnell doppelt so hohe Summen investiert werden. Insofern sind für Schulen, die mit Laptops arbeiten wollen, iBooks zwar eine interessante Option, unter pädagogischen Aspekten heben sie sich aber nicht so deutlich vom sonstigen Marktangebot ab wie iMacs vom sonstigen Angebot an Desktop-Computern. Die portablen Computer mit einem für schulische Zwecke optimalen Preis-Leistungs-Verhältnis gibt es derzeit noch nicht auf dem Markt.

Standardsoftware

Positiv hervorzuheben ist, dass alle gängigen Standardsoftwarepakete in Versionen für Macintosh- und Windows-Computer angeboten werden und damit einen plattformübergreifenden Datenaustausch leicht möglich machen. Problematisch ist dagegen, dass keines dieser Softwarepakete in erster Linie für die Nutzung in Lernsituationen entwickelt wurde. Eine Standardsoftware, die kindgerecht in der Bedienung, speziell für die Nutzung in Schulen konzipiert und zugleich mit den außerhalb der Schulen gängigen Softwarepaketen problemlos kompatibel sein müsste, gibt es noch nicht. Die Folge ist, dass in Schulen häufig teure Software mit vielen nicht genutzten Funktionen, hohem Einarbeitungsaufwand und entsprechend großer Fehleranfälligkeit in Gebrauch ist. Besonders das in vielen Schulen verbreitete Softwarepaket »Office« von Microsoft kann, wie schon sein Name sagt, seine Zweckbestimmung als Büro- und Verwaltungssoftware nicht verbergen: So leistungsfähig es in seinen Programmen auch ist, so wenig sinnvoll nutzbar sind viele seiner Funktionen in schulischen Lernzusammenhängen. Umgekehrt fehlen in MSOffice Programmbestandteile, die für schulisches Lernen wünschenswert sind, wie z.B. leicht zu handhabende Mal- und Bildbearbeitungssoftware. Hinzu kommen die extrem hohen Anforderungen an die Leistungsfähigkeit der Hardware, die die jeweils aktuellen Versionen von Office im Grunde nur mit der jeweils neuesten Computergeneration sinnvoll nutzbar machen. Eine durchaus attraktive Alternative für die Schule kann das (im Übrigen auch in einer Windows-Version angebotene) mit iMacs und iBooks kostenlos mitgelieferte Programm »AppleWorks« sein, das deutlich preisgünstiger, weitaus weniger speicherhungrig – das Programm fordert nur 6 MB Arbeitsspeicher, bei MSOffice sollte man ca. 40 MB einplanen – und für schulische Zwecke durch die Integration einer Mal- und einer Zeichenumgebung vergleichsweise besser angepasst ist. Der Leistungsumfang der meisten Programmbestandteile (wie Textverarbeitung, Datenbank, Tabellenkalkulation) ist geringer als der bei Office, aber für schulische Zwecke – ganz besonders an Grundschulen – völlig ausreichend. Am ehesten wird sich, vor allem in höheren Klassen, für die Arbeit in Lernsituationen ein Leistungsvorsprung von MSOffice im Präsentationsmodul bemerkbar machen, hier ist das mit Office ausgelieferte Programm »PowerPoint« tatsächlich deutlich überlegen. Allerdings ist PowerPoint auch als einzelnes Programm (für Windows und für Macintosh) erhältlich, und Schulen sollten sich nicht gezwungen sehen, wegen der Präsentationssoftware das komplette Office-Paket anzuschaffen.

Apple in einer Windows-Umwelt? Über Vorurteile und reale Schwierigkeiten

Wer deutschen Schulen Apple-Computer empfiehlt, sieht sich schnell mit einer Reihe von Vor- und Fehlurteilen, aber auch mit bestimmten realen Problemen konfrontiert. Die wichtigsten seien im Folgenden angesprochen.

»Apple-Computer sind zu teuer«

Apple hat den Ruf, sehr teure, für Schulen unerschwingliche Geräte zu produzieren. Daran ist richtig, dass Apple in seiner Produktpolitik lange einseitig auf den professionellen Bereich gesetzt und ganz überwiegend außerordentlich leistungsfähige Computer zu tatsächlich vergleichsweise hohen Preisen produziert hat.

Dies wird erklärlich, wenn man sich vor Augen führt, dass Apple Marktführer in Branchen ist, in denen besonders hohe Computerleistung in kreativen Arbeitszusammenhängen erwartet wird (also von Menschen, deren Hauptinteressen eben nicht auf die technischen Aspekte des Computers gerichtet sind, sondern die erwarten, dass die Geräte zuverlässig funktionieren und einfach zu bedienen sind) – so etwa im Kunst-, Design- und Grafikbereich, in der Werbung, in der Publizistik, aber auch in der professionellen Erstellung von Multimediasoftware und Internetauftritten. Nach wie vor bedient Apple diesen Markt, aber mit der Einführung von iMacs und iBooks Ende der 90er-Jahre wurden zugleich – mit sehr großem Erfolg – preisgünstige Geräte mit gleichwohl hoher Qualität für ein breiteres Publikum auf den Markt gebracht.

Heute sind, wie bereits erläutert, aus einer schulischen Perspektive insbesondere iMacs im Preis-Leistungs-Verhältnis absolut führend. Zum günstigen Gerätepreis kommt hinzu, dass die Software wie das Betriebssystem MacOS und AppleWorks kostenlos mitgeliefert werden. Zum Vergleich: Eine kleinere Schule – sagen wir: eine zweizügige Grundschule –, die ihre acht Klassen mit je vier Computern ausstatten möchte, muss im Windows-Bereich allein für Betriebssystem- und Office-Lizenzen trotz Sonderpreisen für Schulen über 5000 DM investieren (Stand Frühjahr 2001).

»Apple-Computer sind leistungsschwächer als gleich teure Windows-PCs«

Dies bezieht sich auf die meist niedrigeren Prozessor-Taktfrequenzen bei Apple-Computern, die aber als Vergleichsgröße in die Irre führen. Beispielsweise verweist Apple auf neutrale Vergleichstests, die zeigen, dass die derzeit schnellsten Apple-Rechner mit 700 MHz ca. 30% schneller sind als die derzeit schnellsten Windows-PCs mit einer mehr als doppelt so hohen Taktfrequenz. Erklärbar wird dies aus einer Sondersituation des Computerherstellers Apple: Während Microsoft keine Computer, sondern nur Software herstellt, die von unterschiedlichen Computerproduzenten genutzt wird, die wiederum mit unterschiedlichsten Bauteilen arbeiten, stimmt Apple die Hardware und Software seiner Computer optimal aufeinander ab. Ein kleiner, aber für Schulen nicht unwichtiger Nebeneffekt: iMacs kommen wegen der vergleichsweise niedrigeren Taktfrequenz und der daraus resultierenden geringeren Wärmeentwicklung ohne Lüfter aus und sind deshalb im Betrieb absolut leise.

»Apple-Computer sind nicht kompatibel«

In der Tat basieren Apple-Computer auf einer anderen Prozessorarchitektur als Windows-Computer und können deshalb nicht von vornherein die gleiche Software nutzen. Allerdings sind Kompatibilitätsprobleme eine Kinderkrankheit der gesamten Computerbranche. Sie treten in erheblichem Umfang auch als tägliches Problem innerhalb der »Windows-Welt« auf: Keineswegs ist der Datenaustausch zwischen verschiedener Anwendungssoftware auf Windows-Basis problemlos, sehr häufig passen bei der Hardware Bauteile und Peripherie nicht zusammen (der Drucker harmoniert nicht mit dem Scanner), und was auf dem einen Windows-Rechner funktioniert, kann auf dem nächsten erhebliche Probleme bereiten. Dennoch ist eine gewisse

Kompatibilitätsgrenze zwischen Windows- und Macintosh-Computern eine durchaus reale Schwierigkeit. Allerdings wird sie in ihren praktischen Konsequenzen weit überschätzt:

- Die wichtigste Standardsoftware (Softwarepakete wie MSOffice oder AppleWorks und viele Standardprogramme wie Photoshop, CorelDraw, Acrobat, QuickTime oder FileMaker) liegen in Windows- und Macintosh-Versionen vor, zwischen denen der Datenaustausch völlig problemlos möglich ist.
- Apple-Computer können Windows-Disketten lesen und beschreiben, umgekehrt gilt das leider nicht. Allerdings können Apple-Computer auch Disketten für Windows-Computer formatieren (ebenso wie z.B. ZIP-Disketten und CD-ROMs), sodass die wechselseitige Nutzung von Datenträgern möglich ist.
- Die Nutzung des Internets ist mit beiden Computersystemen problemlos möglich, ebenso E-Mail und der Datenaustausch über Internet, auch die gängigen Browser, wie z.B. Netscape oder Internet-Explorer, liegen in beiden Versionen vor.
- Die Integration von Apple-Computern in gemeinsame interne Netzwerke mit Windows-Computern ist möglich und z.B. an vielen Universitäten Alltag. Apple bietet eine eigene, leicht bedienbare Netzwerksoftware an, die Windows-Rechner integriert (vgl. www.apple.com/de/education/schools/networking/index.html), eine Integration beider Systeme ist aber auch in UNIX- und Novell-Netzwerken möglich. Prinzipiell ist aber zu bedenken, dass Netzwerke aus Computern mit verschiedenen Betriebssystemen potenziell einen höheren Betreuungsaufwand verursachen und, wenn dieser Aufwand »aus eigener Kraft« und ohne externe Spezialisten geleistet werden muss, für Schulen eine Mehrbelastung mit sich bringen können. Auf der anderen Seite gibt es die Erfahrung, dass in gemischten Netzwerken der Betreuungsaufwand umso niedriger wird, je höher der Anteil an Macintosh-Rechnern ist.
- Das ernsthafteste Problem ist die Tatsache, dass es wegen der

weiteren Verbreitung der Windows-Betriebssysteme mehr Software für Windows-Computer als für Macintosh-Computer auf dem Markt gibt. Zwar ist auch hier eine differenzierte Betrachtung angezeigt – so gilt dies, wie erwähnt, kaum für Standardsoftware, in hohem Maße aber für den Spielemarkt, der aber für die Schulen weniger relevant ist. Für den Bereich von qualitativ hochwertiger Lernsoftware auf CD-ROM legen einschlägige Übersichten die Schätzung nahe, dass etwa die Hälfte des derzeitigen deutschsprachigen Angebots nur für Windows-PCs und die andere Hälfte als Hybrid-CDs sowohl für Windows- als auch für Macintosh-Computer nutzbar ist, Letztere mit in jüngster Zeit zunehmender Tendenz. In vielen, vermutlich den meisten Fällen bedeutet dies, dass eine gut vertretbare Entscheidung für Lernsoftware möglich ist, die mit Macintosh-Computern genutzt werden kann. Es kann aber durchaus auch gut begründete Fälle geben, in denen für bestimmte Zwecke auf Software zurückgegriffen werden soll, die nur für Windows-Betriebssysteme ausgelegt ist. In diesen Fällen bieten sich für Schulen, die sich für die Apple-Plattform entschieden haben, zwei Möglichkeiten: Zum einen gibt es für Macintosh-Computer Software (SoftWindows, VirtualPC), die auf dem Apple-Rechner einen Pentium-PC mit der aktuellen und originalen Windows-Version in einem Fenster darstellt (emuliert) und auf diesem Wege Windows-Software nutzbar macht. Dies ist für Software, die keine hohen Systemanforderungen an den Windows-PC stellt, problemlos möglich, kann aber bei Multimediasoftware mit hohen Anforderungen an die Rechnerleistung unter Umständen problematisch werden, da die Emulation langsamer arbeitet als ein »echter« Windows-Rechner. Zum anderen bietet sich die Möglichkeit, für solche Spezialfälle einzelne preiswerte Windows-Rechner anzuschaffen. Ein nennenswerter zusätzlicher Supportaufwand entsteht dann nicht, wenn auf eine Netzintegration dieser Einzelrechner verzichtet wird, die aber auch nicht notwendig ist, wenn diese Rechner nur für die Nutzung spezieller Lernsoftware angeschafft werden. Insgesamt darf aber nicht übersehen werden, dass es sich bei diesem Kompatibilitätsproblem um einen Sonderfall der Computernutzung in der Schule handelt. Es kann nicht der Hauptzweck des Computers in der Schule sein, Kinder stundenlang mit Lernprogrammen auf CD-ROM oder DVD zu beschäftigen. Computer sind für die Schule in erster Linie als universelle Werkzeuge für Kreativität und Kommunikation interessant. Für die allermeisten Handlungsmöglichkeiten, die Computer Kindern in der Schule eröffnen, ist die »Systemgrenze« zwischen Windows- und Macintosh-Computern irrelevant.

Ausstattungsvarianten zwischen Windows und Macintosh – Empfehlungen

Welche Konsequenzen wären aus diesen Überlegungen für Schulen zu ziehen, die über ihre künftige Computerausstattung nachdenken? Dazu drei konkrete Empfehlungen:

1. Schulen, die mit der Windows-Plattform arbeiten und die bereits über ein gut eingespieltes, funktionierendes internes Netzwerk mit neueren Pentium-PCs (nicht älter als ca. drei Jahre) verfügen, sollten dabei bleiben. Hier würde ein Systemwechsel vermutlich in den meisten Fällen mit unvertretbar hohem Kosten- und Umstellungsaufwand verbunden sein. Es sollte jedoch in solchen Schulen überlegt werden, ob für spezifische anspruchsvolle Aufgaben im Multimediabereich (z.B. für die Produktion von digitalen Videos) die Anschaffung von einzelnen Apple-Rechnern ohne Netzwerkintegration sinnvoll ist.
2. Schulen, die – häufig als Ergebnis von Schenkungen – über

2 Computer im Unterricht

Computer im Klassenzimmer?

Birgit Volp

»Computer für mein Klassenzimmer, das kommt gar nicht infrage!« So war lange meine Reaktion, wenn ich auf den Einsatz von Computern in der Grundschule angesprochen wurde. Ich hatte keine große Erfahrung im Umgang mit diesem Medium und fühlte mich demzufolge nicht kompetent. Zwar hatte ich mir für meine Arbeit zu Hause einen PC zugelegt, aber die Schwierigkeiten, die ich im Umgang damit hatte, bestätigten nur meine Aversion. Dazu muss man Fachfrau sein, dachte ich. Es gab ständig irgendwelche Schwierigkeiten, denen ich hilflos gegenüber stand. So entschied ich mich für die Teilnahme an einem Computerkurs.

Die Volkshochschule bot eine breite Palette von Kursen an, die für mich als blutige Anfängerin geeignet erschienen und außerdem den Vorteil hatten, am Abend stattzufinden. In den ersten Stunden des Kurses waren meine Motivation und meine Lernbereitschaft groß. Je länger der Kurs jedoch lief, desto mehr nahm beides ab, und ich machte die Erfahrung, wie es ist, wenn man als Lernende vom Lernstoff sozusagen überrollt wird. Die Terminologie wurde immer komplizierter und die Lerninhalte waren einfach zu technisch. Fazit: Ich hatte den falschen Kurs belegt, denn nur wenig von dem, was ich dort lernte, konnte ich für meine Bedürfnisse nutzen.

Mein nächster Versuch steht nun aus, und ich werde versuchen einen Kurs zu finden, der stärkeren Bezug zu meiner Arbeit in der Schule hat. Es fehlt an Angeboten qualifizierter Fortbildung für die Arbeit mit Computern im Grundschulbereich.

In der Zwischenzeit verfuhr ich nach dem Prinzip »learning by doing«. Das dauerte zwar lange, und ich bin auch jetzt noch weit davon entfernt, mich als Fachfrau zu fühlen, aber der tägliche Umgang mit meinem häuslichen PC klappte immer besser. Arbeitsblätter und Wochenpläne erstellte ich bald in kurzer Zeit und außerdem machte es mir Spaß. Ich habe erkannt, dass man nicht unbedingt ein Computerspezialist sein muss, um mit einem Computer arbeiten zu können.

Inzwischen hörte und las ich immer öfter über den Einsatz von PCs in der Grundschule, und vor allen Dingen brachten mich Erzählungen von Schulkindern, die in ihrer Klasse schon mit einem Computer gearbeitet hatten, dazu, meine Einstellung zu überdenken. Ich fragte mich: Kann man es sich als Lehrerin leisten, an einem Medium, das auch im Leben der Kinder einen immer höheren Stellenwert einnimmt, achtlos vorüberzugehen? Sind meine Erfahrungen, dass viele Kinder stundenlang vor dem Computer »geparkt!« werden oder nur noch mit dem Computer kommunizieren, so schwerwiegend, dass sie den Einsatz in meinem Unterricht verhindern dürfen?

Oder ist nicht gerade dies eine Aufforderung, den Kindern den sinnvollen Umgang mit diesem Medium nahe zu bringen, liegen hier nicht außerdem Chancen für eine Öffnung des Unterrichtes und eine individuellere Differenzierung? Je intensiver ich mich mit dem Thema auseinander setzte, desto größer wurde meine Bereitschaft, den PC vielleicht doch in der Klasse einzusetzen. Ich schwankte zwischen Vorbehalt, Neugier und auch schon Begeisterung. Noch hatte ich ja nicht einmal eine Computeranlage, und so stellte sich mir zunächst die Frage: Wo bekomme ich einen PC her?

Da kam mir ein großer Zufall zu Hilfe. Ein Vater brachte das Thema »Computer im Grundschulunterricht« mit in die Schulkonferenz, verbunden mit dem Angebot, der Schule Computer zur Verfügung zu stellen. Das war meine Chance und ich griff sofort zu. Außer mir waren noch drei andere Kolleginnen bereit, sich auf den Umgang mit dem neuen Medium einzulassen. Eine Kollegin an der Schule hatte schon gute Erfahrungen mit einem PC im vierten Schuljahr gemacht und ermunterte uns. Leider arbeiten wir nicht zusammen bzw. die Einbeziehung und Nutzung der bereitgestellten PCs hat noch nicht bei allen Kolleginnen stattgefunden. Wir befinden uns alle noch sozusagen in der Probephase.

Die angebotenen Computer waren ausgemusterte Exemplare einer Firma, die bereit war, uns die Geräte zur Nutzung zu überlassen. Die Anlage, die mir nun zur Verfügung steht, besteht aus einem Rechner (386er), einem Bildschirm und einer Maus. Am Anfang hatten wir noch keinen Drucker, das war jedoch nicht weiter schlimm, da ich zunächst noch keinen benötigte.

Mit großer Unterstützung eines Vaters aus meinem zweiten Schuljahr wurde auch das Programm (Budenberg/Rechenwelt/Lesewelt)[1] installiert. Überhaupt machte ich die Erfahrung, dass viele Elternteile bereit waren, zu helfen und die Klasse mit persönlichem Einsatz zu unterstützen. Wir begannen mit dem Budenberg-Lern- und Übungsprogramm für die Fächer Deutsch und Mathematik. Es hat den Vorteil, dass es einfach zu bedienen ist und unterschiedliche Schwierigkeitsstufen bietet, es ermöglicht also in einem gewissen Rahmen Individualisierung und Differenzierung. Kolleginnen hatten sich dieses Programm angesehen, und nach den Informationen, die ich von ihnen erhielt, wollte ich damit den Einstieg wagen.

Jetzt hatte ich also einen PC für das Klassenzimmer. Zunächst musste nun der geeignete Platz gefunden werden.

Weit entfernt von idealen äußeren Bedingungen (große Räume, geeignete Tische, Regale und vieles mehr), stehe ich im-

---

1 Es handelte sich dabei um Teile einer Programmsammlung. die damals als »Hibspack« vom Hessischen Institut für Bildungsplanung und Schulentwicklung (Wiesbaden) hessischen Lehrerinnen und Lehrern angeboten wurde.

mer wieder vor dem Problem, mit geringen oder gar keinen Mitteln die neuen pädagogischen Konzepte in die Tat umsetzen zu müssen. Nicht selten stehen in Klassenzimmern privat bezahlte Möbel und Lernmittel, wie bei mir auch, aber zwischen Leseecke, Rechentisch und dem »Ruhigen Platz« fand die Anlage auch noch einen Platz.

Etwas problematisch war, dass das Klassenzimmer nur über eine Steckdose verfügte und es somit nicht viele Möglichkeiten gab, den PC zu platzieren. Den gefundenen Platz empfinde ich nach wie vor als ungünstig, da das Tageslicht direkt auf den Bildschirm fällt und es dadurch zu Spiegelungen kommt. Außerdem sollte der PC etwas abseits stehen, damit es nicht zu eng wird, wenn zwei oder drei Kinder davor sitzen.

So hielt der PC Einzug in das Klassenzimmer der zweiten Klasse.

Die Begeisterung der Kinder kannte keine Grenzen: Wann fangen wir an? Wer darf als Erster? Ist der für uns oder nur für die Lehrer? Ist der zum Spielen? Was kann der Computer alles? Aber auch mit Kritik wurde nicht gespart: Der sieht aber alt aus! Zu Hause haben wir aber einen schöneren! Der hat ja noch nicht einmal Ton!

An den Äußerungen der Kinder erkannte ich, wie unterschiedlich die bisher gemachten Erfahrungen mit einem PC waren. Um mir einen genaueren Überblick zu verschaffen, machte ich in der Klasse eine kurze Umfrage. Daraus ergab sich Folgendes:

Von 25 Kindern hatten

- 20 einen Computer im eigenen Haushalt,
- zehn durften damit alleine umgehen (Spiele),
- zehn durften nur in Gegenwart von Erwachsenen an den PC,
- fünf hatten überhaupt keine Erfahrung damit.

Ich war vollkommen überrascht, so ein Ergebnis hatte ich nicht erwartet. Es hatten tatsächlich nur fünf von 25 Kindern keinerlei Erfahrung im Umgang mit einem Computer. Nach intensiveren

Befragungen stellten sich zehn Kinder als so genannte Profis heraus. Bis auf die fünf Kinder ohne Erfahrung waren den Schülern Begriffe wie Maus, Bildschirm, Entertaste usw. bekannt und sie wussten um ihre Funktion. Die Tatsache, dass für fast die Hälfte der Klasse der Umgang mit einem PC kein Neuland war, erleichterte meine weitere Vorgehensweise wesentlich.

Ich wollte so wenig wie möglich theoretisch an die Arbeit mit dem PC herangehen. Eingedenk meiner persönlichen, nicht gerade motivierenden Erfahrung wollte ich den Schülern den Zugang zum PC über das eigene Handeln mit diesem ermöglichen. Außerdem wollte ich die Schüler an der Planung der weiteren Vorgehensweise beteiligen. Im Gesprächskreis berieten wir uns und stellten dabei einige Fragen heraus, die zu klären waren.

- Wie bestimmen wir, wer am PC arbeiten darf und wie lange?
- Wie sollen die Schüler, die keine Erfahrung haben, mit dem PC zurechtkommen?
- Welches Programm darf man wählen?

Die Kinder merkten schnell, dass wir klare, für alle gültige Regeln brauchten, um einen reibungslosen Umgang mit unserem Computer zu gewährleisten. Gemeinsam erarbeiteten wir in den weiteren Stunden folgende Regeln:

- Die Benutzerzeit ist auf 15 Minuten beschränkt.
- Die Reihenfolge der einzelnen Benutzer ist durch eine Liste festgelegt. (Die Liste wurde durch Losverfahren erstellt.)
- Am PC ist Partnerarbeit vorgeschrieben.
- Derjenige, der an der Reihe ist, sucht sich frei einen Partner aus, der ihn unterstützt, berät und gegebenenfalls am PC einführt.
- Die Programmwahl ist in der Regel frei und wird ähnlich gehandhabt wie die Arbeit mit den verschiedenen Lernkarteien.
- Das An- und Ausschalten des Computers darf nur von mir erledigt werden.

Schon in der Phase der Vorbereitung war es mir besonders wichtig, dass die Kinder den Stellenwert des PCs innerhalb unseres Unterrichts erkennen sollten. Immer wieder betonte ich, dass die Übungen am Computer eine Möglichkeit neben vielen anderen darstellten. Dabei war es sehr hilfreich, dass die Kinder schon viele Erfahrungen mit Karteiarbeit hatten und innerhalb des wöchentlichen Arbeitsplanes selbstständig arbeiten konnten.

Ich integrierte die Arbeit mit dem PC in die Wochenplanarbeit. Die Arbeitspläne waren auch vorher so von mir gestaltet worden, dass immer genügend Zeit blieb für Arbeiten, die die Schülerinnen und Schüler sich aus einem bestimmten Angebot zusätzlich aussuchen durften. Von Vorteil dabei war, dass die Kinder die gesamte Woche Zugang zum PC hatten und relativ oft an die Reihe kamen. Als Nachteil stellte sich heraus, dass die Kinder die anderen Aufgaben im Arbeitsplan so schnell wie möglich erledigen wollten, damit sie an den PC konnten, und somit den Arbeitsplan zu einem Pflichtprogramm reduzierten. Zwar erfuhren die Kinder, dass man auf jeden Fall an die Reihe kommt, aber das Problem besteht nach wie vor und ich habe für diesen unbefriedigenden Zustand noch keine Lösung gefunden. Dennoch glaube ich, dass der Einsatz des PCs in diesem Rahmen am besten zu bewerkstelligen ist.

Die Schüler selbst nahmen die Arbeit mit dem PC begeistert auf und vor allen Dingen die Partnerarbeit klappte von Anfang an hervorragend. Als positiv stellte sich heraus, dass die Kinder den Partner immer neu und frei aussuchen durften. Waren am Anfang oft die gleichen Kinder im »Partner-Einsatz«, so war bald der so genannte Schneeballeffekt zu beobachten. Die neu erworbenen Fähigkeiten wurden gerne weitergegeben, und oft konnte ich Konstellationen beobachten, die es ohne diesen speziellen Anlass nie gegeben hätte. Natürlich gab es auch Partnerschaften, bei denen die Kinder den Computer lahm legten und sich dann gegenseitig des Versagens beschuldigten, aber solche Störungen waren in der Regel schnell behoben. Zuzugeben, dass man etwas nicht kann und das Wissen des anderen braucht, ohne das Gesicht dabei zu verlieren, benötigt ein gewisses Maß an Vertrauen und macht vor allen Dingen Kommunikation notwendig. Selbst später, als die Phase des Einarbeitens vorüber war, hielten die Kinder an der Partnerarbeit fest. Es gab dann auch schon mal Dreiergruppierungen, obwohl das eher die Ausnahme darstellte.

Im Verlauf dieser so genannten Einstiegsphase bot unser Programm ausreichend Übungsmöglichkeiten. Vor allen Dingen waren plötzlich auch Kinder bereit, Leseübungen zu machen, die vorher so gut wie gar nicht zum Lesen zu motivieren waren, oder sich auf Rechenübungen einzulassen, die sie vorher gar nicht erst in Angriff genommen hätten. Auf die Dauer gesehen, wurde die Arbeit am Computer für die Kinder schon fast zur Routine.

Zu diesem Zeitpunkt wurde unsere Computeranlage um einen Nadeldrucker und ein Schreibprogramm (Creative Writer) erweitert. Daher konnte ich nun den Computer im Bereich der Texterstellung einsetzen. Die Klasse hatte sich ein paar Wochen vorher einen Klassenpostkasten gebastelt und aufgestellt, der einmal in der Woche geleert wurde. Das motivierte die Schüler sofort, miteinander schriftlich zu kommunizieren. Nun gab es zudem das Angebot, dies mit dem Computer zu tun. Die Motivation war ohne weitere Anregungen riesengroß. Die erprobte Partnerarbeit funktionierte weiterhin sehr gut. Da das Schreibprogramm kindgerecht aufgebaut und leicht zu benutzen ist, gab es wenig Probleme mit der Einarbeitung der Schüler. Wieder nach dem »Sehneeballprinzip« wurden das erworbene Wissen und die erworbenen Fertigkeiten auf diese Weise weitergegeben.

Die neue Schreibtechnik bot den Kindern immense Vorteile:

- Das Schreiben mit der Tastatur wurde einfacher.
- Fehler konnten spurlos beseitigt werden.
- Der Text konnte jederzeit unterbrochen, gespeichert und wieder abgerufen werden.

Das gemeinsame Erstellen eines Textes (und sei er noch so gering im Umfang) brachte es mit sich, dass sich die Schüler über das Schreiben unterhielten. Sie besprachen die Form, Rechtschreibprobleme und sogar verschiedene Formulierungen. Ich machte die Beobachtung, dass die Schüler mit dem Text experimentierten.

Im weiteren Verlauf blieb es bei einigen Kindern nicht beim Briefeschreiben. Eine Schülerin erstellte innerhalb der Lerneinheit *ABC* ein Rätselblatt für die ganze Klasse. Zwei Jungen haben nun ein anderes Projekt in Angriff genommen: Sie wollen ein »Informationsbuch« über ihr Lieblingsthema Wale erstellen. Ein anderer Junge schreibt etwas über seinen Lieblingsfußballverein, um es am schwarzen Brett zu veröffentlichen.

Die Beispiele zeigen, wie aktiv die Schüler wurden, wie sie selbsttätig zum Schreiben kamen und den Computer zu ihrem Nutzen einsetzten. Ich hatte und habe zu jeder Zeit Gelegenheit, die erarbeiteten Texte zu kontrollieren und mir ein genaues Bild über die Fähigkeiten und Fertigkeiten der Schüler zu verschaffen.

Unsere bisherigen Erfahrungen (die der Schüler und meine) haben gezeigt, dass der Computer im Klassenzimmer eine Bereicherung für den Unterricht darstellen kann. Die Arbeit mit dem Computer war und ist erfolgreich, wenn sie in den Arbeitsplan und die freie Arbeit integriert wird. So benutzt, stellt der Computer ein Mittel unter anderen dar. Auch wenn ich zwischendurch von Zweifeln geplagt wurde, ob ich auf dem richtigen Weg bin und die Kinder kompetent fördere, bin ich vom Einsatz des Computers in der Grundschule überzeugt. Unbedingt notwendig ist jedoch ein größeres Angebot von qualifizierter Fortbildung und Beratung der Grundschullehrer und Grundschullehrerinnen.

Mit dem PC in der Klasse – Erfahrungen und Probleme

Elke Schwichtenberg

Es gibt heutzutage kaum einen Bereich, in dem Erkenntnisse und Erfahrungen so schnell zu »Schnee von gestern« werden wie bei dem Thema Computer. Allerdings: Bei genauerem Hinsehen ändern sich zwar in der Tat die äußeren Gegebenheiten, der pädagogische Umgang mit diesem – letztendlich doch neuen – Medium muss sich vielerorts aber immer noch erst entwickeln und ändert sich eher langsam. Unter diesem Aspekt ist der folgende – wenngleich bereits vor vier Jahren geschriebene – Beitrag über meine ersten Gehversuche mit dem Computer in der Grundschule sicher nicht überholt, aber der Blickwinkel hat sich an einigen Stellen verändert.

Der Anspruch ist gestiegen. Ging es vor einigen Jahren zunächst darum, Kinder mit dem Medium Computer vertraut zu machen (die meiste der heute genutzten Software war noch gar nicht auf dem Markt), so gehen die Überlegungen heute sehr viel genauer dahin, welchen Lernzuwachs ich erreichen oder welche Lerndefizite ich kompensieren will (ganz zu schweigen von all den kommunikativen Möglichkeiten, die sich aus den unterschiedlichsten Zusammenhängen ergeben). So gibt es heute sehr viel weniger Kinder, die noch nie mit einem Computer in Berührung gekommen sind. Bei allen existiert zumindest eine vage Vorstellung davon, was man mit einem Computer machen kann; der motorische Umgang mit der Maus ist geläufig. Deswegen würde ich heute keinen Umweg über Spiele mehr einplanen, sondern andere Wege suchen, die nicht weniger motivierend sein müssen (ein oft gebrauchtes Argument für den Einsatz des PCs ist ohnehin der Aspekt der Motivation, der einfach schon durch das Medium selbst entsteht).

Für mich ist der PC heute ein Unterrichtsmedium, das in seiner Attraktivität nicht überbewertet werden sollte, das aber an den Stellen des Unterrichts eingeplant werden kann, für die es seine spezifischen Möglichkeiten anbietet (von den Wahrnehmungsübungen im Förderunterricht über das Gestalten von Texten bis zum Sammeln von Informationen aus der bereitgestellten Software). Natürlich ist die Grundlage dafür, dass ich unterschiedliche Programme kenne, dass ich selbst vertraut bin mit dem Gerät und dass mir die Schule den organisatorischen Rahmen stellt.

Immer noch sind die Computererfahrungen in den Kollegien extrem divergent. Es gibt die ganz versierten Kolleginnen; es gibt daneben aber auch Lehrerinnen, die zwar durchaus Interesse haben, für die es jedoch schwierig ist, einen konkreten Anfang zu finden. Erfahrungsberichte wie der folgende sollen vor allem Mut machen für diese ersten Schritte.

Meine ersten Schritte

Es ist mir lange gelungen, einen großen Bogen um Computer zu machen. Ich hatte wohlwollend zur Kenntnis genommen, dass alle Welt sich damit beschäftigte, stundenlang experimentierte, Erfolgs- wie Verzweiflungsmeldungen äußerte; aber ich hatte meine Schreibmaschine und war völlig zufrieden damit. Daran änderten auch die beiden mehrtägigen Fortbildungen nichts, die ich aufgrund meiner Tätigkeit als Ausbilderin für Lehrer absolvieren musste. Ich stellte dabei – wieder einmal – amüsiert fest, dass auch Erwachsene, wenn sie in eine Schülerrolle gestellt werden, sich genauso verhalten wie Jugendliche oder Kinder, wenn sie keine Lust haben: Sie entziehen sich.

Ich spürte nicht das Fünkchen einer Motivation, am Computer zu arbeiten, freute mich hingegen, die Tage mit netten Kollegen und Kolleginnen verbringen zu können (der Vollständigkeit halber sei erwähnt, dass die Kollegen allesamt versiert waren und uns weiblichen Teilnehmern halfen, uns durchzumogeln).

Wenn ich heute an diese Tagungen zurückdenke (es ist immerhin sechs Jahre her), so erinnere ich mich daran, dass mich diese ersten Versuche durchaus auch beeindruckt haben. Es war eher die Struktur der Fortbildung, die mir keine Chance bot, einen echten Zugang zu finden. Absolute Computerneulinge und versierte Fachleute bekamen gemeinsam den Auftrag, am Computer eine Zeitung zu erstellen (ich schaute einem »alten Hasen« über die Schulter und bewunderte die Zauberkunststücke, die er auf dem Bildschirm vorführte; aber vielleicht hätte das Ausprobieren eines Computerspieles damals schon eine positive Einstellung bei mir entwickeln können, indem es mich aus meiner passiven Rolle herausgelockt hätte).

Eines Tages ging meine Schreibmaschine kaputt. Nun doch ein Computer?

Ich habe lange überlegt und mich dann aus zwei Gründen dagegen entschieden: Ich wollte meinen relativ kleinen Schreibtisch nicht mit diesen vielen Geräten zustellen (zumal das Schreiben auf der Maschine nur einen relativ kleinen Anteil an meiner beruflichen Arbeit darstellte), und ich wollte mich nicht abhängig machen von einem Gerät, das offensichtlich einer launischen Diva eher vergleichbar war als einem soliden Mitarbeiter. Ich hatte zu oft die entsetzten Ausrufe gehört: Mein Computer ist abgestürzt, was soll ich jetzt machen? In diese Abhängigkeit wollte ich mich nicht begeben. Und in der Tat: Der dann erstandene Schreibcomputer war über Jahre ein zuverlässiger Begleiter meiner beruflichen Arbeit.

Aber auch hierzu noch eine kleine Anmerkung: Der Schreibcomputer, eigentlich eine – etwas erweiterte und damit bequemere – Schreibmaschine, verlangt natürlich in der Bedienung einige Arbeitsvorgänge, die der Arbeit am Computer ähnlich sind. Verglichen mit der Fülle der Bedienungselemente, die der Computer verlangt, ist dies jedoch ein so kleiner Ausschnitt, dass das Einarbeiten praktisch nebenher (und ohne Fortbildung) möglich ist. Dennoch war mir dieser »Grundkurs« eine Hilfe, als ich mich später wirklich an meinen ersten Computer setzte. Bis dahin war allerdings noch ein langer Weg. Heute habe ich einen Laptop und einen kleinen Drucker auf meinem Schreibtisch. In meiner Klasse stehen zwei PCs. Die Schüler arbeiten damit. Ich nehme mit Interesse an Computerfortbildungen teil.

Wie kam denn nun die Wende?

Bei mir waren es viele kleine Anstöße von außen, die mir Mut machten, ein neues Ziel anzupeilen und mich ihm vorsichtig zu nähern. Zu einem Zeitpunkt vieler äußerer Veränderungen (Wechsel in ein anderes Bundesland, die damit verbundene Neuorientierung, eine andere Arbeitsstelle, eine neue Lebensform, eine neue Wohnumgebung) stand es an, lieb gewordene (aber damit auch festgefahrene) Gewohnheiten neu zu überdenken, neuen Anregungen offen zu begegnen.

Auf dem Schreibtisch meines neuen Lebenspartners stand ein Computer – und wurde von ihm sehr eifrig und effektiv genutzt. Ich bekam zwar auch am Rande mit, wie viele Stunden intensiver Arbeit nötig waren, um wieder einmal ein neues Programm zu installieren, aber auch ich sah den Computer nun als ein Gerät, das zur beruflichen Grundausstattung eines Menschen gehört, der viele Texte verfassen und schreiben muss (nebenbei waren auf seinem Computer – mit entsprechender Hilfe natürlich – viele ansprechende und witzige Arbeitsblätter für meine Schüler entstanden).

Und dann standen eines Tages vier Computer in unserem Wohnzimmer. Wie es zurzeit öfter ansteht, hatte das Institut meines Partners diese Computer der alten Generation ausgemustert; sie standen zur Verfügung, um in Schulen Verwendung zu finden. Ich stand vor der Entscheidung, ob ich eins dieser Geräte mit in meine Schule nehmen wollte. Natürlich wollte ich.

Mir war klar, dass die Schülerinnen und Schüler meiner vierten Klasse später in ihrem Berufsleben selbstverständlich mit Computern arbeiten würden, dass viele jetzt schon am Computer ihrer Eltern erste Erfahrungen gesammelt hatten. Aufgabe der Schule wiederum sollte es sein, ein Verständnis der unterschiedlichen Erscheinungsformen der Technik in ihren Zusammenhängen und Gesetzmäßigkeiten zu vermitteln und zu einem bewussten und verantwortungsvollen Gebrauch anzuregen.

Nun erlaubt die finanzielle Situation der Schulen es im Allgemeinen nicht (mehr), die eigentlich notwendige Ausstattung mit technischen Geräten zu sichern (wenn Lehrer oder Lehrerinnen z.B. häufiger mit einem Kassettenrekorder arbeiten, weil sie Gespräche aufnehmen wollen, oder eine meditative Musik während der Wochenplanarbeit im Hintergrund laufen soll, benutzen sie meist ihre eigenen privaten Geräte). Gefragt ist damit die Kreativität der Schulen, vor allem aber die der einzelnen Kollegen und Kolleginnen, nach Wegen zu suchen, wie sie ohne finanzielle Mittel die notwendigen Geräte auftreiben können. Wenn man ein Gespür dafür entwickelt hat, wo Ansprechpartner zu finden sind (oftmals sind auch Eltern bereit, ausrangierte Geräte zu stiften, oder sie wissen, an wen man sich wenden muss), ergeben sich manchmal ungeahnte neue Wege.

Da stand jetzt jedenfalls der Computer zu Hause in meinem Arbeitszimmer, und ich fand lange »keine Zeit«, mich mit ihm näher zu beschäftigen.

Um es kurz zu machen: Nachdem ich nun lange genug um

ihn herumgeschlichen war, beschloss ich, die Arbeit am Computer als einen Punkt für den nächsten Wochenplan in der Schule anzubieten. Meine vierte Klasse hatte ohnehin nur noch vier Monate Zeit, bis alle Kinder auf die verschiedenen weiterführenden Schulen wechseln würden; ich fühlte mich ihnen in gewisser Weise verpflichtet. Es folgten zwei Tage, an denen ich mich intensiv auf die neue Situation vorbereitete.

Mir war klar, dass ich nicht perfekt sein musste. Und ich wollte mich nicht überfordern. So beschloss ich, für den Anfang nur einige wenige Möglichkeiten anzubieten:

- ein Schreibprogramm (die Kinder der vierten Klasse benutzten schon seit einiger Zeit die bereitgestellten Schreibmaschinen, um ihre Texte in einer ansprechenden Form zu veröffentlichen); hier wählte ich den »Creative Writer«, der mir vertraut war, weil ich meine Arbeitsblätter bereits seit einiger Zeit mit diesem Programm erstellte (alle wichtigen Operationen sind leicht fassbar, zudem sind viele kreative Elemente wie Sticker, eigene Zeichnungen oder Verfremdungen in gut überschaubarer Form einsetzbar);
- ein Lernprogramm; das damalige Hessische Institut für Bildungsplanung und Schulentwicklung bot dafür ein Programmpaket (»Hibspack«) für Grund- und Sonderschulen; ein Spiel: Da ich zu diesem Zeitpunkt gerade an einem Projekt »Spinnen« arbeitete, bot es sich an, das Spiel »Mamba« zu wählen, bei dem eine Spinne und eine Schlange sich im Wettstreit befinden (ich selbst hatte anfangs mithilfe dieses Spiels meine Fertigkeiten am Computer geübt).

Als ich das Gerät schließlich mit in die Schule nahm, war ich noch keineswegs sicher im Umgang mit all den Möglichkeiten und Besonderheiten der eingespeisten Programme. Aber ich hatte mir einen »Spickzettel« vorbereitet, der mir half, mich auch in kritischen Situationen schnell zurechtzufinden und die Ruhe zu bewahren.

Dennoch sollte man sich darauf einstellen, dass es – trotz aller Vorbereitungen – Situationen geben wird, in denen nicht alle Anfragen gleichzeitig bewältigt werden können. Eine besondere Schwierigkeit liegt darin, dass es manchmal längere Zeit dauert, bis ein Programm so weit aufgerufen worden ist, dass die Schüler mit der Arbeit beginnen können (das liegt daran, dass die alten Computer im Gegensatz zu den Geräten der neueren Generation sehr viel langsamer arbeiten – und meist auch deshalb ausgemustert wurden). Wenn mehr als ein Gerät in der Klasse steht, muss man für den Start also eine gewisse Zeit einplanen (das ist aber je nach Programm verschieden).

Den allerersten Beginn in dieser vierten Klasse hatte ich so geplant, dass jedes Kind einmal das »Spinnenspiel« (Mamba) ausprobieren sollte. Damit würden relativ schnell alle Schülerinnen und Schüler einmal in Kontakt mit dem Computer kommen.

Was würden meine Schülerinnen und Schüler nun also lernen? Zunächst ein wenig Taktik, denn eine hohe Punktzahl erreicht man eher, wenn man dort Flächen für sich reserviert, wo die Mamba gerade nicht auftaucht. Konzentration ist nötig und schnelle Reaktionsfähigkeit; vor allem aber ist das Spiel spannend und macht Spaß. Und darauf kam es mir in dieser ersten Phase an, die Schüler sollten lustvoll ihre allerersten Erfahrungen machen. Die Spielphasen durften nicht zu lange dauern, damit möglichst viele Kinder in den ersten Wochen auch an die Reihe kommen würden, und – das war mir wegen der Organisation recht wichtig – es musste so einfach sein, dass die Schüler schon beim »über die Schulter sehen« begreifen konnten, wie der Ablauf des Spiels vor sich ging. Damit sollte gewährleistet sein, dass die Kinder eine erste Kompetenz im selbstständigen Umgang mit dem Computer erwerben würden, die sich dann schrittweise auch auf die weiteren Bereiche (Lernprogramme, Textverarbeitung) ausdehnen lassen könnte. Und in der Tat regelten die Schülerinnen und Schüler nach dem ersten Tag alles selbstständig: Sie sprachen sich ab, wie lange ein Kind spielen durfte (dabei legten sie keine Zeit fest – wie ich das sicher vorgeschlagen hätte –, sondern sie spielten so lange, bis die Mamba dreimal die Spinne gefangen hatte), sie regelten die Reihenfolge und vereinbarten, dass die folgenden Kinder jeweils bei drei Spielen zugesehen haben sollten. Ich habe in dieser ganzen Zeit keinen Streit zwischen ihnen erlebt; meine Aufgabe blieb es, den Computer an- und auszuschalten.

In der weiteren Folge nutzten die Kinder auch das Schreibprogramm und erstellten sehr fantasievoll illustrierte Sachtexte über Spinnen. Nachdem jedes Kind einmal den Computer spielerisch ausprobiert hatte, akzeptierten auch alle, dass die Schreibaufgaben Vorrang vor dem Spiel haben sollten.

Viele der Diskussionen, die sich inhaltlich mit dem Computer auseinander setzen, thematisieren die Befürchtung, dass die Kinder nur spielen und nicht richtig arbeiten würden. Es ist sicher notwendig, den didaktischen und methodischen Stellenwert des Computereinsatzes in seinem eigenen Konzept festzuhalten, Von den in der letzten Zeit veröffentlichten didaktischen Modellen beziehen sich die meisten auf einen weit umfangreicheren und differenzierteren Einsatz der Computer, als ich dies für meine eigenen Planungen in Anspruch nehmen wollte.

Meine Entscheidungen hatten folgenden Hintergrund: Man hatte mir einen Computer zur Verfügung gestellt, ein ziemlich altes Modell. Dennoch, er würde sich dazu eignen, ein Schreibprogramm, Spiele und einfache Lernprogramme einzusetzen. Meine Kenntnisse im Umgang mit dem Computer befanden sich zwar noch auf einem recht niedrigen Niveau, reichten jedoch aus, um diese Aufgaben bewältigen zu können. Ich vertraute darauf, dass sich – vor allem auch in der Interaktion mit den Schülern – neue Impulse für die weitere Planung entwickeln würden. Wenn erst einmal der Einstieg geschafft ist, eröffnen sich häufig weitere Wege. Ich wusste z.B., dass es Programme gibt, in denen der aktuelle Lernstoff (beispielsweise die zurzeit ausgewählten Lernwörter) in unterschiedlichen methodischen Übungsformen verarbeitet werden kann.

Mein Ziel war es, mich möglichst bald mit diesen Aufgaben vertraut zu machen und den Computer dann mit zwei Schwerpunkten in der Klasse einzusetzen: Die Kinder sollten die Möglichkeit haben, ihre Texte mithilfe des Computers darzustellen und grafisch zu bearbeiten, und sie sollten – ebenfalls im Rahmen des Wochenplans – eine weitere motivierende Übungsform für das aktuelle Rechtschreiblernen kennen lernen. Die Einführung, das »spielerische« Erproben sollte von diesen Aufgaben dann abgelöst werden.

Wie wichtig der Einstieg für eine Klasse ist (und dass die Arbeit am und mit dem Computer nicht unbedingt von Anfang an positiv verlaufen muss), weiß ich aus einem der zahlreichen Gespräche, die ich in meiner Funktion als Ausbilderin mit vielen Kolleginnen führe.

Eine Kollegin z.B. hatte in einer dritten Klasse ebenfalls mit einem älteren Gerät begonnen und zunächst ausschließlich ein Lernprogramm installiert. Dieses Programm war jedoch so konzipiert, dass jede Übungseinheit einen längeren Zeitraum beanspruchte. Es kam zu ständiger Unzufriedenheit im Umfeld des Computers und zu vielerlei Streitigkeiten, weil natürlich abzusehen war, dass viele Kinder nicht so bald an die Reihe kommen würden. Es gab wenig Widerspruch, als der Apparat nach einer Weile wieder entfernt wurde. Diese Kollegin wird jedoch einen zweiten Versuch starten, sobald sie ihre nächste erste Klasse übernommen hat.

Auch mein Computer verschwand am Schuljahresende für eine Weile im Medienraum, bevor ich ihn nach einigen Monaten, begleitet von einem inzwischen organisierten zweiten Gerät, in meiner neu übernommenen dritten Klasse wieder einsetzte. Zunächst wollte ich jedoch die Grundlagen schaffen, um in dieser Klasse, die bis dahin ausschließlich Frontalunterricht erfahren hatte, einen Unterricht praktizieren zu können, der durch

Individualisierung und Differenzierung offene Lernsituationen schaffen und damit den Einsatz des Computers auch möglich machen würde. Für den Einsatz des Wochenplanes sollten die Schüler und Schülerinnen zunächst lernen, Arbeitsanweisungen selbstständig umzusetzen, Ausdauer bei der Erledigung einer Arbeit zu zeigen, mit einem Partner oder in Gruppen auch unbekannte Aufgaben zu lösen, Rücksicht zu nehmen und Absprachen zu treffen.

Als ich dann mit dem Computerangebot begann, waren meine Schüler nicht perfekt in all diesen Verhaltensweisen, aber sie waren auf dem Wege. Ich selbst hatte in der Zwischenzeit ebenfalls dazugelernt: Das Wichtigste – im Sinne des Lernzieles, das ich für mich definiert hatte – war ein Lernprogramm (Lese- und Rechtschreibmeister, Auer-Verlag), das ausgesprochen leicht zu handhaben war (nachdem ein Diktattext eingegeben war, musste man nur noch die Lernwörter markieren, und sie tauchten dann in den unterschiedlichen Übungsformen in immer neuen Variationen – vom Zufallsgenerator eingespeist – wieder auf). Nun konnte ich meinen zweiten Versuch starten, diesmal schon mit einem Gefühl größerer Sicherheit.

Es sind oft nicht die großen, sondern eher die nebensächlichen Dinge und Vorkommnisse, die über den Erfolg eines Vorhabens, vor allem aber über meine Befindlichkeit in der Klasse und damit über die gesamte Atmosphäre, mit entscheiden. Kleine Begebenheiten waren mir zwar während meiner ersten Computerversuche in der jeweiligen Situation wichtig erschienen, ich hatte sie Tage später aber vergessen und sie kamen erst bei entsprechenden Nachfragen von Kolleginnen wieder ins Gedächtnis.

Das hat mich dazu bewogen, über meine ersten Erfahrungen mit den Computern in der neuen Klasse ein Tagebuch zu schreiben. Ich selbst habe dabei gemerkt, dass sich neben den angestrebten Lernzielen viele Situationen von allein ergaben, in denen die Kinder Erfahrungen machen konnten, die nicht vorher geplant waren (sowohl in den sozialen Bezügen als auch im kognitiven Bereich durch Anregungen und viele zusätzliche Impulse). Es soll aber nicht verschwiegen werden, dass auch immer wieder neue Probleme auftraten: Meist resultierten sie aus meiner Unerfahrenheit und der dadurch eingeschränkten Fähigkeit, bestimmte Situationen schon im Vorfeld einschätzen zu können.

Nicht nur bei Schülern sollten die Fehler Stolpersteine des Lernens sein, die uns zeigen, an welchen Stellen wir noch einmal überlegen müssen. Viele Entscheidungen habe ich im Verlauf dieser ersten Tage revidiert und manchmal auch mit den Kindern zusammen neue Lösungen gefunden. So haben wir *gemeinsam* einen neuen Lernweg beschritten; oft war ich erstaunt, wie hilfsbereit die Schülerinnen und Schüler sich gegenseitig und mir zur Seite standen und auch Verständnis hatten, wenn etwas nicht auf Anhieb funktionieren wollte.

Tagebuch

1. Computertag

Natürlich gab es ein großes Hallo, als die Kinder heute Morgen die Computerecke im Klassenraum bemerkten.

In der letzten Zeit hatten sie mich öfter gefragt, ob sie nicht bald auch am Computer arbeiten dürften, da sie sehr wohl wussten, dass in meiner letzten Klasse bereits einer gestanden hatte. So nutzte ich ein Wochenende, um – mit entsprechender Hilfestellung meines Partners – die beiden Computer zu installieren.

Es ist immer wieder eine Herausforderung, 26 Kinder in einem mittelgroßen Klassenzimmer so unterzubringen, dass Möglichkeiten bestehen, schnell in einen Sitzkreis zu kommen, daneben aber noch Platz für eine Leseecke mit einem Sofa, einen »Thementisch« und nun auch noch für eine Medienecke bleibt. Nach einigem Probieren fand ich eine ganz akzeptable Lösung: Auf zwei zusammengestellten Tischen konnten nicht nur die beiden Computer, sondern auch noch die Schreibmaschine so untergebracht werden, dass die Kinder sich nicht gegenseitig behindern würden. Der Drucker, nur an eins der beiden Geräte angeschlossen, stand nebenan im Regal.

Ich kündigte an, dass heute einige Kinder erstmals an den Computern arbeiten dürften und dass sie sich schon mal überlegen sollten, wie wir es regeln könnten, dass es keinen Streit gebe. In der Pause kam daraufhin Hans zu mir und sagte: »Es gibt 26 Buchstaben und wir sind 26 Kinder, jedes Kind schreibt einen Buchstaben auf ein Los.«

Der Vorschlag wurde später von allen angenommen und durchgeführt; jetzt hängt beim Computer ein Zettel mit dem Alphabet, daneben die Namen. Es wird jeweils nach der Stunde vermerkt, wie viele Minuten und an welchem Gerät ein Kind gearbeitet hat (da auf den Rechnern unterschiedlicher Baureihen verschieden attraktive Programme installiert sind).

Es gab bereits bei der Verlosung ein Problem: Manfred zog gleich zu Anfang das »Z«. Da er eigentlich immer der Erste sein möchte, war das schwer für ihn zu ertragen. Völlig die Fassung verlor er aber, als er die Schadenfreude einiger anderer Kinder bemerkte. Da er schließlich zu weinen begann, griff ich die Situation auf (zumal am gleichen Tag schon einmal der Aspekt der Schadenfreude Thema war). Die Kinder klärten im Kreisgespräch das Problem und bezogen auch die Gefühle der Betroffenen mit ein. Schließlich wurden zwei Buchstaben getauscht; Manfred war zwar immer noch nicht am Anfang, aber er konnte die Situation jetzt gut aushalten.

Auf den ersten Blick mögen solche »Zwischenfälle« unnötig den Unterrichtsablauf stören, letztendlich sind sie jedoch ein wichtiger Baustein, um das soziale Gefüge der Klasse zu festigen und bilden damit eine Grundlage für meinen gesamten Unterricht (darüber hinaus zeugt die Form solcher Gespräche von viel Einfühlungsvermögen der Kinder und stärkt ihre Bereitschaft, Probleme gemeinsam zu beraten und zu lösen).

Es war richtig, den Beginn der Computerarbeit in eine Doppelstunde zu legen, um der spontanen Neugier Raum geben zu können. Der Zeitpunkt wird meist vermutlich in einer Phase des Wochenplans liegen; dann sollten alle anderen anfallenden Arbeiten mit den Schülerinnen und Schülern so weit geklärt sein, dass die Lehrerin sich in Ruhe mit den Computern und den daran arbeitenden Kindern beschäftigen kann.

Es erschien mir auch ratsam, mich selbst erst einmal gut mit einem überschaubaren Ausschnitt der Softwareprogramme vertraut zu machen und den Kindern nur ein oder zwei Angebote zur Auswahl zu geben (die Befehle dazu hatte ich mir auf einem »Spickzettel« notiert). So habe ich z.B. mit dem Budenberg-Programm (aus Hibspack) begonnen – bei dem die Kinder sehr gern den »Sachunterricht« wählten – und den rechtschreibschwachen Schülerinnen und Schülern empfohlen, die Lernwörter für unser nächstes Diktat zu üben. Die unterschiedlichen Übungsformen dazu (Lese- und Rechtschreibmeister) machten den Kindern viel Spaß, wenngleich das Programm recht langsam arbeitete, da die Taktfrequenz des Prozessors zu niedrig war (»nur« 20 MHz).

Günter rief mich, weil er – offensichtlich durch das versehentliche Drücken oder auch Ausprobieren einer Taste – in einem völlig anderen Programm gelandet war. Ich probierte alles, was auf meinem Zettel stand, nichts funktionierte mehr. Manfred, der hinter mir stand, meinte: »Mein Vater hat mir den Tipp gegeben, wenn ich nicht mehr weiterweiß, soll ich einfach ›Strg‹ und ›Alt‹ und ›Entf‹ drücken und dann bin ich wieder am Anfang.« (Warmstart oder auch »Affenklammergriff«) *Ich habe es probiert, und siehe da, er hatte Recht.*

Es gibt meist Kinder, die schon (fast) mehr Erfahrung haben

als die Lehrerin, und sie sind glücklich, wenn sie ihr Wissen einbringen können. Im Übrigen habe ich den Kindern gesagt, dass ich mit ihnen eine Lernende sein werde, dass wir am Ende des vierten Schuljahres sicher alle zusammen viel mehr über die Arbeit am Computer wissen werden als jetzt.

Es standen heute viele neugierige Kinder hinter den beiden ersten »Spielenden«. Ich konnte sie gut verstehen, wollte aber natürlich eigentlich, dass sie an ihrem Wochenplan arbeiteten. So beschloss ich, dass ich sie heute zuschauen lassen würde, dass dies aber ein Beratungsthema für die nächste Stunde werden sollte.

Das Ergebnis des Gesprächs war: Das Kind, das jeweils als Nächstes dran ist, darf in der gesamten Zeit hinter dem »Spielenden« stehen. Das hat auch den Vorteil, dass es schon weiß, wie es geht (der Vorgänger bleibt dann noch so lange, bis die »Übergabe« geklappt hat). Damit hoffe ich, dass ich nur noch bei neuen Programmangeboten oder bei Besonderheiten des Schreibprogramms benötigt werde.

Sascha ist ein Kind mit wenig Selbstbewusstsein. Er war zwar stolz, dass er schon am ersten Tag mit dem Computer dran war, aber er machte einen etwas ängstlichen Eindruck. Ich bot ihm die Budenberg-Programme an, und er wählte Mathematik mit der Begründung, das könne er noch nicht so gut. Das, was er dann tun musste, konnte er wahrscheinlich schon in der ersten Klasse: Zahlen den passenden Würfeln zuordnen. Aber er musste mithilfe der Cursortasten einen Wagen an die passende Stelle fahren und danach »Enter« drücken. Man sah seinem Gesicht an, dass er konzentriert arbeitete. Das hüpfende Männchen, das bei jeder richtigen Antwort erschien, zauberte ein Lächeln auf sein Gesicht, und nachdem er eine Viertelstunde lang auch die nächsten Aufgaben – diesmal schon unter der Rubrik »schwer« – fehlerlos gelöst hatte, ging er als ein strahlendes und zufriedenes Kind nach Hause. Seine erste Begegnung mit dem Computer war für ihn ausgesprochen positiv.

Es gilt zu berücksichtigen, ob ein Kind bereits Erfahrungen

im Umgang mit einem Computer hat. Wenn zunächst das Handhaben der Maus, die motorische Hürde des Doppelklicks oder die Notwendigkeit, bestimmte Handlungsfolgen einzuhalten, im Vordergrund stehen und geübt werden müssen, dürfen dabei die Aufgaben des Softwareprogramms nicht zu viel an Konzentration binden und sollten sich im Rahmen dessen bewegen, was das Kind mühelos zu leisten vermag (zumal es bei den ersten Versuchen unbedingt das Gefühl eines Erfolgs haben sollte). So muss ich gestehen, dass ich anfangs der Meinung war, das Budenberg-Programm sei eigentlich für meine Klasse viel zu leicht, die Kinder könnten ja nichts dabei lernen. Sie lernen schon, aber anders, als ich es geplant hatte, das musste ich so akzeptieren.

Für Sascha war es in diesem Fall schon schwierig genug, die Abfolge der Arbeitsschritte am Computer richtig auszuführen und sich auf die neuen, ungewohnten Anforderungen einzustellen.

2. Computertag

Heute bin ich mit dem Ein- und Ausschalten der Programme ganz gut klargekommen, merke aber, dass ich dazu Ruhe brauche und nervös werde, wenn andere Kinder zwischendurch etwas wissen oder zeigen wollen. Ich habe deshalb mit den Kindern die Vereinbarung getroffen, dass sie mich in der kurzen Zeit, die ich benötige, um für einen Schüler eine neue Aufgabe zu suchen, nicht stören dürfen. In einer Schulstunde können zurzeit vier Kinder arbeiten, jeweils eine Viertelstunde (den Rest der Stunde brauche ich für den Wechsel, das Ein- und Ausschalten). Zunächst sollen alle Schülerinnen und Schüler mit den vorhandenen Softwareprogrammen (Budenberg, Lese- und Rechtschreibmeister) ihre ersten Erfahrungen gemacht haben, bevor ich ihnen mit dem Schreibprogramm »Creative Writer« neue Möglichkeiten eröffnen werde.

Es hat sich gerade in meiner letzten Klasse als praktikabel erwiesen, dass die Schüler und Schülerinnen zunächst handschriftlich ihre Texte erstellt haben, danach eine inhaltliche und rechtschreibliche Überarbeitung mit zwei/drei Kindern stattgefunden hat und – nach einer Endredaktion durch mich – dieser Text mit dem Computer gestaltet wurde. Für das Tippen und Bearbeiten eines Textes muss dann aber viel Zeit eingeplant werden. Der Computer mit dem angeschlossenen Drucker ist für diese Aufgaben gedacht, während der zweite Rechner nach wie vor dem Übungsprogramm vorbehalten bleibt.

3. Computertag

Tim hat heute auch das Programm »Sachunterricht« gewählt (Budenberg). Ich habe beobachtet, dass zeitweilig doch mehrere Kinder hinter ihm standen, aber es wurden intensive Gespräche darüber geführt, wo denn nun Frankfurt liegt, in welchen Fluss der Main fließe usw.

Die Zuschauer lernen mit, am Computer entsteht fast immer eine Kommunikation zwischen mehreren Kindern. Zwischendurch haben wir allerdings auch ein Gespräch darüber geführt, dass es nicht sinnvoll ist, dem »Spieler« etwas vorzusagen, sondern dass gerade eine Hilfestellung viel Kenntnisse und Sensibilität voraussetzt. Dass hinter dem Computer mehr Kinder standen, als eigentlich verabredet war, habe ich toleriert und werde es auch weiterhin akzeptieren, solange es in einem – für mich – vertretbaren Rahmen bleibt.

4. Computertag

Heute war Frank an der Reihe, einer von den wenigen Schülern, die noch nie eine »Maus« in der Hand gehabt haben. Für ihn war dieser erste Umgang sehr aufregend. Er gewann aber schnell an Sicherheit und beherrschte die gewählte Übung nach kurzer Zeit recht gut.

5. Computertag

Heute war meine Planung ganz anders als das, was sich dann ereignete. Ich hatte einen Computer schon angestellt, aber während ich mich mit dem zweiten beschäftigte, geriet Dieter aus Versehen in das Schreibprogramm. Alles, was ich mir notiert hatte, funktionierte nicht, um aus diesem Programm wieder herauszukommen. Nach einer ganzen Reihe von vergeblichen Bemühungen (auch der versuchte Warmstart brachte nichts), schaltete ich den Computer aus in der Hoffnung, nach einer gewissen Zeit wieder anschalten und das Programm von vorn starten zu können. Die Hoffnung trog, ich schaltete nach fünf Minuten ein und war wieder an derselben Stelle wie vorher. Dieter war einsichtig, heute konnte er auf den Computer verzichten, vertraute er doch darauf, dass es beim nächsten Mal sicher klappen würde. Als ich übrigens nach der Stunde noch mal einen Versuch machte, erschien das gewohnte Bild, zu spät zwar, aber doch ganz beruhigend. Woran es gelegen hat, ich weiß es nicht.

Gerade, wenn Kinder noch völlig ungeübt sind, passiert es leicht, dass sie durch unkontrolliertes oder wahlloses Drücken irgendwelcher Tasten in ganz merkwürdige Programme geraten. Ebenso habe ich beobachtet, dass ein Schüler, der gerade nicht dran war, mit der gesamten Hand einmal über die Tastatur wischte. Dann kann es passieren, dass kurze Zeit später das Programm plötzlich »spinnt«. In so einem Fall bleibt einem offensichtlich nichts anderes übrig (wenn auch Strg + Alt + Entf nichts nützen), als den Computer auszuschalten. Das ist sicherlich erst der letzte Versuch, wenn nichts anderes mehr funktioniert, aber so schlimm, wie manche Leute es darstellen, ist es wiederum auch nicht.

Es kann auch passieren, dass der Prompt (c:\) durch mehrmaliges Enter-Drücken plötzlich den gesamten Bildschirm ausfüllt. Man sollte sich dadurch nicht irritieren lassen, sondern den nächsten Befehl eingeben oder – um den Bildschirm freizubekommen – cls (clear screen).

6. Computertag

Mike wollte gern auch »Sachunterricht« machen, weil andere es ihm empfohlen hatten. Bei den ersten beiden Aufgaben habe ich neben ihm gesessen und ihm geholfen. Ich merkte dabei aber schon, dass er eigentlich überfordert war. Er wollte unbedingt weiterarbeiten, sagte mir hinterher aber, es sei doch recht schwer gewesen.

Ich hätte Mike eigentlich ein oder zwei andere Programme empfehlen sollen. Seine Entscheidung resultierte offensichtlich daraus, dass seine Freunde ihm von ihrer Arbeit erzählt hatten. Beim nächsten Mal werde ich ihn bitten, ein anderes Programm erst einmal auszuprobieren, außerdem muss ich mir Zeit nehmen und noch länger bei ihm bleiben.

Eine weitere Situation: Antje bringt mir eine Diskette mit, die – wie sie sagt – zu unserem Sachunterrichtsthema passt. Sie möchte natürlich, dass ich sie sofort anschaue, aber ich habe ihr gesagt, dass ich die Diskette erst mit nach Hause nehmen würde, um sie durch das Viren-Kontrollprogramm laufen zu lassen.

In der Tat sind auf der Diskette Viren. Man sollte, bevor man eine fremde Diskette auf dem Computer benutzt, diese Kontrolle immer erst vornehmen. Ich gebe Antje also eine neue virenfreie Diskette mit und bitte sie zu versuchen, ob sie ihr Programm auf diese Diskette überspielen kann. Eine abschließende Prüfung ist dennoch vor dem Gebrauch noch einmal zu empfehlen.

7. Computertag

Heute konnte ich recht gut beobachten, wie verschieden die Arbeit in den beiden Dreiergruppen lief. Die eine Gruppe arbeitete recht intensiv, und ich hatte das Gefühl, dass wirklich alle drei Kinder vorankamen (sie erarbeiteten Lernwörter mit der Geheimschrift). Die zweite Gruppe hatte noch Schwierigkeiten: Das Kind, das die Begriffe eingab, drückte ständig auf die Tasten, weil es ihm nicht schnell genug ging. Es floss viel mehr Energie in die Regelung des Gruppenprozesses als in den Lernvorgang. Nach einem kurzen Gespräch war es ihnen dann aber möglich, auch ihre Zusammenarbeit zu regeln.

In Dreiergruppen zu arbeiten hat mehrere sinnvolle Komponenten: Einmal »lernen« auch die zuschauenden Kinder, weil sie z.B. Lernwörter immer wieder vor Augen haben oder antizipieren, zum Zweiten ist es ein soziales Lernziel, dass die Kinder sich bei der Gruppenarbeit in ihrer jeweiligen Rolle zurechtfinden müssen.

8. Computertag

Rainer wollte nicht den vorgeschlagenen Budenberg bearbeiten, sondern es reizte ihn, ein anderes Programm – den »Baukasten« – zu versuchen. Ich hatte das selbst noch nie ausprobiert, wusste also natürlich nicht, wie es funktionierte, und ich bekam es bei meinen ersten Versuchen auch nicht hin. Als ich merkte, dass ich ungeduldig wurde, drückte ich Rainer die Maus in die Hand und bat ihn, ein bisschen zu experimentieren. Es vergingen keine fünf Minuten. da kam er mit einer Erfolgsmeldung. Später hat er mir das Programm erklärt und er war sehr stolz darauf.

Die Kinder erklären uns Lehrern etwas. Das kommt öfter einmal vor, aber meistens wissen wir bereits, was die Schülerinnen und Schüler uns erzählen. Diese Situation war ganz anders: Ich profitierte von dem, was Rainer herausgefunden hatte, *ich* lernte von *ihm*.

9. Computertag

Heute sagte Frederik nach zwei Stunden Wochenplan, in denen auch eine ganze Reihe von Kindern in ihren Dreiergruppen am Computer gearbeitet hatten: »So macht Lernen Spaß!«

Frederik ist ein Schüler, der zwar bereitwillig, aber wenig zielgerichtet lernt und alle Ablenkungen aufgreift, die sich ihm anbieten. Ihm konnte man anmerken, dass diese Arbeitsformen seinen Fähigkeiten entsprachen und eine starke Lernmotivation auslösten.

Ende des Tagebuches

Wochenplan und Computer, das ist immer noch ein bisschen anstrengender für mich, als wenn ich mich auf die gewohnten Abläufe des Wochenplans konzentrieren kann (auch da gibt es ja genug Fragen und Situationen, in denen meine Unterstützung verlangt wird). Aber wenn ein Kind zu mir sagt: »So macht Lernen Spaß«, dann ist das auch für mich eine starke Motivation, diesen Beginn weiterzuführen. Ich bin den Kindern bei der Eroberung dieses neuen Mediums immer nur um wenige Schritte voraus, aber da wir das alle wissen und akzeptieren, ist die Arbeitsatmosphäre entspannt, und wir können alle Möglichkeiten nutzen, die der äußere – zugegebenermaßen eingeschränkte – Rahmen zulässt. So nutze ich den Computer in erster Linie als ein motivierendes Medium: Ein Kind steht hinter dem anderen und diskutiert mit ihm über die Ergebnisse auf dem Bildschirm. Natürlich wäre dazu eigentlich kein Computer nötig; aber stünden die Ergebnisse auf einem Blatt Papier – die Diskussion wäre sicher nicht entstanden.

Computer in der Schule

Wenn ich die aktuellen Kommentare und Veröffentlichungen dazu lese, dann habe ich die Vision eines neuen Ansatzes von selbstbestimmtem Lernen. Gleichzeitig wird jedoch deutlich, dass die dazu grundlegenden Bedingungen in den nächsten Jahren nicht verwirklicht werden können, weil nur wenige Schulen über die neuen Geräte verfügen und weitere Mittel sehr begrenzt zur Verfügung stehen. Zudem gibt es bisher nur wenig Software, die das entdeckende Lernen fördert, und da von den Schulen keine Nachfragen in größerem Umfang kommen, lohnt es sich für Verlage offensichtlich auch nicht, die Kosten für Neuentwicklungen zu übernehmen.

Wie ordne ich in diesem Zusammenhang meine Arbeit ein, meinen Beginn mit zwei alten Computern in einer vierten und einer dritten Grundschulklasse?

Ich sehe das große Interesse und die Motivation, die die Kinder dem Umgang mit den Geräten und damit auch den neuen Lernsituationen entgegenbringen. Die Programme, die ich benutze, sind keine Software, die entdeckendes Lernen begünstigen. So bleiben zwar noch die alten Lernformen, aber die Computer sind interessante Werkzeuge, die genutzt werden können, um den Lernstoff zu bearbeiten. Und vielleicht könnte der Computer in dem einen oder anderen Fall ein Auslöser dafür werden, den Unterricht doch ein wenig offener zu gestalten?!

Der Computer im Deutschunterricht der Grundschule

Inge Blatt

Neue Medien – neue Herausforderungen

Müssen Kinder im Computerzeitalter überhaupt noch lesen und schreiben lernen? Oder reichen die mündliche Sprachkompetenz und das Einprägen von Zeichen aus, weil Computer Diktiertes selbstständig aufschreiben, Texte vorlesen, Informationen bildlich darbieten und eine Kommunikation über das Anklicken von Symbolen ermöglichen?

Als Antwort auf solche Fragen zeichnet sich zurzeit ab, dass gute schriftsprachliche Fähigkeiten zur Nutzung der Informations- und Kommunikationstechnologien wichtiger sind denn je. Die neuen Medien – Textverarbeitung, E-Mail, SMS, elektronische Bücher auf CD-ROM und Webseiten im Internet – sind Schriftmedien zum Schreiben, Kommunizieren, Unterhalten und Informieren. Ihr Gebrauch erfordert eine »Medien-Schrift-Kompetenz«, die routinierte Lese- und Schreibfähigkeiten mit Bedienungsfertigkeiten verbindet.

Computer mit Sprachfähigkeiten, die an die menschliche heranreichen, sind Visionen und bleiben es vielleicht auch, wenn man z.B. die bisherigen Fortschritte bei Spracherkennungsprogrammen betrachtet (Storm 1996). Für eingegrenzte Gebiete, wie etwa in der Medizin, sind solche Programme weit fortgeschritten. Sie arbeiten auf der Basis von Datenbanken mit kontextbezogener Lexik und Syntax. Ihr Gebrauch setzt fach- und schriftkundige Nutzer voraus.

Eine Bestätigung dafür liefert ein Experiment, in dem Erstklässler mit einem Spracherkennungsprogramm »schreiben«

sollten (Peschel 1998). Die Erfolgsquote lag bei null. Obwohl kindgerechtes Wortmaterial verwendet wurde, konnten die Kinder die Wörter und Sätze nicht so aussprechen und formulieren, dass sie von dem Spracherkennungsprogramm in Schrift umgesetzt werden konnten. Auch theoretische Positionen sprechen dafür, dass sich Menschen die dazu notwendige Fähigkeit erst mit dem Erwerb der Schriftsprache aneignen, mit dem ein bewusster und willkürlicher Gebrauch von Sprache einhergeht (Wygotski 1934).

Welche neuen Herausforderungen kommen also auf die Grundschule durch die neuen Technologien zu? Sollen die Kinder möglichst schon im Vorschulalter mit dem Computer umgehen, da sie sonst Gefahr laufen, »Computeranalphabeten« zu werden, wie Klaus Haefner (1982) mutmaßt? Oder gerade im Gegenteil: Soll die Schulwelt der Kinder möglichst computerfrei sein, damit ihre »Wirklichkeit nicht allmählich verschwindet«, wie Hartmut von Hentig (1984) befürchtet?

Unser derzeitiger Wissensstand spricht gegen die beiden Extrempositionen. Erfahrungen von Lehrerinnen und Lehrern und Ergebnisse wissenschaftlicher Untersuchungen stimmen weitgehend darin überein, dass der Computer im Unterricht nur in Verbindung mit dem übrigen Lehr-Lern-Kontext eine Wirkung in die eine oder andere Richtung erbringt (u.a. Dillon/Gabbard 1998).

Wir kennen die Zusammenhänge aber noch nicht allzu gut. Daher ist es im Sinne der Kinder, dass die Computerausstattung an Schulen mit Bedacht vorgenommen wird. Das Lehrerkollegium sollte für die Anschaffung, Aufstellung und Installation von Hard- und Software ein pädagogisch-didaktisches Konzept erarbeiten, das den neuen Lernzielen sowie einer neuen Lernkultur Rechnung trägt.

Ich fasse in diesem Beitrag den derzeitigen Wissensstand zum Lernen mit und für den Computer zusammen, der Antworten auf die vier Hauptfragen gibt:

Welche Anforderungen stellen Schreiben und Lesen mit dem Computer?

Was ist neu beim Schreiben und Lesen mit dem Computer? Mit der Textverarbeitung steht ein neuartiges elektronisches Schreibwerkzeug zur Verfügung, das vielfältige Möglichkeiten zur Layoutgestaltung bietet. Das Geschriebene erscheint als »flüssiger Text« auf dem Bildschirm, der jederzeit spurlos verändert werden kann. Mithilfe eines Druckers kann der Text beliebig oft vervielfältigt werden. Der Gebrauch dieses Schreibwerkzeugs verlangt nicht nur eine Beherrschung der Technik, sondern auch die Fähigkeit, den eigenen Text zu beurteilen, zu überarbeiten und abzuschließen. Ansonsten besteht die Gefahr, dass die Veränderungen nicht zu Verbesserungen führen und dass Texte »Baustellen« bleiben.

Über E-Mail-Adressen und so genannte »Webseiten« im Internet können Menschen auf elektronischem Wege schriftlich kommunizieren bzw. Informationen anbieten und austauschen. Weltweite Verbindungen werden darüber in kürzester Zeit hergestellt. Die Nutzung verlangt wiederum technische Kenntnisse. Noch wichtiger ist aber die Fähigkeit, adressatenbezogen und verständlich zu schreiben. Mails als eine informelle Textsorte führen nach bisherigen Erfahrungen leicht zu Missverständnissen und Missstimmungen.

Die wohl weitgehendste Veränderung stellt die neue »Textart« Hypertext dar. Hypertexte bestehen aus einzelnen Informationseinheiten, die über Schlüsselwörter, so genannte Links, netzartig miteinander verknüpft und am Bildschirm dargestellt werden. Die Texteinheiten können auch mit anderen Zeichensystemen wie Bild, Grafik, Video und Ton verbunden werden. Dann spricht man von Hypermedia. Bei den so genannten elektronischen Büchern wie Multimedialexika auf CD-ROM handelt es sich um Hypermedia.

Sowohl das Schreiben als auch das Lesen von Hypertexten bzw. Hypermedia stellen hohe Anforderungen. Schreibende müssen auf einer Makro- und Mikroebene operieren und Informationen selektieren, portionieren, komprimieren und semantisch verknüpfen. Leser können auf selbst gewählten Wegen durch einen Hypertext »surfen«, indem sie einen Link mit der Maus anklicken. Dabei können sie sich aber schnell verlieren, wenn sie nicht eigene Ziele bestimmen und daran festhalten.

Um sich in der Überfülle an Informationen zurechtzufinden, die ein Hypertext bietet, benötigen Leser Ansätze zu einem strukturierten Weltwissen. Nur dann können sie sinnvoll die Informationen auswählen, die ihnen weiterhelfen. Das steht im Gegensatz zur weit verbreiteten Auffassung, Schülerinnen und Schüler müssten sich im Informationszeitalter kein inhaltliches Wissen mehr aneignen, sondern nur Wege und Methoden kennen lernen, um Informationen zu gewinnen.

Sich mit Hypermedia zu informieren setzt zusätzlich die Fähigkeit voraus, Bilder und Grafiken zu interpretieren und die Ergebnisse mit den Informationen aus dem Text abzugleichen. Darüber hinaus sind Entscheidungsfreude, Zielstrebigkeit, Durchhaltevermögen, Kooperationsfähigkeit und Verantwortungsbewusstsein für das Schreiben und Lesen von Hypertext bzw. Hypermedia nötig. Leser und Schreiber müssen sich immer von neuem entscheiden, welche Möglichkeiten sie wahrnehmen und wann sie ihre Arbeit für beendet erklären. Das erfordert zielgeleitetes Handeln und Durchhaltevermögen.

Kooperieren ist in mehrfacher Hinsicht notwendig. Die im Beruf erforderliche Zusammenarbeit bei der Lösung von Aufgaben geschieht zunehmend auf elektronischem Weg. Das setzt voraus, dass die Partner in der Korrespondenz aufeinander eingehen, Gedanken aufgreifen und weiterentwickeln. Auch Texte und insbesondere Hypertexte zu erstellen verlangt in der Regel Teamarbeit. Weiterhin bedürfen computergeschriebene Texte in weitaus höherem Maße einer Fremdkorrektur als handgeschriebene, da die Verfasser beim Textschreiben mit Computer erfahrungsgemäß viele Fehler übersehen. Das hängt damit zusammen, dass sie mehrmals Änderungen vornehmen und dabei nicht alles löschen.

Für die neuen Schriftmedien benötigen die Nutzer nicht zuletzt Rechtschreibfähigkeiten. Dies scheint der Tatsache zu widersprechen, dass Rechtschreibung im Internet sehr vernachlässigt wird. Bei einer differenzierten Betrachtung löst sich der Widerspruch auf. Zum einen gilt es zu bedenken, dass Rechtschreiben eine Hilfe für den Leser darstellt. Internetnutzer mit geringen Lesefertigkeiten können daher Geschriebenes mit vielen Fehlern kaum entziffern und schon gar nicht in der beim Chatten erforderlichen Geschwindigkeit. Hinzu kommt ein inneres Hemmnis, sich beim »öffentlichen Schreiben« als schlechter Schreiber bloßzustellen.

Zum anderen muss berücksichtigt werden, dass Web- und E-Mail-Adressen exakt eingegeben werden müssen, damit sie funktionieren. Dies stellt derzeit für viele Schülerinnen und Schüler eine nennenswerte Hürde oder sogar ein unüberwindbares Hindernis dar, wenn sie in die virtuelle Welt gelangen möchten.

Darüber hinaus stellt die Rechtschreibhilfe von Textverarbeitungsprogrammen nur eine Unterstützung für Rechtschreibkundige dar, da sie Schreibweisen umso weniger zuordnen kann, je mehr sie von der Norm abweichen. Die richtige Auswahl aus den bereitgestellten Verbesserungsvorschlägen zu treffen setzt Orthographiekenntnisse voraus.

Dass eine zweckbezogene Nutzung der digitalen Medien an Bildungsvoraussetzungen gebunden ist, darauf macht auch die von der Initiative D21 in Auftrag gegebene Studie »Digitale Spaltung in Deutschland« aufmerksam (www.i-d21.de/home.php3). Sie stellt die Prognose, dass auf Dauer ein Viertel der deutschen Bevölkerung wegen unzureichender Bildung von der Nutzung des Internets ausgeschlossen sein könnte.

Von einem zweckbezogenen Gebrauch der Informations- und

Kommunikationstechnologien, worunter das Internet und seine Dienste – World Wide Web, E-Mail, Chat, Foren – ebenso fallen wie elektronische Bücher und Lexika auf CD-ROM, ist der Gebrauch von »Edutainment« und Computerspielen zu unterscheiden. Während das Informieren und Kommunizieren die aufgezeigten schriftsprachlichen Kenntnisse voraussetzt, können die Spiele weitgehend mithilfe der Maus und mithilfe von Gedächtnisstrategien bewältigt werden. Spiele sind so programmiert, dass sich der Mauszeiger beim Abtasten des Bildschirmes verändert, wenn ein Link zu einer neuen Einheit führt. Der Link ist also nicht, wie in Hypertexten üblich, sprachlich durch einen Begriff markiert. Dieses Prinzip erfassen Kinder im Allgemeinen rasch. Um sich in einem Spiel zurechtzufinden und Aufgaben erfüllen zu können, müssen sie sich Objekte, die auf dem Bildschirm erscheinen, merken und »Wege« nachvollziehen können, die sie in dem Spiel zurückgelegt haben. Dazu sind Wahrnehmungs- und Merkfähigkeiten erforderlich. Die Aufgabe besteht in der Regel nicht darin, etwas Neues herauszufinden, sondern etwas Vorprogrammiertes nachzuvollziehen.

Welche Lernziele erwachsen daraus für den Deutschunterricht der Grundschule?

Die spezifischen Ziele des Deutschunterrichts in der Grundschule beziehen sich auf das (schrift)sprachliche System, die Ausübung des Schreib- und Leseprozesses, die (schrift)sprachliche Handlungskompetenz und die technischen Fertigkeiten.

Die neuere Didaktik schenkt der Ausübung des Lese- und Schreibprozesses besondere Beachtung und leitet davon als Hauptziel ab, dass Schülerinnen und Schüler erfahrene Leser und Schreiber werden (Blatt 1996, 17–41, 55–59). Sie unterscheiden sich von unerfahrenen durch eine routinierte Ausübung des Schreib- und Leseprozesses. Das bedeutet insbesondere, dass sie sich eigene Ziele setzen, den Standpunkt eines Lesers einnehmen, Geschriebenes verstehen und beurteilen können, Teilprozesse wie die Schreibtechnik und die Rechtschreibung automatisiert ausüben und den Gesamtprozess überwachen.

Aus dem Vergleich dieser Fähigkeiten mit den im Abschnitt »Welche Anforderungen stellen Schreiben und Lesen mit dem Computer« aufgeführten Anforderungen ziehe ich den Schluss, dass Schreib- und Leseerfahrung als Unterrichtsziel auch beim Lesen und Schreiben mit dem Computer ausreichen, wobei die technische Kompetenz hinzukommt und einzelne Komponenten ein besonderes Gewicht erhalten.

Teilfertigkeiten automatisieren

Eine automatisierte Ausübung von Teilprozessen, wie routiniert Schriftzeichen zu produzieren, normgerecht zu schreiben, Wissen zu selektieren und zu organisieren, schafft Raum für die komplexen kognitiven und sprachlichen Aufgaben, die bei der Rezeption und Produktion von Texten und Hypertexten zu bewältigen sind, und für das Erlernen der technischen Fertigkeiten.

Ziele bilden

Diese Fähigkeit hilft Schreibern bei ihren komplexen Aufgaben, Ideen zu entwickeln, Wissen auszuwählen und das Geschriebene zu überarbeiten, nicht die Leitlinie aus den Augen zu verlieren. Die Zielbildung hilft Lesern, sich einen Weg durch die Überfülle von Informationen zu bahnen und sich nicht zu verzetteln. Zielorientierte Leser und Schreiber unterliegen nicht der Gefahr, sich von der Technik vereinnahmen und von ihrer Aufgabe ablenken zu lassen.

Geschriebenes verstehen und beurteilen

Diese Fähigkeit ist beim elektronischen Lesen und Schreiben von grundlegender Bedeutung, weil ständig neue Entscheidungen verlangt werden, die nur dann sinnvoll getroffen werden können, wenn Texte in ihrer Bedeutung verstanden und inhaltlich und formal sicher beurteilt werden können.

Den Standpunkt eines Lesers einnehmen

Die weltweiten Zugriffsmöglichkeiten und die schnelle Art der Übermittlung verleihen dieser Fähigkeit beim Schreiben ein besonderes Gewicht. Da in vielen, wenn nicht in den meisten Fällen, die Leser nicht bekannt sind, ist dies ein schwieriges Unterfangen. Der Aufgabe gerecht zu werden erfordert eine soziale Kompetenz und eine positive Grundhaltung, das Vermögen, sich in andere hineinzuversetzen, und die Kenntnis anderer Kulturen.

Lese- bzw. Schreibprozesse überwachen

Diese metakognitive Fähigkeit entscheidet darüber, wie erfolgreich Leser und Schreiber die Prozesse ausführen. Sie setzt eine Übung im Schreiben und ein Wissen über den Schreibprozess und seine unterschiedlichen Teilanforderungen voraus.

Sind solche Ziele aber nicht zu hoch gegriffen für die Grundschule? Sollen Schreiben und Lesen in elektronischen Umgebungen überhaupt Bestandteil des Grundschullehrplans werden? Sollen alle Schülerinnen und Schüler befähigt werden, Hypertexte zu schreiben, oder reicht eine rezeptive Kompetenz aus?

Konkrete, wissenschaftlich begründete Antworten auf diese Fragen stehen noch aus. Wie sich die Rahmen- und Lehrpläne in den einzelnen Bundesländern entwickeln werden, ist ebenfalls noch weitgehend offen. Was aus heutiger didaktischer Sicht sinnvoll erscheint, darauf gehe ich im nächsten Abschnitt ein.

Welche didaktisch-methodischen Konzepte sind geeignet?

Ich stelle zwei Thesen an den Anfang:

- These 1: Lesen-und-Schreiben-Lernen für das elektronische Zeitalter ist nicht an den Computer gebunden.
- These 2: Lesen- und Schreibenlernen für und mit dem Computer lassen sich erfolgreich verbinden.

Zu These 1

Ein wirksamer Einsatz des Computers hängt vom didaktisch-methodischen Konzept und seiner Umsetzung ab. Die neuere Schreibdidaktik postuliert einen »Schreibunterricht«, der Anfangs-, Rechtschreib-, Grammatik- und Aufsatzunterricht verbindet (Baurmann 1990). Dort sollen Schülerinnen und Schüler die für jede Art von Schreiben grundlegenden Fähigkeiten, Fertigkeiten und Kenntnisse erwerben und diese in und nach der Schule im Hinblick auf eine sich verändernde Schriftkultur zunehmend erweitern und komplexer ausbilden. Der unterrichtliche Weg dahin führt über angeleitetes Schreiben, kontrolliertes Üben und Reflexion (August 1988) sowie über das »allmähliche Verfertigen von Texten« (Blatt 1996). Ein weiterer wesentlicher Bestandteil des Konzeptes ist die Verbindung von Schreiben und Lesen. Über Lektüre entwickeln Schülerinnen und Schüler eine Vorstellung vom Lerngegenstand Schriftsprache, erwerben zum Schreiben erforderliches Weltwissen, bilden Qualitätskriterien aus und üben sich im Textverstehen ein (Blatt 1996, S. 67–78). Schreiben ist wiederum ein besonderes Erkenntnismittel, das den Erwerb von Schreib- und Lesefähigkeiten wirksam unterstützen kann. Dem Schreibvorgang wohnt ein Verstärkungszyklus inne, da beim Schreiben Hand, Auge und Verstand beteiligt sind, das Schreibprodukt unmittelbar, sichtbar und dauerhaft als Grundlage für weiterführende Überlegungen zur Verfügung steht und wiederholte Analyse- und Synthesetätigkeiten die Gedankenarbeit vorantreiben (Emig 1977). Dies spricht dafür, rezeptive und produktive Schriftsprachkompetenz nicht zu trennen, sondern aufeinander bezogen zu vermitteln.

Weiterhin erwerben Schülerinnen und Schüler anhand der Schriftsprache die auf Bilder und Töne übertragbare Fähigkeit, Bedeutung aus Symbolsystemen zu erschließen.

Aus konstruktivistischer Sicht sind die Einstellung zum Lesen und Schreiben und das Selbstbild des Kindes wesentliche lernbestimmende Faktoren. Schülerinnen und Schüler, die Lese- und Schreibaufgaben als eine rein schulische Anforderung betrachten und nicht mit ihrem eigenen Leben in Zusammenhang bringen, haben schlechte Lernbedingungen (Britton 1970). Ihnen fehlt die zum Lernen notwendige Motivation. Ebenso lernhemmend ist, wenn Kinder im Unterricht ein Selbstbild als »schlechte« Leser und Schreiber aufbauen, zumal ein solches Selbstbild auch schwer zu korrigieren ist.

Vor dem skizzierten didaktischen Hintergrund gerät die oben gestellte Frage nach den Aufgaben des Deutschunterrichts der Grundschule in ein neues Licht. Entscheidend ist danach nicht, ob Kinder mit dem Computer schreiben, Hypertexte entwerfen und Mutimediasoftware benutzen. Wesentlich ist vielmehr, welche grundlegenden Kenntnisse über das System der Sprache ihnen vermittelt werden, wie sie beim Schreiben und Lesen angeleitet und individuell unterstützt und ermutigt werden, wie anregend die Übungen sind, wie sie an das Verstehen von Texten herangeführt werden, in welchem Maße persönliches Interesse am Lesen und Schreiben geweckt wird. Ein solcher Unterricht wird sie befähigen, ihre Kenntnisse weiterzuentwickeln, während rein technischer Fertigkeiten bei der raschen Entwicklung auf dem Computersektor schnell zu veralten drohen.

Zu These 2

Meine bisherigen Ausführungen bedeuten aber nicht, dass der Computereinsatz in der Grundschule überflüssig ist. In dem aufgezeigten didaktischen Rahmen können Computer sinnvoll als *Schreibwerkzeug, Lernmedium, Informations-* und *Kommunikationsmedium* genutzt werden.

Aus didaktischer Sicht ist entscheidend, dass Lernende von Anfang an eine adäquate Vorstellung vom Lerngegenstand aufbauen. Dies befähigt sie, Wissensstrukturen aufzubauen, die sie im Verlaufe ihrer Schul- und Lebenszeit erweitern und ausdifferenzieren können. Daher sollten schon Grundschulkinder Lesen und Schreiben als Hypothesen generierende und testende, zielgeleitete und bedeutungsschaffende Prozesse in einem schriftkulturellen Kontext erfahren können.

Computer als Schreibwerkzeug

Nach bisherigen Erkenntnissen kann der Computer als Schreibwerkzeug lernfördernd für die genannten Ziele eingesetzt werden (Kochan 1993; Blatt et al. 1998). Schreiben mit Textverarbeitung führt unter bestimmten Bedingungen dazu, dass Kinder den Schreibprozess besser bewältigen, beim Schreiben fruchtbar kooperieren, die spurlosen Korrekturmöglichkeiten zur Arbeit an ihren Texten nutzen und Interesse an ihren eigenen Texten und denen ihrer Mitschülerinnen und -schüler gewinnen.

Eine dafür förderliche Lernumgebung entsteht, wenn

- Kinder im Unterricht ausreichend Zeit zum Schreiben erhalten, damit sie ihre Texte »allmählich verfertigen« können,
- Kinder beim Schreiben kooperieren,

- die Schreibaufgaben emotional ansprechend und kognitiv herausfordernd sind und den Kindern Gelegenheit geben, sich im Medium Schrift auszudrücken, sich anderen mitzuteilen und Sachverhalte darzustellen,
- die »innere Sprache« (Wygotski 1934) angeregt wird, etwa über Literatur, Bilder, Musik oder Gegenstände,
- eine vertrauensvolle Atmosphäre in der Klasse herrscht,
- die Schreibberatung Hilfe zur Selbsthilfe anbietet.

Das »allmähliche Verfertigen« von Texten mit Textverarbeitung ermöglicht es den Kindern, die erkenntnisfördernde Funktion von Schreiben kennen und nutzen zu lernen. Die Kinder werden dabei angehalten, ihren entstehenden Text im Verlauf des Schreibens immer wieder durchzulesen. Dabei kommen sie in den Genuss einer »Rückmeldeschleife«. Das bedeutet, dass das wiederholte Lesen sowohl die Gedankenarbeit voranbringt als auch aufgrund der analytischen und synthetischen Operationen zu einer Verbesserung der Wortschreibungen führt. Mit der Korrekturfunktion lassen sich die beim Lesen gewonnenen Erkenntnisse problemlos umsetzen.

Beim kooperativen Schreiben mit Textverarbeitung kommt hinzu, dass die isolierte Schreibsituation aufgebrochen wird. Die Kinder tauschen ihre Ideen aus und beraten sich untereinander. Das hilft ihnen nicht nur bei der Ideenentwicklung und Planung, sondern auch beim Merken ihrer Ideen. Zudem können sie voneinander lernen.

Mit der Nutzung von Textverarbeitung kann in Klasse 1 im zweiten Halbjahr begonnen werden, wenn die Kinder Buchstaben und eine begrenzte Zahl von Wortschreibungen kennen. Zu Beginn eignet sich eine freie Schreibaufgabe in Einzelarbeit, damit Kinder erfahren, dass sie etwas ihnen Wichtiges schriftlich ausdrücken, mitteilen oder darstellen können. Die Schreibsitzungen werden auf zwei Tage verteilt, die nicht hintereinander liegen müssen. Auch nach mehreren Tage stellt es für die Kinder erfahrungsgemäß kein Problem dar, an ihrem begonnenen Text weiterzuschreiben. Der zeitliche Abstand hilft ihnen sogar, ihren Text mit den Augen eines Lesers lesen zu lernen. Da sie sich nicht mehr wortwörtlich an ihr Geschriebenes erinnern können, verringert sich die Gefahr, dass sie das in ihren Text hineinlesen, was sie schreiben wollten, aber noch nicht ausdrücken konnten.

Mit dem kooperativen Verfassen eines Textes kann in Klasse 2 begonnen werden. Die Schreibaufgaben werden so konzipiert, dass sie den Kindern einen Planungsrahmen vorgeben. So eignet sich z.B. das (gemeinsame) Malen eines Bildes. Dabei entwickeln die Kinder bereits Ideen, die ihnen beim Schreiben als Leitfaden dienen können. Dies entlastet sie im Schreibprozess und setzt Kapazitäten für das Formulieren und Rechtschreiben frei.

Daher sind beim Einsatz der Textverarbeitung im Deutschunterricht der Grundschule – bis auf den Einstieg – angeleitete Schreibaufgaben dem freien Schreiben vorzuziehen. Für Einzel- und Partnerarbeit eignen sich alle Formen des kreativen Schreibens wie Bildvorlagen, etwa aus einem noch unbekannten Bilderbuch, Geschichtenanfänge oder Strukturvorgaben, die von Märchen-, Bilder- oder Kinderbüchern abgeleitet werden. Damit wird die »innere Sprache« angeregt, die Wygotski als Bindeglied zwischen Gedanken und Wort betrachtet (1934): »*Der Gedanke [...] entsteht selbst nicht aus einem anderen Gedanken, sondern aus dem motivierenden Bereich unseres Bewusstseins, der unsere Triebe und unsere Bedürfnisse, unsere Interessen und Impulse, unsere Affekte und Emotionen umfasst.*« (Wygotski 1934, S. 354).

Um die »innere Sprache« anzuregen, kooperativ zu schreiben und sich über die selbst geschriebenen Texte lernfördernd auszutauschen, muss eine vertrauensvolle Atmosphäre in der Klasse herrschen. Dies schafft eine Lernkultur, in der sich der Computereinsatz positiv auswirkt (Mandl et al. 1998). Die Lehrerin kann modellhaft zeigen, wie mit den Texten umgegangen werden sollte. Beim Schreiben steht sie als Beraterin zur Verfügung und gibt Hilfe zur Selbsthilfe. Erfolgreiche Beratung spiegelt den

Schreibenden die Wirkung auf den Leser zurück, damit sie lernen, ihre Texte mit den Augen eines Lesers zu lesen. Die Lehrerin ermuntert die Kinder, eigene Ziele zu bilden und ihre entstehenden Texte unter diesem Blickwinkel zu lesen. Darüber hinaus hilft sie ihnen, ihren Schreibprozess zu überwachen, indem sie im konkreten Fall z.B. den Anstoß gibt, Ideen zu gewinnen, weitere Ideen zu sammeln, den Text zu überlesen oder bestimmte Aufgaben zurückzustellen.

Wie bisherige Erfahrungen zeigen, schreibt ein Großteil der Kinder selbstständig am Computer, sodass die Lehrkraft besonders diejenigen betreuen kann, denen das Schreiben von Texten schwer fällt. Wichtig ist, auch in diese Kinder das Vertrauen zu setzen, dass sie etwas mitzuteilen oder auszudrücken haben. Dass dies gerechtfertigt ist, kann ich aus meiner Arbeit mit funktionalen erwachsenen Analphabeten nur bestätigen (Blatt & Hartmann 1992).

Gelingt es Kindern mit Schreibschwierigkeiten, einen Text zu schreiben, den sie und andere auf einem sauberen Computerausdruck lesen können, so trägt dies dazu bei, dass sie ein Selbstbild als »Schreiber« entwickeln. Das hat Auswirkungen. Sie lesen dann auch mit den Augen eines »Schreibers«, was ihre Wahrnehmung für die schriftsprachlichen Normen in der Lektüre erhöht. Davon profitieren sie für ihr eigenes Schreiben. Und vermehrtes Schreiben wiederum fördert den Aufbau von Schreib- und Lesekompetenz.

In der laufenden Diskussion werden Überlegungen zum Hand- und Computerschreiben angestellt. Ich plädiere dafür, dass der sprachliche Anfangsunterricht an die Schreib- und Kritzelerfahrungen der Kinder anknüpft und mit dem Handschreiben beginnt (Sjölin 1996). Dafür spricht auch, dass die Schreibbewegungen mit der Hand gedankenanregend wirken. Ob dies für das Tippen ebenso gilt, ist noch nicht untersucht. Kindern, bei denen feinmotorische Schwierigkeiten auftreten, die das Schreibenlernen zu gefährden drohen, sollte aber der Computer als Schreibwerkzeug dennoch frühzeitig angeboten werden. Sie können über diesen Umweg zum erfolgreichen Handschreiben gelangen.

Die Textverarbeitung sollte in der Grundschule gezielt zur Förderung des Schreibprozesses eingesetzt werden, aber insgesamt eine untergeordnete Rolle als Schriftmedium einnehmen. Aus Sicht des genetischen Lernens empfiehlt es sich, die Kinder vorher mit der Technik des Druckens vertraut zu machen, wenn eine entsprechende Ausstattung in der Schule vorhanden ist. Eine Schreibmaschine eignet sich zu Demonstrationszwecken, um den Kindern den mechanischen Weg vom Tastenanschlag zum Buchstabendruck erfahrbar zu machen. Zum Computer reicht meines Erachtens die Erklärung aus, dass die Verarbeitung der Tastenanschläge elektronisch geschieht und daher nicht zu sehen ist, vergleichbar dem Anschalten des elektrischen Lichtes.

Wichtig ist, dass Hand- und Computerschreiben nicht konkurrieren, sondern einander ergänzen. Die Handschrift eignet sich besonders für Planungszwecke, der Computer für die Textproduktion. Der jeweilige Nutzen hängt aber auch von den individuellen Schreibstrategien ab. Die Forschung weist unterschiedliche Schreibertypen aus, je nachdem, ob Schreibende ihren Text bereits im Kopf entwickeln und ohne viel Änderungen niederschreiben (Mozart-Typ) oder ob sie schreibend denken (Beethoven-Typ).

Als Textverarbeitungsprogramm wird ein gängiges Programm unter Windows gewählt. Um die Kinder nicht durch eine Überfülle an technischen Möglichkeiten vom Schreiben abzulenken, können Funktionen ausgeblendet werden.

So genannte Schreibunterstützungsprogramme wie das »Junior Schreibstudio« (Microsoft) sind aus der Sicht der Schreibforschung weniger empfehlenswert. Das haben Erfahrungen in einer Hauptschulklasse (Jost 1996) ebenso ergeben wie die Arbeit mit den Studierenden in meinen Seminaren. Schreibunterstützungsprogramme liefern großenteils stereotype Schreibanregungen, die kaum geeignet sind, die »innere Sprache« und damit die Bildung eigener Ideen und Ziele anzustoßen. Zudem können die vorgefertigten und ästhetisch nicht immer geglückten Schreibvorlagen Kinder verleiten, mit einem Minimum an Schreibaufwand eine ausgefüllte Druckseite zu produzieren. Dies birgt die Gefahr in sich, dass die Kinder nicht das ihnen innewohnende Potenzial entwickeln, selbst kreativ zu sein und sich anzustrengen, sondern sich mit äußerlichem Schein zufrieden geben.

Den Gebrauch der Textverarbeitung lernen die Kinder am besten im Learning-by-doing-Verfahren mit individueller Unterstützung durch Lehrkraft oder Klassenkameraden (Blatt 1992). In Lehrerfortbildungen wird häufig die Anregung gegeben, dass Schreibmaschinenkurse in der Schule angeboten werden sollten. Obwohl dies sicherlich nützlich wäre, kenne ich keine diesbezüglichen Bestrebungen.[3]

Ein weiterer sinnvoller Einsatz von Textverarbeitung für den Förderunterricht besteht darin, dass sich die Lehrerin oder eine Praktikantin als »Sekretärin« zur Verfügung stellt und das aufschreibt, was ein Kind diktiert. Das Kind erfährt dabei, dass es etwas mitzuteilen hat, und es gewinnt eine besondere Beziehung zu diesem Schriftstück. Der Ausdruck eignet sich daher als Grundlage für Leseübungen und kann auch für sprachanalytische Tätigkeiten wie das Einkreisen von Stämmen und Endungen oder das Zerlegen von Wörtern in Silben herangezogen werden.

3 Von Interesse ist in diesem Zusammenhang, dass Schreibmaschinenkurse auch in der Journalistenausbildung nicht obligatorisch sind.

Computer als Lernmedium

Der Computer als ein interaktives Lernmedium steht von Beginn an im Zentrum der pädagogischen Diskussion. Die Erwartungen gehen dahin, dass mit dem Computer im Unterschied zum programmierten Lernen der 70er-Jahre eigenaktiv gelernt werden kann, wenn individuelle Rückmeldungen und Hilfen das Kind unterstützen. Die großen Hoffnungen, die darauf gesetzt wurden, haben sich jedoch für die Zwecke des muttersprachlichen Anfangsunterrichts bislang nicht erfüllt.

Bei den Schreib- und Leselernprogrammen der »ersten Generation« handelt es sich dagegen vorwiegend um Drill- und Practice-Programme, die mehr oder weniger multimedial aufbereitet sind (Thomé/Thomé 2000). Sie bieten in erster Linie systematische Übungen zur Rechtschreibung in Lückentextform sowie Hör- und Leseübungen. Fehlerhafte Schreibungen werden entweder gar nicht angenommen, oder es erscheint eine »Falschmeldung« mit der Aufforderung, es erneut zu versuchen, bzw. die richtige Lösung. Es sind Belohnungen wie Puzzles, Bilder oder Videos vorgesehen, bzw. es werden Punkte vergeben und die Kinder werden als »Sieger« gefeiert. Während die Programme für den Unterricht eher einfach gehalten sind, sind die Programme für den Nachmittagsmarkt bunter und multimedialer.

Die Programme der »zweiten Generation« sind als Computerspiele gestaltet, in die Lese- und Schreibaufgaben eingebunden sind. Sie verstehen sich als Lern- und Spielwelten. Die Aufgaben sollen sich im Idealfall aus der Spielhandlung ergeben, d.h., die Lese- und Schreibtätigkeiten sollen zur Bewältigung der im Spiel zu lösenden Probleme unabdingbar erforderlich sein. Das Kind soll dabei auch merken, wenn seine Schreib- und Lesefähigkeiten noch nicht ausreichen, und dadurch motiviert werden, Wissenslücken zu schließen und Neues zu lernen. Für diese Zwecke sehen die Programme systematische Übungen vor, die im Prinzip denen der Drill- und Practice-Programme entsprechen.

Für Lehrerinnen und Lehrer stellt sich die Frage, ob der Einsatz von Programmen im Deutschunterricht das Lesen- und Schreibenlernen unterstützen kann und welche Programme dafür gegebenenfalls geeignet sind.

Um diese Frage zu beantworten, wären repräsentative empirische Untersuchungen wünschenswert. Gerade vor dem Hintergrund eines sich mehr und mehr durchsetzenden konstruktivistischen Lernparadigmas kann die Leistungsfähigkeit von Programmen nicht allein mithilfe allgemeiner Kriterienkataloge adäquat beurteilt werden, sondern es müssen Ergebnisse aus praktischer Erprobung hinzukommen.

Vorliegende Erfahrungen aus Lernbeobachtungen bringen drei Aspekte in die Diskussion:

- Kinder gehen in ihrer eigenen Weise mit Lernprogrammen um, die den Programmintentionen zuwiderlaufen können.
- Der Gebrauch der Lernangebote hängt von den Lese-, Schreib- und Lernstrategien ab, die den Kindern zur Verfügung stehen bzw. die sie bereit sind einzusetzen.
- Kinder sind unter bestimmten Bedingungen motiviert, mit elektronischen Lernangeboten intensiver zu üben als mit Printmedien.

Schröter zeigt auf, dass Multimediasoftware »fast ohne zu lesen« benutzt werden kann (Schröter 1999, S. 18). Am Beispiel des Grundschulkindes Lena macht sie deutlich, dass eine Spielhandlung allein mithilfe der Maus vorangetrieben werden kann. Lena sammelt Sticker und »klebt« sie mithilfe der »Drag-and-Drop«-Funktion in ein Stickerbuch.

Die didaktische Annahme, dass Spielhandlungen in Multimedialernprogrammen wie von selbst zum Lesen und Schreiben herausfordern, ist danach zu relativieren. Die Nutzungsweise hängt vielmehr, wie auch weitere Erfahrungen deutlich machen, von den zur Verfügung stehenden und eingesetzten Strategien der Nutzer ab (Landesinstitut 1999). Lena überträgt z.B. die Alltagsstrategie des Stickersammelns auf den Umgang mit der Lernsoftware.

In dem Unterrichtsversuch MUMELIGS (Multimediale Lernumgebungen in der Grundschule) wurden signifikante Unterschiede zwischen Kindern mit guten und weniger guten Lesefähigkeiten bei der Nutzung einer Multimedialernumgebung festgestellt. Während gute Leser zielgerichtet Informationen suchen und auch finden, erweisen sich vor allem Bilder und Videos als eine Falle für Kinder mit einem niedrigen Leseniveau. Diese Kinder »irren, fasziniert von den bunten Bildern, recht orientierungslos in dem Programm herum« (Landesinstitut 1999, S. 103).

Aus den dargestellten Beobachtungen lässt sich folgern, dass Kinder über adäquate Lese- und Schreibstrategien verfügen müssen, um Softwareangebote lernfördernd wahrzunehmen, und dass die Kinder auch zum Lernen bereit sein müssen und nicht nur »herumdaddeln« (Zitat eines Fünftklässlers) wollen. Diese Aufgabe ist nur mit didaktischen Mitteln zu lösen.

In erster Linie ist es wichtig, dass Lesen- und Schreibenlernen nicht isoliert von Sinn und Zweck der Schriftsprache eingeübt wird. So ist Rechtschreiben nur ein Teilprozess des Schreibprozesses und erhält als Hilfe für den Leser seinen Sinn. Es erscheint mir in diesem Zusammenhang angebracht, Positionen der 70er-Jahre zu überwinden, wonach Rechtschreibung keine Bedeutung und Berechtigung in sich habe, sondern vielmehr eine Forderung der Gesellschaft darstelle, die es mit Blick auf vielfältige Lernschwierigkeiten abzuwehren gelte. In einem schriftkulturellen Deutschunterricht unter Einsatz aller Schriftmedien sollte Grundschulkindern vielmehr vermittelt werden, dass Rechtschreibung eine sinnvolle Konvention für die Leser darstellt, ohne die z.B. die Informationsflut durch die Massenmedien niemals bewältigt werden könnte, und dass die Rechtschreibung auch erlernbar sei.

Lernprogramme können dabei helfen. Aus unterschiedlichen Unterrichtsprojekten wird berichtet (z.B. Fuchs 1995; Blatt et al. 1998), dass Kinder beim Arbeiten mit dem Computer größere Ausdauer entwickeln als beim Üben auf Papier. Unruhige Kinder können sich am Computer verhältnismäßig gut konzentrieren. Weiterhin geben Computerprogramme langsam lernenden Kindern und Kindern mit speziellen Problemen Gelegenheit, ein Gebiet so lange und so intensiv wie nötig zu üben.

Dies ist allerdings an eine Reihe didaktisch-methodischer Voraussetzungen geknüpft: Die derzeit verfügbaren Lese- und Rechtschreibprogramme sind in der Regel nicht zum Lernen, sondern nur zum Üben oder zum Überprüfen des Gelernten geeignet. Die entsprechenden Verstehensvoraussetzungen müssen also im Unterricht geschaffen werden, damit Kinder mit Einsicht üben können. Die Lehrerin wählt entsprechende Übungen aus einem systematischen Lernprogramm für die einzelnen Kinder aus und richtet für jedes Kind eine eigene Datei ein. Die Kinder bearbeiten die Übungen im Rahmen des Wochenplans. Die Lehrerin ruft die Ergebnisse entweder aus der Datei ab oder das Kind druckt, sofern im Programm vorgesehen, ein Protokoll der Arbeitssitzung aus. Wie wir in unseren Unterrichtserprobungen beobachten konnten, ist dies auch für das Kind selbst eine motivierende Form der Rückmeldung. Abhängig von den Ergebnissen wählt die Lehrerin neue Übungen für das Kind aus, bis dieses selbstständig dazu in der Lage ist.

Positive Erfahrungen liegen aus Schulen vor, in denen Vertretungsstunden oder »Inselstunden« der »Verlässlichen Halbtagsschule« zum Üben mit dem Computer genutzt werden. Dies kann auf Dauer auch das selbstständige Lernen fördern.

Nach Auskunft von Lehrerinnen und Lehrern sind zum Üben systematische Programme geeignet, wie z.B. die Budenberg-Software für Grund- und Sonderschulen (für die Klassen 1–6: www.budenberg.de), die E-T-Programme (Eugen-Traeger-Verlag: http://home.t-online.de/home/etverlag/) und Alfons (Schroedel: www3.schroedel.de). Systematische und spielerische Anteile verbindet das Dudenrechtschreibprogramm für die Klassen 3 und 4 (www.sms-kidware.de/duden-rs.htm).

Inwieweit auch Programme, die auf Spielhandlungen basieren, lernfördernd im Unterricht eingesetzt werden können, dazu liegen bislang keine nennenswerten Erkenntnisse vor. Beispiele für solche Programme sind »TIM 7« (Klett Verlag) und »Meisterdetektive jagen Lork« (Cornelsen Verlag).

Selbstverständlich kann mit den darin vorgesehenen systematischen Übungen ebenso gearbeitet werden wie mit denjenigen aus systematischen Programmen. Sollen jedoch die Spielhandlungen genutzt werden, so gilt zu bedenken, dass sie viel Zeit benötigen. Um TIM 7 z.B. ganz durchzuspielen, sind ca. fünf Stunden erforderlich. Die Spielstände der Lernspiele können nach jeder Sitzung zwar abgespeichert werden, aber der Vorspann, der bis zu fünf Minuten zum Laden brauchen kann, muss in der Regel jedes Mal wieder durchlaufen werden. Der Bildschirm baut sich umso langsamer auf, je mehr technische Raffinessen enthalten sind.

Solche Programme eignen sich daher eher für den Nachmittagsmarkt als für die organisierte Form von Lernen im Unterricht. Sie sind vermutlich auch in erster Linie dafür konzipiert. So verlangt z.B. die Lernumgebung »Lollipop« (Cornelsen Verlag) eine hochwertige technische Ausstattung, die in den wenigsten Grundschulen vorhanden sein dürfte.

Die Nutzung der Sprachausgabe von Programmen erfordert generelle Überlegungen. Stehen Computer im Klassenraum, so können Kinder nur mit Kopfhörern arbeiten. Dies macht aber partnerschaftliches Arbeiten, das nach allen Erfahrungen besonders lernfördernd ist, unmöglich. Daher sollte ein Gruppenraum für die Computerarbeit zur Verfügung stehen.

Wird der Computer als Lernmedium eingesetzt, so sollen Kinder sowohl die Möglichkeit zum selbstständigen und kooperativen Arbeiten erhalten als auch von der Lehrkraft angeleitet und unterstützt werden. Sie erhalten dann die Chance, von- und miteinander zu lernen. Ansonsten kann die »Arbeit« am Computer in ein ziel- und sinnloses Ausprobieren ausarten. Wichtig ist auch, dass der Computer ein Medium unter anderen im Unterricht ist. Das erreichen Lehrerinnen und Lehrer, indem sie den Kindern dieselben Lerninhalte auf mehreren Medien in einer Art Zirkeltraining anbieten.

Ein Überblick über das große Angebot an Deutschsoftware für die Grundschule und die Möglichkeit zur Online-Bestellung findet sich auf der Homepage von SMS-Kidware (www.sms-kidware.de/inhalt.htm). Jedes Programm erscheint mit Angabe von Klassenstufe, Preis, technischen Voraussetzungen, Hersteller, Kurzbeschreibung und zum Teil auch mit Demoversionen zum Herunterladen. Alternativ kann man die Homepage von Verlagen aufsuchen (www.cornelsen.de, www.klett.de, www3.schroedel.de).

Computer als Informationsmedium

Das Arbeiten im Internet gewinnt in der grundschulpädagogischen Diskussion einen immer größeren Stellenwert, seitdem Grundschulen ebenso wie weiterführende Schulen mit Internetanschlüssen ausgestattet und in entsprechende Modellversuche einbezogen werden. Immer mehr Grundschulen sind mit einer Homepage im Internet präsent. Sie veröffentlichen in der Regel im Rahmen von Arbeitsgemeinschaften Schülerzeitungen oder Projektergebnisse im Netz, wie z.B. das »Füchslein« (www.rhs.schwerte.de/fuchs/fuchs.htm).

Ergebnisse aus Unterrichtsforschung im eigentlichen Sinne liegen zur Internetarbeit im Grundschulunterricht nicht vor, wohl aber Erfahrungsberichte. Diese legen derzeit den Schluss nahe, dass das Internet nur begrenzt für den Deutschunterricht der Grundschule geeignet ist.

Ein generelles Problem stellt sich dadurch, dass der Jugendschutz für die Kinder beim Arbeiten im Internet gewährleistet sein muss. Um hier Abhilfe zu schaffen, können pädagogische Netze mit einer Filterfunktion eingerichtet werden.

Problematisch ist auch, dass die im Internet verfügbaren Informationen schwer zu »lesen« sind. Dass Leseanfänger und schlechte Leser daran scheitern können, zeigt ein Unterrichtsversuch zum Einsatz der Kindersuchmaschine »Blinde Kuh« (www.blinde-kuh.de) in einer ersten Klasse (Bertschi-Kaufmann et al. 1999, S. 27): »*Was die Kinder zunächst erfahren, ist der faszinierende, oberflächliche Unterhaltungseffekt des Computers, den man konsumieren und von dem man sich einfach abspielen lassen kann, was er scheinbar zufällig bietet: ein Anfangsstadium des medialen Lesens, bei dem allerdings viele stehen bleiben, weil sie den Zusammenhang zwischen den Eingabemöglichkeiten und ihren Wirkungen auf dem Bildschirm im komplexen Gefüge nicht erkennen können. Im endlosen Text- und Bildernetz ›Internet‹ ist es erst recht schwierig, seinen Leseweg durch das Geflecht der vielen Zeichen zu finden oder gar selbst zu gestalten.*«

Die Lehrerin hilft Kindern, die bei der Arbeit mit der Suchmaschine überfordert sind, indem sie Texte aus der Suchmaschine auswählt, diese in ein Textverarbeitungsprogramm übernimmt, kürzt und vereinfacht und in großer Schrift ausdruckt. Ihre Erfahrung sagt ihr, dass Texte einfacher zu lesen sind als Hypertexte. Dies lässt sich durch Ergebnisse wissenschaftlicher Forschung bestätigen, die kognitive Überlastung und Desorientierung als typische Probleme hypermedialen Lesens ausweisen (Weidenmann 1995/1997).

Es besteht die Gefahr, dass Kinder durch solche Erfahrungen lernhemmende Vorstellungen aufbauen. Ihr Lernerselbstbild kann darunter leiden, wenn sie erfahren, dass sie selbst im Unterschied zu Klassenkameraden dem Internet nicht gewachsen sind. Weiterhin stufen sie eventuell gedruckte Texte im Rang niedriger ein als Internetpräsentationen.

Um das Informieren aus hypermedialen Darbietungen zu üben, erscheint der Einsatz von elektronischen Büchern auf CD-ROM ab Klasse 3 geeignet. Es sind Lexika und CD-ROMs zu verschiedenen Sachthemen sowie »Bilderbücher« erhältlich. Beispiele dafür sind LexiKids, Mein erstes Lexikon, Encarta, Löwenzahn (Terzio), Petterson, Pippi, Kuck mal Kunst, Kinder entdecken die Bibel (Marktübersicht: www.sms-kidware.de/inhalt.htm). Sie bieten Informationen in Wort, Bild, Video und Ton, die über Suchbegriffe, Symbole und Links auszuwählen sind, sowie vielfältige Spiele.

Die Kinder müssen im Gebrauch elektronischer Bücher methodisch geschult werden, damit sie einen zielgerichteten Weg durch das Hypertextangebot finden und die Informationen verstehen und einordnen lernen. Dies kann besonders gut im Rahmen von Schreibprojekten geschehen, in denen sich die Kinder aus elektronischen und Printmedien sowie über Primärerfahrungen informieren. Die Kinder werden beim hypermedialen Lesen ebenso durch schriftliche Aufgaben angeleitet wie beim Textlesen. Dabei gilt es aber zusätzlich zweierlei zu bedenken. Zum einen stufen Nutzer bildliche Darstellungen in der Regel als leichter und sprachliche als schwerer verständlich ein und treiben entsprechend weniger Verarbeitungsaufwand beim Betrachten von Videos als beim Lesen von Texten (Weidenmann 1991). Zum anderen sind multimediale Darbietungen in der Regel knapp und ausschnitthaft, suggerieren aber etwa durch Videos, Fotos oder Originaltöne dennoch die ganze Wirklichkeit. Sie kritisch zu rezipieren verlangt Weltwissen und Lebenserfahrung. Ansonsten besteht die Gefahr, dass sich verfälschte Vorstellungen bilden.

Im Deutschunterricht der Grundschule selbst Informationen auf der Schulhomepage in das Internet zu stellen ist mit »WhatYouSeeIsWhatYouGet«-Programmen, wie dem Netscape Composer, prinzipiell möglich. Solche Programme sind ähnlich zu bedienen wie ein Textverarbeitungsprogramm. Bevor jedoch ein solches Projekt in Angriff genommen wird, sollten genaue pädagogisch-didaktische Überlegungen angestellt werden. Auf der einen Seite kann die Veröffentlichung im Netz einen Schreibanreiz darstellen, wie z.B. ein Erfahrungsbericht über ein Internetschreibprojekt deutlich macht (Kammer/Schlicher 2000). Auf der anderen Seite verlangt eine Publikation im Internet Standards, die für Grundschulkinder schwer zu erfüllen sind. Die Texte sollen verständlich, interessant und korrekt sein. Wenn beim »allmählichen Verfertigen« entsprechende Texte entstehen, so ist das Schreib-Lernziel erreicht. Problematisch wird es allerdings, wenn eine Korrektur von der Lehrerin für die Veröffentlichung vorgenommen wird oder wenn nur Texte von »guten« Schülerinnen und Schülern ausgewählt werden, eine Vermutung, die beim Lesen von Grundschulhomepages leicht entstehen kann. Das widerspricht schreibdidaktischen Erkenntnissen sowie der Erziehung zur Selbstständigkeit. Der Bildungsgedanke der Aufklärung, dass Schule einen Freiraum zum Lernen schafft, behält auch oder vielleicht gerade im Internetzeitalter seine Fortschrittlichkeit. Daher sind die Klasse und das persönliche Umfeld der Kinder als schriftkultureller Veröffentlichungsraum so lange vorzuziehen, als die Schreibfähigkeiten von Kindern im Aufbau begriffen sind.

Es besteht keine Gefahr, dass eine solche Beschränkung zu Bildungsnachteilen führen könnte. Computerbedienungsfähigkeiten, die heute gelernt werden, stellen noch keine Medienkompetenz dar, da sie morgen schon veraltet sein können. Das gilt insbesondere für die Produktion von Webseiten, da zurzeit neuartige technische Grundlagen für die Darstellung von Informationen im World Wide Web entwickelt werden. Kinder mit guten schriftsprachlichen Fähigkeiten können eine Medienkompetenz aufbauen und den technischen Erfordernissen gemäß ausbauen.

Computer als Kommunikationsmedium

Prinzipiell bietet auch der Computer als Kommunikationsmedium viel versprechende Möglichkeiten für den Deutschunterricht. E-Mail-Projekte weiten den Aktionsradius aus, können zum Lesen und Schreiben anregen und zur Verbesserung dieser Fähigkeiten beitragen.

Ob und in welcher Form der Computer auch als Kommunikationsmedium im Deutschunterricht der Grundschule sinnvoll zu nutzen ist, dafür gelten ähnliche Überlegungen, wie sie oben bereits zum Einsatz des World Wide Webs ausgeführt wurden. Beim Mailen hat die verständliche und adressatenbezogene Schreibweise das höchste Gewicht.

Dass E-Mail-Korrespondenzen nicht per se lernfördernd sind, zeigen Erfahrungen aus dem Projekt »Transatlantisches Klassenzimmer«, in dem Fremdsprachenklassen in Deutschland und USA via E-Mail kommunizieren (www.hh.schule.de/tak/Welcome.html). Wie schon beim stichprobenhaften Lesen von authentischem Material aus diesem Projekt deutlich wird, verläuft die Korrespondenz nicht selten auf einem inhaltlich und sprachlich einfachen Niveau mit vielfachen Verstößen gegen schriftsprachliche Normen. Weiterhin erwiesen sich die Korrespondenzpartner häufig als nicht verlässlich. Die beteiligten Lehrkräfte ziehen daher überwiegend eine eher kritische Bilanz (Wegner 1997).

Dennoch kann ab Klasse 3 auch E-Mail im Deutschunterricht mit Aussicht auf Erfolg eingesetzt werden, beispielsweise in einem Rätselprojekt. Das Hauptmotiv eines solchen Projektes liegt darin, die Kinder zum Lesen und Schreiben zu animieren. Sie erhalten im Vorfeld die Aufgabe, geeignete Rätsel aus Büchern herauszufinden und aufzuschreiben. Sie sollen sich auch Hilfen überlegen und diese aufschreiben, falls ihre Mailpartner die Lösung nicht gleich herausbekommen.

Das Mailprojekt kann zunächst innerhalb der eigenen Klasse als ein Spiel arrangiert werden. Dies ist für das erste Erproben besonders geeignet, da die Kinder verfolgen können, wie die Mails auf einem anderen Bildschirm ankommen. Sie finden es in der Regel spannend, ihre Mail auf dem anderen Bildschirm zu lesen, und sie können dabei erfahren, ob sie lesbar und verständlich geschrieben haben. Dies ist eine gute Übung für das Lernziel »adressatenbezogenes Schreiben«.

Die Partnersuche für E-Mail-Projekte verläuft am erfolgreichsten über persönliche Kontakte. Für das Rätselprojekt ist eine Gruppe empfehlenswert, die schon über gute Schreiberfahrung verfügt und bereit ist mitzuspielen, wie z.B. ein Oberstufenkurs oder ein Seminar, die elektronische Kommunikation untersuchen. In diesem Fall verringert sich die Gefahr, dass zwischen den Mailpartnern Missverständnisse auftreten, die – wenn auch in der Regel unbeabsichtigt – zu Irritationen führen können. Dieses Phänomen ist seit dem Aufkommen der elektronischen Kommunikation bekannt und resultiert daraus, dass die Schriftsprachfähigkeit der Partner dem Medium nicht angemessen ist. Anders als beim Briefschreiben verleitet das Mailen zum schnellen Schreiben und die Korrespondenz geht beinahe zeitgleich hin und her. Treten Verärgerungen auf, so sollte mit den Kindern über diese Zusammenhänge gesprochen werden.

Stellen Grundschulkinder an Ältere Aufgaben, so können sie dabei neue Erfahrungen machen. Sie nehmen die Rolle der Fragenden und Helfenden ein und treten für diese Zeit aus der Rolle der Abzufragenden und Hilfesuchenden heraus. Dies kann ein wichtiger Schritt in die Richtung sein, dass sich in einer Lerngruppe eine Frage- anstelle einer Abfragekultur entwickelt und dass Lehrende und Lernende abhängig vom jeweiligen Lernkontext unterschiedliche Rollen einnehmen.

Telekommunikatives Lernen kann auch eine besondere Chance für integrative Klassen bieten, wenn Kinder wegen spezieller Behinderungen nicht täglich am Unterricht teilnehmen können.

In solchen Fällen können Kinder auf schriftlichem Wege zusammenarbeiten, was die Lernchancen für alle sehr fördern kann. Auswertungsergebnisse aus Schreibprojekten, die über elektronische Kommunikation durchgeführt wurden, stützen diese These (Blatt/Hartmann 1997).

Unter den aufgezeigten didaktischen Prämissen können Grundschulkinder über Lesen und Kommunizieren im Internet ein schriftsprachliches Interesse entwickeln, wenn sie nur schwer Zugang zu Printmedien finden. Das kann für Kinder aus einem schriftfernen Milieu zutreffen, in deren Leben Bücher und Schreiben keinen Stellenwert besitzen, während der Computer mit Prestige verbunden ist.

Ob elektronisches Kommunizieren, Publizieren und Recherchieren die schriftkulturellen Erfahrungen von Grundschulkindern erweitern und besondere Anreize zum Lesen- und Schreibenlernen schaffen, sollte gründlich untersucht werden. Erst wenn wissenschaftlich fundierte Ergebnisse vorliegen, kann entschieden werden, ob sich der Aufwand für die technische Ausstattung und Wartung lohnt oder ob solche Projekte erst in der Sekundarstufe I angesiedelt werden sollen.

Neue Medien – neue Chancen

Der Computer kann als ein neuartiges Schriftmedium und als ein Glied in der unterrichtlichen Medienkette beim Aufbau von Schreib- und Leseerfahrung mithelfen und Kinder gleichzeitig auf die neuen medienbedingten schriftsprachlichen Anforderungen vorbereiten. Kinder schreiben selbst Texte per Hand und Computer und üben bestimmte Teilfertigkeiten mithilfe von Programmen ein.

Der Computer als Schreibwerkzeug entfaltet seine Möglichkeiten insbesondere im Rahmen des projektorientierten und fächerverbindenden Unterrichts. Schreibprojekte zu literarischen oder sachkundlichen Themen haben aus schreibdidaktischer Sicht einen besonderen Wert, da sie Lesen, Schreiben und Lernen eng miteinander verknüpfen. Wie das in den angelsächsischen Ländern verbreitete »writing across the curriculum« zeigt, ist Schreiben ein wirksames Mittel zum Lernen (Flower et al. 1990). Es unterstützt den Verstehensprozess und trägt zur Klärung und Weiterentwicklung der eigenen Gedanken bei. Daher ist themenbezogenes Arbeiten dem beliebten Herstellen einer Zeitung vorzuziehen, es sei denn, dass Kinder selbst recherchieren und nicht nur über ihnen bekannte Sachverhalte schreiben.

Das gezielte Üben mit Lernsoftware kann den Aufbau von Textkompetenz effektiv unterstützen, wenn es zur Automatisierung von Rechtschreib- und Lesefertigkeiten beiträgt.

Informationen und Literatur, die im Internet zugänglich sind und multimedial auf CD-ROM dargeboten werden, können in Projekten unter bestimmten Bedingungen, für bestimmte Lernziele und bei bestimmten Lern- und Motivationsproblemen sinnvoll genutzt werden. Ebenso verspricht eine Ausweitung des Unterrichts über elektronische Kontakte Erfolg, wenn dafür geeignete didaktische Konzepte entwickelt und erprobt werden. Dabei müssen aber Risiken und Chancen mit Bedacht abgewogen werden.

Das vorgestellte didaktische Konzept ist geeignet, Mädchen und Jungen in gleicher Weise zu fördern. Die Unterrichtsgegenstände Schreiben, Lesen und Kommunizieren sind mädchenspezifische Domänen. Nach einem einschlägigen Forschungsüberblick wird das Interesse von Mädchen am Computer durch die Einsatzweisen und Themen bestimmt, d.h., Mädchen überwinden mögliche Vorbehalte, wenn ihre Interessen berücksichtigt werden (Sutton 1991). Damit gewinnen sie einen Zugang zur Technik, den Jungen in der Regel schon mitbringen. Jungen können wiederum über das Technikinteresse an das Lesen und

Schreiben herangeführt werden, das ihnen normalerweise weniger liegt.

Der Computer kann als ein weiteres Medium in die Wochenplanarbeit eingebaut werden. In diesem Rahmen können Lehrerinnen und Lehrer besonders gut Erfahrungen sammeln, zu welchen Zwecken, in welcher Form und für welche Kinder sie in ihren Klassen den Computer sinnvollerweise einsetzen und dabei neue Formen der Lernkultur entwickeln.

Durch den Einsatz der neuen Schriftmedien kann die Auseinandersetzung mit dem Gegenstand »Schriftsprache« im Unterricht noch vielfältiger werden. Dies erhöht die Chance, dass die Kinder multiple Wissensstrukturen als Grundlage für lebenslanges Lernen aufbauen.

Literatur

Augst, Gerhard: Schreiben als Überarbeiten. In: Der Deutschunterricht 3/1988, S. 51–62.

Baurmann, Jürgen: Aufsatzunterricht als Schreibunterricht. Für eine genaue Grundlegung des Schreibens in der Schule. In: Praxis Deutsch 104/1990, S. 7–12.

Bertschi-Kaufmann, Andrea u.a.: »Über Schildkröten haben wir ganz viel gefunden«. Erste Begegnungen mit einer Kinderseite im Netz. In: Praxis Deutsch 158/1999, S. 27–31.

Blatt, Inge/Hartmann, Wilfried: Beim Schreiben die »innere Sprache« anregen. In: Computer + Unterricht 6/1992, S. 37–40.

Blatt, Inge: Textverarbeitung lernen durch Learning by Doing. In: Computerbildung 3+4, in Schulpraxis 5+6/1992, S. 38–42.

Blatt, Inge: Schreibprozeß und Computer. Eine ethnographische Studie in zwei Klassen der gymnasialen Mittelstufe. ars una, Neuwied 1996, S. 17–41, 55–59.

Blatt, Inge/Hartmann, Wilfried: Ein gemeinsames Schreibprojekt zwischen Didaktikseminar und Schulklasse. Telekommunikation als Mittel und

Gegenstand im Lehramtsstudium. In: Computer + Unterricht 28/1997 (7. Jg.), S. 51–54.
Blatt, Inge/Hammerer, Claudia/Meuser, Verena/Sabban, Susanne: Computer ab Klasse 1? Erfahrungen beim Einsatz im Sprachlichen Anfangsunterricht. In: Grundschulunterricht 5/1998 (45. Jg.), S. 13–17.
Britton, James: Language and learning. Penguin, Harmondsworth, Middlesex 1970.
Dillon, Andrew/Gabbard Ralph: Hypermedia as an Educational Technology: A Review of the Quantitative Research Literature on Learner Comprehension, Control, and Style. In: Review of Educational Research 68/1998, S. 3.
Emig, Janet: Writing as a mode of learning. In: College Composition and Communication 28/1977, S. 122–128.
Flower, Linda et al.: Reading-to-Write: Exploring a cognitive and social process. Oxford University Press, New York/Oxford 1990.
Fuchs, Waltraud: TAO im Klassenzimmer. BUS (Zeitschrift der Zentralstelle für Computer im Unterricht, Augsburg) 29/1995, S. 12–18.
Haefner, Klaus: Die neue Bildungskrise. Birkhäuser, Basel 1982.
Hentig, Hartmut von: Das allmähliche Verschwinden der Wirklichkeit. Ein Pädagoge ermutigt zum Nachdenken über die neuen Medien. Hanser, München 1984.
Heyden, Karl-Heinz/Lorenz, Werner: Verändertes Lesen – verändertes Schreiben. In: Computer + Unterricht 23/1996, S. 26–29, 56.
Jost, Axel: Reportagen und Routine. In: Computer + Unterricht 23/1996, S. 14–17, 53–54.
Kammer, Rudolf/Schlicher, Anita: Die Abenteuerinsel – ein Schreibprojekt im Internet. In: Praxis Deutsch 158/2000, S. 32–34.
Kochan, Barbara: Schreibprozeß, Schreibentwicklung, Schreibwerkzeug. In: Hofmann, Werner/Müsseler, Jochen/Adolphs, Heike (Hrsg.): Computer und Schriftspracherwerb. Programmentwicklungen, Anwendungen, Lernkonzepte. Westdeutscher Verlag, Opladen 1993, S. 57–91.
Landesinstitut für Erziehung und Unterricht Stuttgart (Hrsg.): Erprobungsversuch MUMELIGS. Multimediale Lernumgebungen in der Grundschule. Abschlussbericht. Stuttgart 1999.
Mandl, Heinz/Reinmann-Rothmeier, Gabi/Gräsel, Cornelia: Rahmenkonzept für das BLK-Programm »Systematische Einbeziehung von Medien, Informations- und Kommunikationstechnologien in Lehr-Lern-Prozesse«. Gutachten. Universität München 1998.

Schröter, Elke: Mit dem Computer Lesen und Schreiben lernen (?). In: PZV-Ratgeber Grundschule 1999, S. 12–19.

Peschel, Markus: Der Einsatz computergestützter Spracheingabemodule im Anfangsunterricht. Hausarbeit zur Zweiten Staatsprüfung für das Lehramt an Volks- und Realschulen. Hamburg 1998.

Sjölin, Amelie: Schrift als Geste. Wort und Bild in Kinderarbeiten. ars una, Neuwied 1996.

Storm, Ingo T.: Deutsche Sprache, schwere Sprache. Spracherkennung und automatische Übersetzung. In: ct magazin für computer technik 5/1996, S. 30.

Sutton, Rosemary E.: Equity and computers in the schools. A decade of research. In: Review of Educational Research 4/1991, S. 475–503.

Thomé, Günther/Thomé, Dorothea: Computereins@tz im Rechtschreibunterricht. In: Valtin, Renate (Hrsg.): Rechtschreiben lernen in den Klassen 1–6. Grundlagen und didaktische Hilfen. Grundschulverband – Arbeitskreis Grundschule e.V., Frankfurt am Main 2000, S. 158–164.

Wegner, Dirk: Fahrschüler auf dem Daten-Highway. In: Donath, Reinhard/Volkmer, Ingrid (Hrsg.): Das Transatlantische Klassenzimmer. Tips und Ideen für Online-Projekte in der Schule. edition Körber-Stiftung, Hamburg 1997, S. 103–111.

Weidenmann, Bernd: Lernen mit Bildmedien. Psychologische und didaktische Grundlagen. Beltz, Weinheim/Basel 1991.

Weidenmann, Bernd: Multicodierung und Multimodalität im Lernprozeß. In: Issing, Ludwig J./Klimsa, Paul (Hrsg.): Information und Lernen mit Multimedia. Beltz, Weinheim 1995/21997, S. 64–84.

Wygotski, Lev: Denken und Sprechen. Fischer Wissenschaft, Frankfurt 1934/^{5}1991.

Computer im Förderunterricht – Übungsprogramme für lese-rechtschreib-schwache Kinder in der Grundschule

Marianne Hoffmann

Modellversuch MoNa[4]: Förderunterricht für lese-rechtschreib-schwache Kinder

Im Rahmen des Modellversuchs MoNa wurde der Förderunterricht für lese-rechtschreib-schwache Kinder (LRS-Kinder) an unserer Schule neu strukturiert. Der Modellversuch wurde und wird von der Gruppe Lese-Rechtschreib-Störung der Kinder- und Jugendpsychiatrie der Philipps-Universität in Marburg begleitet. Seit dem Schuljahr 99/00 führen wir zusätzlich eine Trainingsstudie durch, die den Förderunterricht für lese-rechtschreib-schwache Kinder an einer Schule systematisch untersucht. Die Ergebnisse und Erkenntnisse werden nach der Beendigung des Modellversuchs (Sommer 2001) ausgearbeitet und veröffentlicht werden. Bisher gewonnene Erkenntnisse fließen jetzt schon in die Struktur und die Inhalte des hier beschriebenen Förderunterrichts ein.

Wir unterstützen lese-rechtschreib-schwache Kinder an der Schule nicht ausschließlich mit binnendifferenzierenden Maßnahmen. LRS-Kinder benötigen intensiv und gezielt gestaltete Lernumwelten, in denen sie die Möglichkeit haben, Form und

4 Modellversuch »Nachteilsausgleich für Schülerinnen und Schüler mit besonderen Schwierigkeiten beim Lesen, Schreiben und Rechtschreiben in der Schule« (hier: in der Grundschule Höchst im Odenwald)

Funktion sprachlicher Strukturen und Fertigkeiten in maximaler Transparenz zu erleben. Regelunterricht allein kann dies nicht leisten, findet sich hier doch eine vielschichtige und wechselhafte Interaktionsdynamik.

Selbstverständlich muss Regelunterricht auf die verschiedenen Lernvoraussetzungen jedes Kindes mit Differenzierung und Offenheit reagieren, damit er jedem Kind gerecht werden kann. Es zeigt sich aber, dass dies für LRS-Kinder eben alleine nicht genügt, um ihre Defizite in der phonologischen Verarbeitung der Lautstruktur der gesprochenen Sprache adäquat auszugleichen.

Neuere Untersuchungen belegen (Landerl et al. 1997), dass die entscheidende Beeinträchtigung des lese-rechtschreib-schwachen Kindes im Bereich des Lesens die schwache Wortlesefähigkeit ist.

Wie beim Lesenlernen zuerst das synthetische Lesen gelernt wird, wird beim Schreiben zuerst das lautorientierte Schreiben gelernt. Die korrekten Rechtschreibungen folgen erst beim orthographischen Schreiben. Voraussetzung dafür ist, dass das Kind – ähnlich wie beim direkten Lesen – über einen Gedächtniseintrag für das jeweilige Schriftwort verfügt. Dieser muss aktiviert werden, wenn das Wort geschrieben werden muss: »Das Defizit beim Produzieren orthographisch korrekter Schreibungen ist eines der charakteristischen Kernsymptome der spezifischen Lese-Rechtschreib-Schwäche.« (Ebd., S. 13)

Die Schwierigkeiten, die Kinder beim lautorientierten Schreiben zu Beginn des Schriftspracherwerbs haben, lassen sich durch geeignete Fördermaßnahmen meist rasch überwinden. Die Rechtschreibung hingegen bleibt bei diesen Kindern oft bis ins Erwachsenenalter problematisch. Ganz besondere Schwierigkeiten haben sie bei der Kennzeichnung von Vokallängen und Vokalkürzen.

Die Ursache liegt in einer Schwäche bei der Einspeicherung von Wortschreibungen im Gedächtnis, ohne dass eine allgemeine Gedächtnisschwäche vorliegt. Die Vernetzung zwischen Sprech- und Schriftwort gelingt nicht. Diese ist aber für eine effektive Gedächtnisspeicherung notwendig. Die Behandlung dieser Symptomatik erfordert von allen Beteiligten viel Geduld, viel Verständnis und konsequentes Üben.

Die Defizite im Bereich der phonologischen Verarbeitung, d.h. der kognitiven Verarbeitung der Lautstruktur der gesprochenen Sprache, sind also die Verursachungsmomente für die vorliegenden spezifischen Schwierigkeiten. Das Wissen und die Einsicht, dass Laute systematische Bestandteile von Wörtern sind, ist für Kinder, die Defizite in der phonologischen Verarbeitung haben, oft nur mit großer Verzögerung und mit spezifischem Training möglich. Es wird viel Übungszeit benötigt, um Wortschreibungen im Gedächtnis abzuspeichern.

Regelwissen (z.B. aus dem Klassenunterricht) allein ist für diese Kinder nicht ausreichend für eine kompetente Rechtschreibung. Der Gedächtnisspeicher für Schriftwörter muss langsam mit vielen Übungen aufgebaut werden. Im Förderunterricht werden die betreffenden Schüler in Kleingruppen unterrichtet. Die Gruppen setzen sich aus vier bis sechs Kindern zusammen. Jedes Kind erhält 2-mal wöchentlich je eine Stunde Förderunterricht über mindestens zwei Jahre hinweg. Ohne diese Grundbedingungen ist Förderunterricht nicht effektiv; es sind sonst keine dauerhaften Verbesserungen erreichbar.

In der Fördergruppe muss – mehr noch als im Regelunterricht – für eine entspannte Atmosphäre gesorgt werden, für das Loslassen dessen, was vorher war, und das Einstimmen auf die folgende Übungsphase. Alle – Kinder und Lehrer – sollten sich dabei wohl fühlen. Zugleich braucht Förderunterricht Strukturen, die immer gleich bleiben und so einen festen Halt geben. Der rhythmische Aufbau der Förderstunde gibt dem Üben seinen Platz. Am Anfang der Stunde können verschiedene Wahrnehmungsbereiche spielerisch geschult werden.

Nach der Übungszeit muss die Stunde sanft ausgleiten. Die Anspannung/Anstrengung des Übens wird abgebaut. Dies kann wieder durch ein Spiel geschehen, vielleicht wird ein Bilderbuch angeschaut, man bespricht etwas, man erzählt etwas.

Das Üben geschieht sehr differenziert je nach Lernstand des jeweiligen Kindes. Es ist an sein Lerntempo und an sein Konzentrationsvermögen angepasst. Die gleichen Grundsätze, die für Rechtschreibübungen gelten, müssen auch hier beachtet werden (Valtin 2000). Der Lehrer, der Förderunterricht erteilt, weiß um die phonologischen Verarbeitungsdefizite seiner Schüler und muss sich mit seinen Übungen darauf einstellen.

Arbeit mit den Budenberg-Programmen[5]

Eine frühzeitige und damit auch zum Teil präventive Förderung der Kinder hat sich als sehr wichtig herausgestellt. Der Förderunterricht an unserer Schule wird zu Beginn des zweiten Schuljahres angeboten. Im ersten Schuljahr ist die binnendifferenzierte Förderung im Klassenverband die richtige Form der Förderung. Hier können Defizite beim lautorientierten Lesen und Schreiben gut abgebaut werden.

Wenn im zweiten Schuljahr die Phonem-Graphem-Korrespondenz noch nicht sicher gelingt – das lautorientierte Schreiben also noch nicht ganz beherrscht wird –, beginnt das Kind mit dem Budenberg-Programmteil Deutsch: Bildschreiben. Bei diesem Programmteil unterstützt die Lehrerin noch bei der auditiven Analyse, indem sie beim Lesen und Abhören der Phoneme mitartikuliert und Laute isolieren hilft. Da mit einem begrenzten Wortschatz gearbeitet wird, kann das Kind seine visuelle Merkfähigkeit nutzen, damit bei den Wortwiederholungen die auditive Analyse gelingt.

Beim Bildschreiben werden dem Übenden Bilder gezeigt (diese werden übrigens bei anderen Programmteilen wieder ge-

5 Budenberg Software Vertrieb; Vertrieb@budenberg.de.

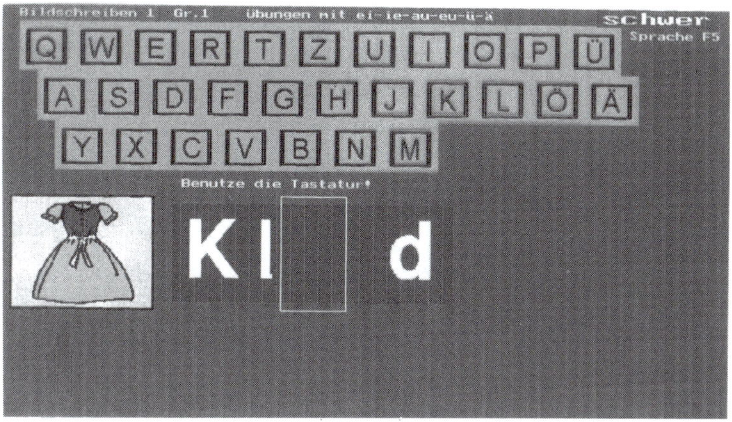

nutzt), das dazugehörige Wort ist teilweise daneben geschrieben, z.B:
Die fehlenden Grapheme sollen ergänzt werden. Da die meisten Schüler noch nicht sicher alle Buchstaben und die Tastatur kennen, ist diese auf dem Bildschirm sichtbar. Die Buchstaben können wahlweise mit den Cursor-Tasten, der Maus oder der Tastatur ausgewählt werden. Das Kind kann beim Üben Hilfe (F1) anfordern. Dann werden gegebenenfalls die fehlenden Buchstaben nochmals angezeigt.

Jeder Übungsteil umfasst in der Regel drei Minuten oder zwölf zu übende Wörter. Jedes erfolgreich geschriebene Wort wird durch ein Männchen angezeigt. Ein falsch geschriebenes durch ein »halbes«. Nach einer Wiederholung erscheint es ganz, aber in einer anderen Farbe.

Nach jedem Übungsteil erscheint eine »Tafel«, die dem Kind zeigt, wie viele Wörter es geübt hat, wie lange es geübt hat, wie viele Fehler es gemacht hat, wie oft es sich Hilfe geholt hat. Im Förderunterricht beginnen die Kinder in der Regel mit drei »Runden« und steigern diese dann auf fünf Runden.

Der Schwerpunkt der Arbeit im zweiten Schuljahr wird mit dem »Wortdiktat« (Deutsch 2) gebildet. Hier werden verschiedene Wortlisten verwendet. Aus einem altersentsprechenden Grundwortschatz sind Nomen ausgewählt, die sich durch Bilder darstellen lassen. Ein Bild mit dazugehörigem Wort wird gezeigt. Das Kind schreibt das Wort nach. Es benutzt jetzt nur noch die Tastatur, die ihm inzwischen schon so vertraut ist, dass die Handhabung keine Probleme mehr bereitet. Selten muss noch ein Buchstabe länger gesucht werden.

Beim zweiten Mal erscheint nur noch das Bild. Das Kind schreibt das dazugehörige Wort selbstständig. Es nutzt dazu seine Möglichkeiten der auditiven Analyse, sein Wissen der Phonem-Graphem-Zuordnung und sein »neues« Wissen der Schreibung einzelner Wörter.

Einige Wortschreibungen sind zu diesem Zeitpunkt schon im Gedächtnisspeicher.

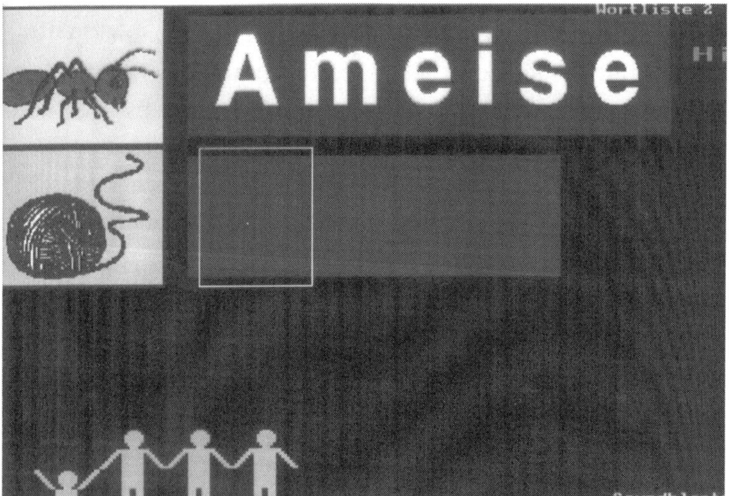

Erste Rechtschreibmuster (Doppelungen, Längungen) tauchen auf, visuelle und auditive Strategien ergänzen sich. So erweitern sich die Grundmuster im Gedächtnisspeicher. Wieder hat das Kind die Möglichkeit, sich helfen zu lassen. Mit der Hilfetaste F1 sind die benötigten Buchstaben nochmals zu sehen.

Jede neue Runde bringt wieder zwölf Wörter oder dauert höchstens fünf Minuten. Bei Fehlern erscheinen die benötigten Buchstaben nochmals. Individuelle Voreinstellungen im Programm durch den Lehrer ermöglichen differenziertes Üben. Entweder muss jedes Wort zweimal, dreimal oder viermal hintereinander richtig geschrieben werden, bevor es als bearbeitet abgelegt wird. Am Ende seiner drei bis fünf Runden sieht das Kind, wie weit es »seine« Wortliste schon bearbeitet hat, wie viele Wörter »geschafft« sind und wie viele noch vor ihm liegen. Dieses Ergebnis lässt sich ausdrucken. Auf dem Ausdruck findet man den Namen des Kindes, die Übungszeit, die Anzahl der Übungswörter, die Fehler und die benutzten Hilfen.

Auch der Fortschritt in der Wortliste ist zu ersehen. Für den Lehrer ist sehr wichtig, dass die Falschschreibungen ausgedruckt werden. So kann man nachvollziehen, ob nur die Finger auf die Nachbartaste gerutscht sind oder ob falsche Grapheme benutzt wurden.

Zu Beginn seiner Übungsphase gibt das Kind seinen Namen ein. Der Lehrer stellt ein, welche Wortliste gewählt wird und wie oft das Wort richtig geschrieben werden soll. Beim nächsten Mal wird nur noch der Name eingegeben. Dann wird der Fortschritt in der Wortliste gezeigt und die Übung kann beginnen.

Jedes Kind übt in dem Tempo, das ihm entspricht. Variiert wird zwischen drei und fünf Übungsrunden entsprechend dem Konzentrationsvermögen. Jedes Kind übt die Wörter so lange, bis es diese sicher beherrscht. Dann wird zuerst die Anzahl erhöht (Fortschritt innerhalb der Wortliste) und danach die Schwierigkeit der zu schreibenden Wörter (neue Wortlisten). Der Gedächtnisspeicher für einzelne Schreibungen wird so systematisch und langsam erweitert und gesichert.

Schnell zeigt sich, dass auch die fünf Kinder einer Fördergruppe ganz unterschiedlich arbeiten.

Eine kleine Belohnung für gutes Üben (nicht für wenige Fehler!) durch einen Stempel oder einen Aufkleber ist zu empfehlen.

Uniwort[6]

In der Regel werden die Wortlisten 1–5 des Programms »Budenberg Deutsch 2 Wortdiktat« bearbeitet. Manche Schüler beginnen mit dem Bildschreiben, manche starten gleich mit dem Wortdiktat. Die meisten Kinder bearbeiten die Wortlisten mit der dreifachen Wiederholung.

Nach der Bearbeitung beherrscht das Kind die sichere Schreibung der geübten Wörter.

Einzelne Rechtschreibphänomene tauchten auf und konnten als solche erkannt und eingesetzt werden. Vereinzelt können diese auch schon auf andere Wörter übertragen werden. Jetzt ist der Zeitpunkt gekommen, sich systematisch mit Rechtschreibphänomenen zu befassen.

Wenn Rechtschreibmuster sicher beherrscht werden – im Speicher abgelegt sind –, dann können die Buchstabencluster/Wortbestandteile auf andere Wörter übertragen werden. Dies ist mit dem Programm »Uniwort« des Eugen Traeger Verlages möglich. Obwohl dieses Programm mehrere Übungsformen (z.B. Fehlbuchstabe, Greifspiel, Halbschrift …) zu bieten hat, ist für ein intensives Rechtschreibtraining das »Blitzwort« vorzuziehen. Bei diesem wird auf dem Bildschirm ein Wort in großer Schrift gezeigt.

Nach einer gewissen Zeit, die variiert werden kann, verschwindet das Wort, und es muss nun aus dem Gedächtnis nachgeschrieben werden. Damit dies gelingt, muss es zuvor erlesen werden.

Dieser Vorgang kann den Erfordernissen eines LRS-Förderunterrichts genau angepasst werden. Jede Übungseinheit beinhaltet 20 richtig zu schreibende Wörter. Diese Wortlisten sind editierbar, d.h., man kann sie selbst eingeben. So kann systematisch die Rechtschreibung aufgebaut werden.

---

6 Eugen Traeger Verlag; etverlag@t-online.de.

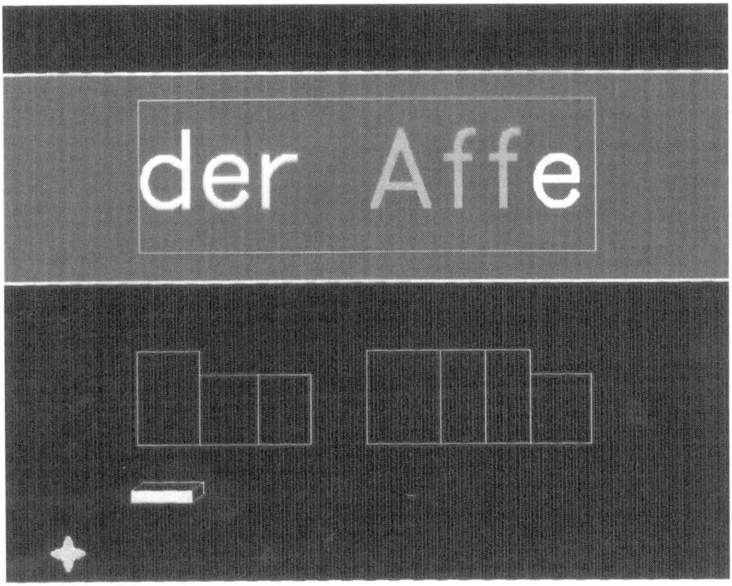

Das Kind beginnt z.B. mit Dopplungen oder »Trennschärfe« (mit Wörtern, die z.B. mit »K« beginnen). Dann übt es an diesem Tag nur Wörter mit -ff-. Diese können – auch mit dem vorangehenden Vokal – farbig gekennzeichnet werden. Man stellt also Signalgruppen/Buchstabencluster her, die die Aufmerksamkeit des Kindes auf sich ziehen.

Danach folgen dann z.B. alle anderen Dopplungen. Jeder Schüler übt so über einen längeren Zeitraum an einem Rechtschreibphänomen.

Mit diesem Programm kann jeder je nach Notwendigkeit individuell üben. Die »Blitzzeit«, d.h. die Zeit, in der das Wort zu erlesen ist, kann variiert werden. Sehr schwache Schüler haben sogar die Möglichkeit, es abzuschreiben. Wer das Wort mitten im Schreiben vergessen hat, kann es durch Betätigen der Enter-Taste nochmals auf den Bildschirm holen und nachlesen. Zum Schreiben kann man verschiedene Hilfen geben:

- einen Rahmen um das ganze Wort,
- einen Rahmen für jeden Buchstaben,
- die Möglichkeit, dass nur richtige Buchstaben »angenommen« werden,
- gar keine Vorgaben für das Wort; Bestätigung der Richtigschreibung erst nach Beendigung des Wortes.

Für jedes bearbeitete Wort erscheint eine Blume/ein Sternchen auf dem Bildschirm. So können die Schüler sehen, wie weit sie im Übungsverlauf sind.

Zum Abschluss erhält der Schüler ein Arbeitszeugnis, das die geschriebenen Wörter und gegebenenfalls die Fehler dokumentiert und ein Dankeschön für die gute Mitarbeit enthält. Zusätzlich besteht die Möglichkeit, ein Arbeitsblatt mit den vom Schüler falsch geschriebenen Wörtern in der richtigen Schreibung auszudrucken.

Das Arbeitszeugnis wird – wie die Protokolle aus den Budenberg-Programmen – in einem Schnellhefter für jedes Kind abgeheftet. Die geleistete Arbeit bleibt für die Kinder so sichtbar.

Das Arbeitsblatt mit den falsch geschriebenen Wörtern wird mit nach Hause gegeben. Bis zur nächsten Förderstunde werden diese handschriftlich richtig auf das Blatt geschrieben. Dadurch kann sich der Schüler nochmals mit dem geübten Rechtschreibphänomen beschäftigen.

Beim Programm »Uniwort« besteht noch eine weitere Übungsmöglichkeit: Die falsch geschriebenen Wörter können für die Schüler in einer Extradatei abgelegt werden. Diese Übungsmöglichkeit ist bei täglichem Üben zu Hause und beim Aufarbeiten der Fehler (z.B. am Wochenende) gut geeignet. »Uniwort« bietet optimale Möglichkeiten für den Aufbau eines systematischen Lernprogramms. Jedes Kind hat die Zeit, die es braucht, um seine individuellen Defizite auszugleichen, und Zeit zum Üben. Wichtig ist zudem, dass man es den individuellen Möglichkeiten (Blitzzeit …) jedes Kindes anpassen kann.

Im Laufe von zwei Jahren Förderunterricht in der Grundschule kann man mit den entsprechenden Wortlisten alle die für die Grundschule relevanten Rechtschreibphänomene angehen und üben, die ein Grundschüler anwenden können sollte, um eine altersgemäße Rechtschreibung aufzuweisen.

Die Geduld, die der Computer bei Falschschreibungen walten lässt, könnte man als Person nur schwer aufbringen. Auf der anderen Seite ist die Maschine unerbittlich und nicht bestechlich. Was falsch ist, ist falsch.

Zusammenfassung

Die Arbeit mit den Computerprogrammen entspricht den Förderempfehlungen neuerer Forschungsergebnisse zur Lese-Rechtschreib-Schwäche (Klicpera/Gasteiger-Klicpera 1995; Marx 1997). Es lassen sich damit im schulischen Bereich gute Fortschritte erzielen: Die bisherigen Erfahrungen und Ergebnisse aus dem Modellversuch zeigen, dass die Kinder, die am Förderunterricht teilnahmen und teilnehmen, ihre Rechtschreibleistungen deutlich verbessern konnten.[7] Die erstaunlichste Erkenntnis ist, dass sich zuerst die Leseleistungen aller Kinder verbesserten und dies auch so blieb.

Obwohl also eine Konzentration auf das Rechtschreibenüben stattfindet, entwickeln die Kinder deutlich bessere Lesestrategien, die zuerst ihre Leseleistungen und dann auch ihre Rechtschreibleistungen verbessern. Dies zeigt, dass es wichtig ist, den Kindern viel Übungszeit zum Aufbau ihres Gedächtnisspeichers für Wortschreibungen zu geben.

7 Die detaillierten Ergebnisse werden nach Beendigung des Modellversuchs veröffentlicht.

Wichtig ist, dass der Förderunterricht regelmäßig stattfindet.[8] Die sich bei den Kindern entwickelnde emotionale Stabilität wird am deutlichsten von den Klassenlehrern wahrgenommen. Die betroffenen Kinder beteiligen sich intensiver am Unterricht. Schreibaufgaben werden mutiger in Angriff genommen.

Insgesamt ermöglicht es der Computer mit den beschriebenen Programmen den Kindern, in Ruhe und selbsttätig zu üben. Für uns Lehrerinnen erscheint das Üben, so wie es hier beschrieben wurde, etwas eintönig. Die Kinder machen es aber auch über einen längeren Zeitraum gerne.

Die Schüler kommen gerne in den Förderunterricht. Zum Zeichen dafür steht ab und zu die Freundin/der Freund mit vor der Tür und möchte auch teilnehmen. Die Atmosphäre, die im Förderunterricht herrscht, tut uns allen gut – den Lehrerinnen und den Schülern. So kommt auch der Förderunterricht aus der »Muss-ich-dahin-gehen-Ecke« in die »Darf-ich-auch-mal-kommen-Position«.

Literatur

Klicpera, Christian/Gasteiger-Klicpera, Gisela: Psychologie der Lese-Rechtschreibschwierigkeiten. Psychologie Verlags Union, Weinheim 1995.

Landerl, Karin/Wimmer, Heinz/Moser, Ewald: SLRT: Salzburger Lese- und Rechtschreibtest. Hans Huber, Bern 1997.

Marx, Harald: Erwerb der Lesens und Schreibens. In: Weinert, Franz E./Helmke, Andreas (Hrsg.): Entwicklung im Grundschulalter. Psychologie Verlags Union, Weinheim 1997, S. 84–111.

Valtin, Renate (Hrsg.): Rechtschreibenlernen in den Klassen 1–6., Grundschulverband AK Grundschule e.V., Frankfurt 2000.

8 Im Modellversuch hat statistisch gesehen jedes Kind bisher 1,5 Wochenstunden Förderunterricht erhalten.

3 Lernen und Entwickeln

Grundschullehrerinnen an den PC?! – Vom PC-Kurs für Lehrerinnen zur handlungs- und schülerorientierten Nutzung des Computers im offenen Grundschulunterricht

Horst Eufinger

Bedarf nach regionaler Lehrerfortbildung

Im Jahr 1991 wurde an der Grundschule »Am Hasenberg« (früher: Adolf-Reichwein-Grundschule) in Neu-Anspach zum ersten Mal ein Computer in offenen Unterrichtsphasen einer Grundschulklasse eingesetzt.

Der alte Apple-II-Computer mit selbst geschriebenen Programmen des Lehrers weckte nicht nur die Neugier der Kinder am neuen Medium, sondern in der Folgezeit auch das Interesse der Lehrerinnen, die in der Klasse unterrichteten.

Mit welcher Leichtigkeit gingen die Kinder doch mit dem Gerät um und mit welcher Ernsthaftigkeit organisierten und regelten sie schon bald die Arbeit der Lerngruppe am Computer durch Listen mit Zeiteinheiten und Symbolen für die gewählten Programme. Nichts war auszumachen von vereinsamten Einzelgängern am Computer, sondern freiwillige Gruppenarbeit am Computer und sachlich engagierte Problemlösungsdiskussionen auf hohem Niveau waren beim Spielen und Lernen zu beobachten.

Ein Jahr später wurde in einer Klasse mit gemeinsamem Unterricht einem schwer körperbehinderten Kind zur Unterstützung ein PC mit Drucker über den Schulträger angeschafft. Zum ersten Mal setzte die Schule dabei das Lernprogrammpaket

»Budenberg« ein, das allen hessischen Grund- und Sonderschulen kostenlos zur Verfügung gestellt wird. Erste Erfahrungen damit führten auch bei überzeugten Computergegnern unter den Lehrerinnen zu der Meinung, dass Computereinsatz im offenen Grundschulunterricht auch pädagogisch sinnvoll sein kann.

Zur gleichen Zeit wurden von der Schulleitung am privat angeschafften Büro-PC (der Schulträger verweigerte damals noch die Anschaffung eines PCs für die Verwaltung) Aushänge, Konferenzvorlagen und Berichte »wie gedruckt« erstellt. Am Infobrett im Lehrerzimmer gab es immer häufiger Gespräche über die bei den Aushängen verwendeten Schriftarten, ihre Wirkung, Ästhetik und Brauchbarkeit für Arbeitsblätter und Elterninfos. Als der nächste Schulanfängerbrief in mit dem PC gedruckter *Vereinfachter Ausgangsschrift* herausgegeben wurde, war das Interesse groß, dies auch zu lernen und für die Unterrichtsvorbereitung und Herstellung von Lernmaterialien nutzen zu können.

Im Herbst 1993 wurde an der Grundschule der erste Computerkurs für Lehrerinnen durchgeführt. In der folgenden Schilderung der Fortbildungsveranstaltungen soll der Stellenwert der Verbindung von regionaler Lehrerfortbildung mit schulinterner Lehrerfortbildung gezeigt werden. Deutlich werden soll auch, welche Auswirkungen Improvisation und solche Fortbildungen auf die Innovationskraft eines Kollegiums bei der Nutzung neuer Technologien im offenen Grundschulunterricht haben können.

Fortbildungskurs 1: Der PC in der Grundschule (Erstkontakt mit dem Computer beim Erstellen von Texten und Ausprobieren von Lernsoftware)

Die Fortbildung fand in den Räumen der Grundschule statt, aus deren Kollegium der Anstoß für die Aufnahme des Themas in das regionale Fortbildungsangebot gekommen war. Dadurch war auch eine gute informelle Ebene zu den Lehrerinnen des Kollegiums vorhanden, die nicht an der Fortbildung teilnahmen.

Die Durchführung des ersten Kurses war geprägt von der Problematik, dass nur drei technisch veraltete PCs zur Verfügung standen, die zu den Fortbildungsveranstaltungen aus den Klassen ins Lehrerzimmer geholt und installiert werden mussten. Bei aller Mühsal vermittelte diese Prozedur manchen Teilnehmerinnen aber auch wichtige technische Grunderfahrungen.

Die geringen Vorkenntnisse, die Ängste und Unsicherheiten im Umgang mit Technik und die bei Pädagogen manchmal stark verbreiteten Ressentiments gegenüber Computern sprachen gegen Einzelarbeit der Lehrerinnen an den Geräten. Diese Einschätzung wurde von allen Teilnehmerinnen im Verlauf des Kurses auch bestätigt. Ein Computerkurs, der sich in erster Linie an Frauen ohne PC-Erfahrung richtet, sollte aber unbedingt handlungsorientiert sein und die Möglichkeit bieten, durch Ausprobieren einen individuellen Zugang zum Thema zu finden.

Deshalb wurde davon ausgegangen, dass mit höchstens drei Personen noch sinnvoll an einem Gerät gearbeitet oder zumindest ein Eindruck gewonnen werden kann. Die Teilnehmerzahl begrenzte man in der Vorplanung auf zwei Gruppen mit jeweils neun Lehrerinnen.

Folgende Motive für die Teilnahme an der Fortbildung wurden in einer ersten Befragung genannt:

was das Lernen erheblich erleichterte. Die Arbeit in Dreiergruppen erwies sich hierbei als problematisch, da die Übungszeit (»Kontakt« mit der Maus) zu gering war.

In der Zeit, in der die Fortbildungsreihe stattfand, stand immer ein PC im Lehrerzimmer bereit, an dem zwischen den Fortbildungsterminen geübt und ausprobiert werden konnte. Diese Möglichkeit wurde auch in den Pausen, in Freistunden und nach dem Unterricht stark genutzt. Dabei wurde auch das Interesse an weiteren Fortbildungen verstärkt und mehrere Lehrerinnen meldeten sich schon für einen Folgekurs an.

In der vorletzten Sitzung wurden die Einsatzmöglichkeiten des Computers im Unterricht der Grundschule ausprobiert. Dabei testeten die Lehrerinnen verschiedene Lern- und Übungsprogramme:

- »Budenberg«-Lernsoftware für das erste bis vierte Schuljahr,
- Mathematik-Lernsoftware mit Sachaufgaben ab dem zweiten Schuljahr,
- Deutsch-Lernsoftware für das zweite bis vierte Schuljahr (z.B. »Uniwort«),
- Lernprogramme für den Sachunterricht (Dinosaurier, Sonnensystem).

Die Zeit, die für das Ausprobieren zur Verfügung stand, erwies sich als viel zu kurz. Allein das »Budenberg«-Lernsoftwarepaket für Grund- und Sonderschulen war so vielfältig und umfangreich, dass man nur einen oberflächlichen Eindruck gewinnen konnte. Die Übungsprogramme fur Rechtschreibung erwiesen sich als qualitativ so schlecht (sture Drillprogramme), dass ein Einsatz im Unterricht von allen Teilnehmerinnen der Fortbildung abgelehnt wurde.

In der letzten Sitzung ging es darum, die in den vorausgegangenen Fortbildungssitzungen gewonnenen Eindrücke aufzuarbeiten, zu bewerten und einen eventuellen Bedarf nach Weiterarbeit an der Thematik zu klären.

Vor dem abschließenden Gespräch sollte ein kleiner Einblick in die Computerspiele ermöglicht werden, mit denen immer mehr Kinder im Grundschulalter ihre Zeit vor dem häuslichen PC verbringen. An PC-Stationen konnten typische einfache Computer-Ballerspiele und Computerspiele besserer Qualität (Simulation, Denk- und Geschicklichkeitsspiel, Adventure) getestet werden.

Danach gab es eine intensive Diskussionsrunde über *Sinn und Unsinn des Computereinsatzes in der Grundschule, sinnvollen Einsatz des Computers im offenen Grundschulunterricht* und über die *Gefahren, Möglichkeiten und Grenzen von Computerspielen.*

In der abschließenden Diskussionsrunde über die Fortbildungsveranstaltung wurde folgendes Meinungsbild deutlich:

- Der offene und handlungsbezogene Einstieg in die Thematik unter Einbezug inhaltlicher und pädagogischer Fragestellungen hat sich bewährt.
- Der Zugang zu notwendigen technischen Fragen wurde für die Teilnehmerinnen über die kreative Arbeit an pädagogisch bedeutsamen Inhalten erleichtert.
- Computerfortbildung unter Frauen macht auch technikfernen Lehrerinnen Mut, sich mit der Thematik weiter zu befassen.
- Die Arbeit zu zweit an einem Gerät ist ideal.
- In der Fortbildung wurde deutlich, dass der Computer als Medium und Werkzeug auch im Grundschulunterricht neue methodische Möglichkeiten eröffnet. Dabei kann er die Lehrerin nie ersetzen.
- Das in der Fortbildung praktizierte »Helfersystem« mit unterschiedlichen Arbeitsformen kann ein Beispiel für sinnvollen Einsatz des Computers im Unterricht sein.
- Wegen der geringen Anzahl an Geräten konnte die Fortbildung nur ein Grundverständnis und erste Einstiegserfahrungen vermitteln. Die häusliche Verfügbarkeit eines PCs ist Vor-

aussetzung für einen intensiveren Einstieg in das Thema. Deshalb wollten sich nach der Fortbildung mehrere Lehrerinnen einen PC anschaffen.

- Ein zentraler PC-Arbeitsplatz in der Schule, z.B. im Lehrerzimmer, ermöglicht eine Verbindung von regionaler und schulinterner Fortbildung in kleinen Schritten.
- Ein Fortbildungsraum mit dauerhaft installierten Geräten ist unbedingt notwendig, da sonst vor jeder Veranstaltung ein zu großer Vorbereitungsaufwand erforderlich ist.
- Die beiden Bereiche *»PC als Arbeitsmittel für Lehrerinnen«* und *»PC im Unterricht«* sollten in zwei Folgeveranstaltungen noch intensiver behandelt werden.

Fortbildungskurs 2: Grundschullehrerinnen an den PC?! (Computer als Arbeitsmittel für die schulische Arbeit – Was kann ich damit machen?)

Einige Lehrerinnen hatten Mut gefasst und trugen sich mit dem Gedanken, einen PC anzuschaffen. Dabei waren viele Fragen aufgetaucht, die auch in den Pausen diskutiert wurden. Die positiven Erfahrungen aus dem ersten Computer-»Schnupperkurs« und das große Interesse von Lehrerinnen aus dem Kollegium und von umliegenden Grundschulen an einer weiteren Fortbildung führten zur Planung einer Folgeveranstaltung.

Die mit der Grundschule räumlich verbundene Gesamtschule war bereit, ihren gut ausgestatteten Computerraum für eine Lehrerfortbildung zur Verfügung zu stellen.

Das Thema wurde eingeschränkt auf *die Verwendung des Computers als Arbeitsmittel der Lehrerin.* Dabei sollte das bewährte Konzept beibehalten werden, von inhaltlichen und pädagogischen Fragestellungen ausgehend einen offenen und handlungsbezogenen Kurs anzubieten. Notwendige technische Fragen sollten nur »nebenbei« thematisiert werden.

Die Veranstaltung wurde für zehn Lehrerinnen an fünf »Windows«-PCs geplant. Im Computerraum gab es ein Computerdisplay für den Overheadprojektor, mit dem man auch phasenweise frontal die Programmbedienung zeigen konnte. Jeweils drei oder vier Computer waren gemeinsam mit einem Drucker über einen Umschalter verbunden, was sich im Verlauf des Kurses für die Lehrerinnen aber als schwierig zu handhaben erwies.

Auf allen Computern war das integrierte Programmpaket »Winworks« in der sehr anspruchslosen Version 2.0 installiert. Mit der darin enthaltenen einfachen Textverarbeitung konnten kreative Formatierungen durchgeführt, vielerlei Schriften verwendet und Grafiken und Symbole in den Text eingefügt werden. Mit der außerdem enthaltenen Tabellenkalkulation war das Erstellen von Listen, Formularen, Wochenplänen, Spielplänen usw. sehr einfach.

Aus dem Planungs- und Verlaufsschema der Fortbildung (vgl. die Grafik auf S. 183) wird deutlich, was mit dem Computer gemacht werden konnte und welche technischen Fragen und Probleme dabei zwangsläufig auftraten und behandelt wurden.

In einer frontalen Phase am Overheadprojektor wurde schrittweise das Formatieren von Texten, die Verwendung von verschiedenen Schriften und das Einfügen von Grafiken und Symbolen in Texte gezeigt und anschließend in der Praxis nachvollzogen.

Von den Partnergruppen wurden dann sehr unterschiedliche Textprodukte hergestellt. Eine Information des Kollegiums über die Fortbildung wurde dabei von allen Gruppen erstellt, wobei man auf dem Plakat Texte und Grafiken wie auf einem guten Arbeitsblatt geschickt mischte.

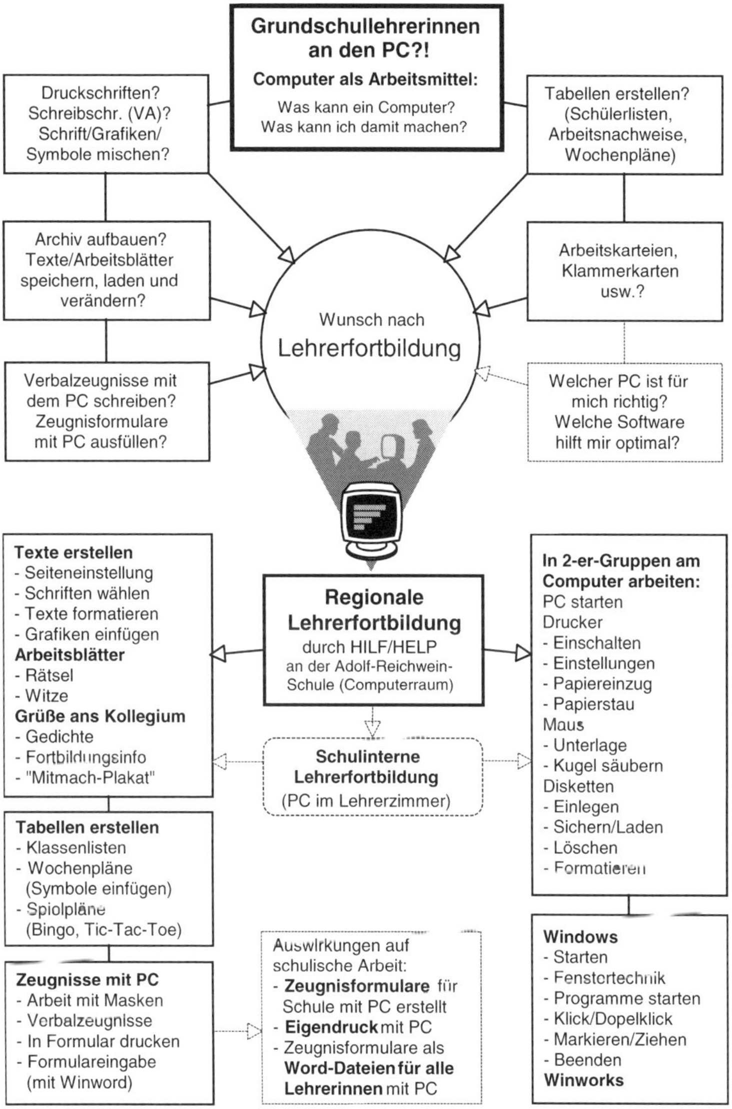

Situation: »Kann ich den PC für meine schulische Arbeit nutzen?«

Die Arbeitsergebnisse wurden auf Disketten gespeichert und in der nächsten Sitzung wieder geladen und weiterbearbeitet, um diesen für die Arbeit am Computer so wichtigen Vorgang zu üben. Durch das projektähnliche Arbeiten an differenzierten Vorhaben entstanden sehr unterschiedliche Problemsituationen in den verschiedenen Partnergruppen. Die Beratung erfolgte durch den Fortbildungsleiter oder gegenseitig durch die Gruppen. Die Situation war durchaus mit offenem Grundschulunterricht vergleichbar.

Auch beim Erstellen von Listen und tabellarischen Wochenplänen war die Vorgehensweise ähnlich. Einige Gruppen erstellten sich Klassenlisten, andere beschäftigten sich intensiv mit Wochenplänen für die Weihnachtszeit, wobei in den Kopfzeilen Symbole aus der Schrift »Wingdings« eingebaut wurden.

Ein besonders »feierlicher« Moment war immer wieder das Drucken der mit Mühe und Eifer am PC erstellten Werke. Deshalb wurde bei der Computerfortbildung diesem Punkt besondere Beachtung geschenkt. Die Bedienung der alten Drucker war aber nicht einfach. Beim Drucken gab es viele unerwartete Probleme für die mit den Geräten unerfahrenen Lehrerinnen.

Beispiele zum »Erstellen von Zeugnissen mit dem PC« wurden gezeigt und die zusätzlichen Möglichkeiten mit der Formulareingabe des Textverarbeitungsprogramms »Winword« verdeutlicht. Nach diesem Anstoß erwies sich die schulinterne Lehrerfortbildung in der Folgezeit als sehr produktiv. Zeugnisformulare wurden für die Jahrgänge 1/2 und 3/4 mit »Winword« erstellt und die Zeugnisformulare am Schul-PC selbst gedruckt.

Das Eindrucken der verbalen Beurteilungen auf das Formular im ersten und zweiten Schuljahr probierte ein großer Teil des Kollegiums in der Folgezeit aus. Die Lehrerinnen mit einem eigenen PC erhielten Dateien für eine Zeugnisformulareingabe auf Diskette und konnten die Zeugnisdateien am PC leicht mit Noten oder Texten ergänzen und selbst ausdrucken. Dabei kam der Vorteil des Computers als Arbeitsmittel für die Grundschullehrerin zum ersten Mal richtig zum Tragen. Mittlerweile wird der Computer bei der Zeugniserstellung von fast allen Lehrerinnen der Grundschule genutzt.

Probleme

An den Geräten im Computerraum der Gesamtschule, die von den älteren Schülerinnen und Schülern der Schule im EDV-Unterricht genutzt werden, kam es während des Kurses zu einigen unvorhergesehenen »Zwischenfällen« oder technischen Problemen, die teilweise amüsant, manchmal irritierend, aber immer lehrreich waren:

- An einem PC erschien in der Startphase immer eine Grafik, die ein bekennender »Kelly-Hasser« wohl heimlich in einer weniger interessanten Phase des morgendlichen EDV-Unterrichts geschickt einprogrammiert hatte. Darin wurde der Kopf eines Fans der Popgruppe »Kelly-Family« brutal von einem »Kelly-Hasser« mit einer »Pump Gun« blutspritzend zerschossen. Das Erscheinen des Bildes war mit allen bekannten Tricks nicht zu verhindern. Die Reaktion der am Gerät sitzenden Lehrerinnen reichte von Entsetzen bis zu Verständnis für die Beweggründe des geschickten jugendlichen Computerbenutzers.
- An mehreren Geräten war immer wieder die Geschwindigkeit des Mauszeigers und des Doppelklicks so verstellt, dass die Maus auch für einen geübten Benutzer kaum noch zu bedienen war.
- Beim Starten wurden oft automatisch kleine Programme geladen, die mehr oder weniger lustige oder provozierende Sprüche und Meinungsäußerungen der Vorbenutzer auf den Bildschirm zauberten (Blondinenwitze, »Macho«-Sprüche usw.). Diese Programme mussten immer erst entfernt werden, bevor »Winworks« geladen werden konnte.

- In der zweiten Sitzung funktionierten die Drucker nicht mehr. Wie sich nach langer Ursachenforschung herausstellte, hatten die Jugendlichen zwischenzeitlich als »Scherz« falsche Druckertreiber in Windows installiert.
- Ein PC lief plötzlich um ein Vielfaches langsamer, obwohl er technisch mit den anderen Geräten identisch war. Auch dahinter steckte wohl eine Absicht.

Schon bald kam der Verdacht auf, dass die jugendlichen Hauptbenutzer des Computerraumes sehr wohl wussten, wer hier alle 14 Tage eine Fortbildung machte, und ihren ehemaligen Grundschullehrerinnen heimlich schadenfroh zeigten, wer in diesem Raum die »technische Macht« besaß. Das war dann eine gute Gelegenheit für die Lehrerinnen, um fluchend alte Ressentiments gegen Technik wieder auf den Tisch zu packen.

Aus diesen Erlebnissen konnte gelernt werden, *dass Computer nicht perfekt sind, dass der Computer nur das macht, was der Mensch ihm sagt (programmiert)* und *dass Schüler den Lehrkräften auf dem Gebiet der neuen Technologien meistens haushoch überlegen sind, was wiederum die Lehrerinnen in ihrem Fortbildungsbestreben nur bestärkte.*

Insgesamt konnten die Ausgangsfragen der Lehrerinnen, die zur Konzeption der Fortbildung geführt hatten, während der Fortbildung beantwortet und in konkrete Arbeitsergebnisse umgesetzt werden. Berührungsängste wurden vermindert, weil sich zeigte, dass auch die *Computertechnik nicht perfekt* ist, Probleme meistens von Menschen gemacht wurden und entsprechend auch behoben werden konnten.

Fortbildungskurs 3: Computer im offenen Unterricht (»Eltern spenden der Klasse einen PC! Was nun?«)

Im Beruf machten viele Eltern die Erfahrung, dass der PC zum selbstverständlichen Arbeitsgerät geworden ist. Die positiven Rückmeldungen aus einigen Klassen, in denen Kinder einen Computer zum Lernen und Üben in der Freien Arbeit benutzen konnten, motivierten zunehmend Eltern der Grundschule, auch einen gebrauchten Computer für die Klasse des eigenen Kindes zu spenden. Oft kamen bei Spendenankündigungen die betroffenen Klassenlehrerinnen aufgeregt zum Schulleiter, weil sie unsicher waren, wie sie sich in dieser Situation verhalten sollten. Auf den gespendeten PCs wurden vom Schulleiter unbrauchbare Spiele und Daten gelöscht, die von den Eltern gut gemeint auf der Festplatte gelassen worden waren, und dann die notwendige Software installiert. Da die Computer meist technisch veraltet waren, mussten die Lernprogramme nicht nur didaktisch gut sein, sondern auch auf langsamen Geräten laufen. Besonders geeignet waren hier die »Budenberg«-Lernprogramme, »Alfons«-Lernsoftware und »Uniwort«.

Stand der PC erst einmal in der Klasse, hatten die Kinder mit ihren Vorerfahrungen vom Spielen am heimischen PC die Bedienung sehr schnell im Griff. Wenn der Computer im offenen Unterricht richtig eingesetzt wurde, hatte er eine motivierende Wirkung auf viele Kinder. Dass die Kinder dabei nicht die menschliche Kommunikation verlernen und zum verhaltensgestörten Egomanen werden, hatte sich schon vorher in den »Pilotklassen« gezeigt. Die Lehrerinnen und die Kinder selbst achteten darauf, dass die Lernzeiten am Computer gerecht verteilt wurden.

Manchmal empfanden die Lehrerinnen jedoch eine frustrierende Hilflosigkeit bei technischen Problemen:

- Programme funktionierten nicht mehr, weil die Kinder etwas weiter in die Tiefen des Computers vorgedrungen waren. Hatten sie beispielsweise untersucht, was sich alles auf der Festplatte befindet, und dabei versehentlich ein Programmteil gelöscht, dann war die Lehrerin hilflos und wusste nicht, wie das Programm neu zu installieren war.
- Regelmäßig gab es neue und erweiterte Versionen des »Budenberg«-Programms, die man gerne als Update auf dem Klassencomputer haben wollte, aber nicht selbstständig installieren konnte.
- Immer häufiger wurde gefragt, wie man mit den Lernprogrammen auch die klassenspezifischen Wortschätze eingeben und üben könne.
- Die Förderung der Kinder mit einer Lese-Rechtschreib-Schwäche war nach Meinung aller Lehrerinnen sehr unbefriedigend, weil die notwendigen Förderstunden fehlten. Bestimmte PC-Lernprogramme, die sich auf den Klassencomputern befanden, waren für eine individuelle Förderung solcher Kinder innerhalb des Unterrichts geeignet. Allerdings konnte keine Lehrerin die Programme bis in diese Feinheiten hinein richtig bedienen und die vielfältigen Möglichkeiten deshalb auch nicht nutzen (z.B. Speichern und Ausdrucken von Ergebnisprotokollen).

Die dringend notwendige Fortbildung hatte deshalb folgende Schwerpunkte:

- Verständigung über erste Ansätze eines schuleigenen Konzeptes für den Einsatz der Klassencomputer und der Programme,
- Programme auf den Fortbildungscomputern selbst installieren,
- Bedienung von Lernprogrammen (Budenberg, Alfons, Uniwort),
- Ändern von vorgegebenen Einstellungen der Programme und Kennenlernen aller Möglichkeiten,

- Klassenwortschätze eingeben,
- Nutzung des PCs durch die Kinder als Druckmaschine (z.B. mit »Minitext« in Budenberg),
- Einsatzmöglichkeiten von PC-Programmen für die LRS-Förderung,
- Drucken von Übungsnachweisprotokollen und Arbeitsplänen für den Förderbogen der Schülerakte,
- Herstellung eines kleinen Lernprogramms mit dem Budenberg-Tutor.

Zum ersten Punkt gab es während der Fortbildungssitzungen sehr konstruktive gemeinsame Gesprächsrunden und viele neue Erkenntnisse beim tieferen Einblick in die manchmal ungeahnten Möglichkeiten der Programme. Der letzte Punkt sollte zeigen, dass fortgeschrittene Lehrerinnen mit der Hilfe von Tutor-Programmen einfache Lernprogramme auch selbst entwickeln können, und machte Mut, auch einmal *mit den Kindern in der Klasse* kleine Quiz-Programme herzustellen.

Die Rahmenbedingungen dieser dritten Fortbildung entsprachen denen des vorher geschilderten zweiten Kurses. Dies galt leider auch für die Druckerprobleme. Manipulationen an den Geräten und Scherzchen durch die jugendlichen Mitbenutzer waren dagegen seltener. Aus dem zweiten Planungs- und Verlaufsschema (vgl. die Grafik auf S. 190) wird deutlich, welche Fragen behandelt werden konnten.

Sehr interessant und hilfreich für die Neulinge waren die Berichte, Fragen und Anregungen der Lehrerinnen, die schon länger einen Computer in der Klasse hatten. Es wurde dabei deutlich, dass Grundschulen, die Computer in den Klassen verwenden wollen, ein schuleigenes Konzept über den Computereinsatz im offenen Unterricht für das Schulprogramm entwickeln müssen.

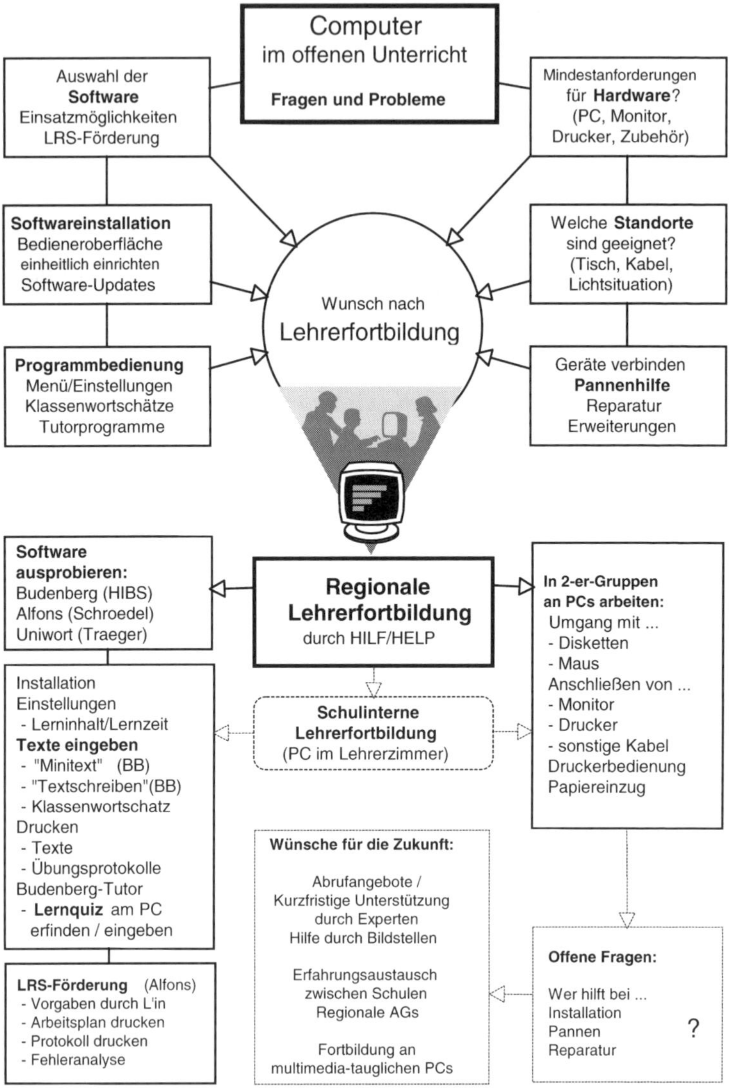

Situation: »Eltern wollen der Klasse einen PC spenden …! Was nun?«

Dabei sind folgende Fragen zu klären:

- Welche Software soll verwendet werden?
- Wer installiert Lernprogramme und kann bei Softwareproblemen helfen?
- Was ist zu tun, wenn Reparaturen an der Hardware erforderlich sind?
- Wie sind die technischen Mindestanforderungen an gespendete Geräte, damit kein *unbrauchbarer Computerschrott* an die Schule kommt, der dann entsorgt werden muss?
- Wie können Experten aus der Elternschaft eingebunden werden?
- Ist es notwendig, Mädchen den Zugang zum Computer zu erleichtern und dafür zu sorgen, dass sie nicht zwischen den vielen Jungen mit Computervorerfahrungen resignieren?

IT-Konzepte und überregionale Fortbildungsinitiativen

Nach dem oben geschilderten Einstieg des Kollegiums in den Bereich der Integration neuer Technologien im Grundschulalltag ist nun einige Zeit vergangen und die Entwicklung an der Schule und im Bereich des Schulträgers mit großer Dynamik fortgeschritten.

Die Grundschule hat einen Schulungsraum mit teilweise vernetzten PCs und Internetanschluss eingerichtet, in allen Klassenräumen werden mehrere multimediafähige PCs und Drucker durch die Kinder genutzt und aus dem Berg der möglichen Software haben sich einige Programme herauskristallisiert, die von allen Lehrerinnen wegen ihrer besonderen Eignung für schulische Lernsituationen akzeptiert werden. Das erleichtert die Festschreibung der weiteren Entwicklung im Schulprogramm und die Beantwortung eines Teils der weiter oben genannten Fragen. Interessanterweise sind es die Programme, die schon in der Anfangsphase verwendet wurden, auf der Grundlage eines durchdachten didaktischen Konzeptes eher schlicht ausgerichtet sind und durch die ständige Weiterentwicklung in der Bedienung für Kinder und Lehrerinnen problemlos zu handhaben sind (»Budenberg«, »Uniwort«, »Alfons« usw.).

Auch der Schulträger hat nun erkannt, dass besondere Anstrengungen notwendig sind, um die Schülerinnen und Schüler darauf vorzubereiten, dass der Umgang mit moderner Informationstechnologie in allen Berufsbereichen unseres Lebens eine immer wichtigere Rolle spielt. Mit der Entwicklung eines zukunftsweisenden Stufenkonzeptes »Schule Digital« will der für die Grundschule »Am Hasenberg« zuständige Hochtaunuskreis für eine möglichst optimale Ausstattung der Schulen in seinem Bereich sorgen. Dabei sind die bisherigen Erfahrungen der Grundschulen dieses Bereiches und einige der Fragen, die weiter oben aufgeworfen wurden, in das Konzept eingeflossen. Ziel ist die Schaffung einer einheitlichen Netzwerkstruktur an den Grundschulen, die Schaffung der logistischen Voraussetzungen für eine gesicherte zentrale Pflege und Fernwartung der Systeme durch den Schulträger und die mittel- und langfristige Anbindung der schulischen Netzwerksysteme an ein regionales Bildungsnetzwerk.

Für den Bereich der Grundschulen ist vorgesehen, in jedem Klassenraum eine IT-Ecke einzurichten, die je nach Jahrgangsstufe aus bis zu vier PCs und einem Netzwerkdrucker in speziellen Einbauschränken besteht. Das Konzept ermöglicht die selbstständige Nutzung der IT-Ecken durch die Grundschülerinnen und Grundschüler als Arbeitsmittel in offenen Unterrichtssituationen. Falls möglich, soll den Grundschulen zusätzlich noch ein Computerfachraum mit einer Ausstattung in Klassenstärke zur Verfügung gestellt werden, der dann auch optimale

Möglichkeiten zur schulinternen Fortbildung für Lehrerinnen und Kindergruppen bietet. In allen Schulen soll ein zentraler Server-Raum eingerichtet werden, an den über das schulinterne Netzwerk alle Unterrichtsräume, die Verwaltung und auch die Schul- und Schülerbibliotheken angeschlossen sind.

Allerdings reicht es nicht aus, gute Bedingungen durch die Bereitstellung von Hard- und Software zu schaffen, wenn die Lehrkräfte und anderes Schulpersonal nicht in der Lage sind, damit umzugehen, und vor allen Dingen noch Konzepte für einen sinnvollen PC-Einsatz in Unterrichtssituationen fehlen.

Zumindest für die Fortbildung der Lehrkräfte ist jetzt durch das Hessische Kultusministerium für zwei Pilotkreise in Hessen, einer davon ist der Hochtaunuskreis, ein Schulungscurriculum entwickelt worden, das folgende Schulungsinhalte vorsieht:

- Einführung
- Grundlagen (Umgang mit dem Betriebssystem)
- Informationen finden und beurteilen
- Umgang mit der installierten Bürosoftware (Word, Excel etc.)
- Umgang mit Internet und E-Mail
- Entwicklung von Unterrichtsmaterialien
- Kennenlernen, Beurteilung und Anwendung von Lernsoftware
- Schaffen von Rechtsbewusstsein
- Entwicklung von Unterrichtsprojekten

Die Lehrkräfte werden als Kollegiumsgruppen an zentralen Standorten mit speziell ausgestattenen Computerräumen geschult. Gemeinsam mit den ersten Lerngruppen soll eine spezifische Lehrgangsplanung entwickelt werden und in der Praxis durch Befragungen der Teilnehmerinnen und Teilnehmer eine Bewertung der Lehrgangskonzeption und ihrer Umsetzung erfolgen. Auf dieser Grundlage haben die Teamer nach einer ersten Phase den Auftrag, eine Qualitätsbeschreibung für die Schulungen und Verfahren zur Qualitätssicherung zu entwickeln. Besonders interessant wird dabei sein, ob das vorliegende Fortbildungskonzept mit der Zusammenfassung von Kollegien in der Lage ist, während der Fortbildung auf die sehr unterschiedlichen Voraussetzungen und Vorerfahrungen der Teilnehmerinnen und Teilnehmer differenziert einzugehen.

Die Entwicklung im Bereich der schulischen PC-Fortbildung zeigt, dass nach der Phase von improvisierten Einzelinitiativen nun eine Phase professioneller Qualifizierung von Lehrkräften durch Bereitstellung der notwendigen technischen, räumlichen und personellen Ressourcen beginnt.

Dabei werden in der nächsten Zeit besonders folgende Aufgaben zu bewältigen sein:

- Umgehende Entwicklung von schlüssigen pädagogischen Konzepten für den didaktisch-methodisch sinnvollen Einsatz von PCs in Unterrichtssituationen als Grundlage für Fortbildungskonzepte,
- Entwicklung von Fortbildungskonzepten, die für die unterschiedlichen Zielgruppen differenzierte Fortbildungs- und Weiterbildungscurricula bereitstellen, die bausteinartig definiert sein können und ihre Ergebnisse evaluieren,
- Bereitstellung von professionellem Fortbildungspersonal in ausreichender Zahl,
- Entwicklung von regionalen Konzepten, die eine flexible Verzahnung von Fort- und Weiterbildungsmaßnahmen sowie von Aus- und Fortbildung unter Einbeziehung der Studienseminare verfolgen,
- Aufbau von Unterstützungssystemen, z.B. von entsprechend ausgestatteten regionalen Lernwerkstätten,
- Nutzung außerschulischer Kompetenzen, wobei auch bisher ungewohnte Wege und Möglichkeiten gesehen werden müssen, Fortbildung »einzukaufen«, um durch das Zusammenspiel verschiedener Kooperationspartner Synergieeffekte zu nutzen.

Auch wenn die Entwicklung des Einsatzes von PCs in der Grundschule insgesamt erfreulich erscheint, ist der Sachstand in verschiedenen Regionen Deutschlands heute noch sehr unterschiedlich. Deshalb wird auch in nächster Zeit vielen engagierten Lehrkräften und Schulen nichts weiter übrig bleiben, als auf improvisierte Konzepte zurückzugreifen, wie sie anfangs geschildert wurden.

»Jetzt wird's Zeit, dass ich was tue!« – Ein Lehrgang zur Textverarbeitung Word und zur Einführung in die Praxis des Internetzugangs

Udo Spindler

Aufbruchstimmung

Eine Podiumsdiskussion in Marburg mit dem Thema »Neue Medien in die Schule?« brachte als Ergebnis, dass die Grundschullehrerinnen und -lehrer möglichst schnell im Umgang mit dem Rechner und den Programmen auszubilden seien.

Der Leiter des Staatlichen Schulamtes sprach mich an, ob ich nicht im bewährten Team (mit einer Kollegin zusammen) diese Aufgabe übernehmen könne, und ich sagte nach kurzer Bedenkzeit zu.

Ging es in den vergangenen Jahren immer um »Erfahrungen mit dem PC«, so war uns klar, dass diesmal Word als Textverarbeitung, die Nutzung des Internets und das E-Mailing die Themen sein mussten. Wir entschlossen uns also, den Lehrgang zu konzipieren und für das Schuljahr 2000/2001 anzubieten. Es sollte wieder ein Lehrgang für Anfänger sein.

Als Erstes entwarfen wir eine DIN-A4-Seite mit textlicher und grafischer Ankündigung des Vorhabens. Sie richtete sich an »Neulinge« und forderte dazu auf, sich in Word, E-Mailing und im Umgang mit dem Internet fortzubilden. Voraussetzung sollte die Möglichkeit sein, am eigenen PC mit Word arbeiten zu können, und die Verpflichtung, an allen Sitzungen teilzunehmen.

Da die Sitzungen im Computerraum meiner Schule stattfinden sollten, benötigte ich außer meinen acht Rechnern noch zwei zusätzliche und die Hardware zum Aufbau eines Netzwerkes, mit dem die Teilnehmer einzeln ins Internet gehen konnten. Als die Bewilligung des Materials und der Rechner kam, baute ich in zwei Wochen ein Peer-to-Peer-Netzwerk mit 100 MB Datendurchsatz auf, das mithilfe von KEN allen einen Netzzugang bereitstellte.

Außerdem baute ich in jeden Rechner eine Wächterkarte ein, die den Ursprungszustand des Rechners überwachte und keine Änderungen zuließ. Das Problem war nämlich immer wieder, dass beim Experimentieren und Surfen der Zustand der Oberfläche und der Programme verändert wurde und damit einiger Datenmüll auf die Festplatte kam. Die Wächterkarten ermöglichten, dass die Teilnehmer des Lehrgangs »nach Herzenslust« experimentieren konnten, ohne die gewünschte Konfiguration zu verändern. Diese stellte sich bei jedem Neustart des Systems wieder her.

Die Rechner sind alle Pentiumrechner mit CD-ROM-Laufwerk, Soundkarte, Lautsprecher und einem 17-Zoll-Monitor. Außerdem stehen drei Drucker, ein CDRW-Laufwerk und ein Scanner bereit. Ans Netz sind sie über einen kostenlosen Telekom-Zugang, der den Schulen zur Verfügung gestellt wurde, angeschlossen.

Der Rücklauf der Anmeldungen überstieg unsere Erwartungen. Es meldeten sich über 40 Teilnehmer an. Von manchen Schulen wollte fast das ganze Kollegium teilnehmen. Wenn die Motivation früher von einem »Ich will mich einmal trauen!« geprägt war, war es jetzt mehr ein »Ich sehe die Notwendigkeit ein!«, um sich anzumelden.

Meine Kollegin und ich kamen nach einer Sichtung und vorbereitenden Sitzung zu dem Ergebnis, unsere Lehrgangsplanung zu verändern.

Unser Plan sah ursprünglich vor, mit zehn Teilnehmern während des gesamten Schuljahrs (mit zwei zusätzlichen Workshops) die Themen Word, Internet und E-Mailing zu bearbeiten. Nun aber veranlasste uns die Menge der Anmeldungen dazu, die Struktur zu ändern. Wir erhöhten die ursprüngliche dreiwöchige Frequenz auf vierzehntägig und konzipierten den Lehrgang auf zehn Treffen. Dies versetzte uns in die Lage, mit jeweils einem Halbjahr auszukommen.

Der Lehrgang

Die Lehrerinnen und Lehrer hatten u.a. folgende Zielvorstellungen.

Alle wollten am Ende des Lehrgangs

- über Rechner und ihre Komponenten informiert sein,
- möglichst viel angstfrei geübt haben,
- wissen, wie man mit Word Texte und Grafiken erstellt,
- über die Struktur des Internets Bescheid wissen,
- über Vorteile und Gefahren des Internets informiert sein,
- wissen, was man mit dem Netz anfangen kann,
- »surfen« können mithilfe von Suchmaschinen,
- das E-Mailing beherrschen.

Im Gegensatz zu früheren Erfahrungen hatte diese erste Gruppe nicht das Ziel, zu wissen und zu besprechen, wie man das Gelernte für den eigenen Unterricht nutzen kann.

Man sollte, wie sich bei unserem Lehrgang später zeigte, auf Folgendes vorbereitet sein:

- dass es möglicherweise vorherige, negative Erfahrungen im Umgang mit dem Computer bei den Teilnehmerinnen und Teilnehmern gegeben hatte, die überwunden werden müssen,
- dass sie unterschiedliche Ausgangserfahrungen haben, obwohl sie sich als Anfänger bezeichnen, und

- dass man es mehrheitlich mit Frauen zu tun hat, die im Allgemeinen einen anderen Lernzugang zum Thema Computer haben als Männer.

Die einzelnen Arbeitsschritte des Lehrgangskonzepts lagen schon zu Anfang für jeden kopiert vor. Je nach Lernzuwachs pro Sitzung wurden sie von uns am Ende der jeweiligen Sitzung zusammen mit der Hausaufgabe ausgeteilt. So erhielten wir uns eine möglichst große Flexibilität. Andererseits konnten wir dadurch in jeder Sitzung auf das Lerntempo reagieren und mussten nicht vorher schon die genauen Inhalte festlegen. Dies war insofern ein Risiko, als wir auf alle Fälle nach der zehnten Sitzung fertig sein mussten.

Aber schließlich kann man sagen, dass sich dieses System bewährte. Niemand musste mitschreiben, alle konnten sich auf die Arbeit konzentrieren und wir konnten immer so viele Arbeitsschritte wie möglich pro Sitzung abarbeiten.

Die Arbeitsschritte

1. Nach einer Kennenlernrunde mit gleichzeitiger Feststellung der Erwartungen und Bedürfnisse wird ein Rechner mit entfernten Seitenblechen in die Mitte gestellt. An ihm wird gezeigt, wie einfach und strukturiert der Aufbau eines Computers ist. Die Information, dass alle Stecker nur da passen, wo sie auch hingehören, und das Erkennen der Robustheit und Übersichtlichkeit des Innenlebens bauten Ängste ab. Es wird die Information gegeben, dass durch Hantieren und Ausprobieren nichts kaputtzumachen ist. Es kann höchstens vorkommen, dass der Rechner »abstürzt«. Er wird dann einfach wieder »hochgefahren«.
2. *Besprechung der Konzeption des Lehrgangs:* in kleinen Arbeitsschritten vom Leichten zum Schweren. Mitschreiben ist

nicht nötig, da alles, was in einer Sitzung geübt und gelernt ist, als schriftliches Dokument am Ende einer jeden Sitzung ausgeteilt wird.

3. *Überblick über die zehn Sitzungen und die Inhalte.* Es findet eine Zielbeschreibung statt, was am Ende des Lehrgangs gelernt sein soll. Dies wird, wie sich herausstellt, den Bedürfnissen der Teilnehmer gerecht. Die Verpflichtung zu Hausaufgaben wird besprochen. Jeder soll ab der zweiten Sitzung eine leere, formatierte Diskette haben, um für zu Hause abspeichern zu können.
4. *Grundsätzlich notwendige Absprachen* zum Arbeiten mit Computern werden getroffen:

   – Jeder arbeitet an seinem Rechner allein.
   – Greife nie dem anderen in die Tasten.
   – Probieren macht den Computer nicht kaputt!
   – Du kannst ruhig fragen, was du nicht weißt.

5. *Word Einführung* – Programmoberfläche – Bildschirmanzeige (Titelleiste, Menüleiste, Standardsymbolleiste, Formatsymbolleiste, Statusleiste) – Mausklicks – Buttons – das Menü DATEI – das Menü ANSICHT – Quickinfo – Tabstopps – Ränder
6. *Dokument erstellen* – Text eingeben – speichern – schließen – öffnen – Word beenden
   Alle Teilnehmer schreiben den gleichen Beispieltext, mit dem im Verlauf des Lehrgangs weitergearbeitet wird.
7. *Dokument bearbeiten* – Dokument unter einem anderen Namen abspeichern – Cursor versetzen – zusätzlichen Text eingeben und einfügen – Text löschen – Navigation im Text mit Maus und Tastatur
8. *Dokument bearbeiten und formatieren* – Text markieren und formatieren mit Tastatur und Maus – Arbeitsschritte rückgängig machen
9. *Dokumentansicht ändern* – Seitenwechsel einfügen bzw. lö-

schen – Normal-, Seiten- und Layoutansicht – Zoom – ganzer Bildschirm aktiv – Symbolleisten und Lineal aktivieren

10. *Textausrichtung und Drucken* – Text ausrichten und aktuelles Datum einfügen – Dokument drucken – Druckereinstellungen
11. *Weitere Formatierungen* – Schriftgrad und Größe ändern (mit Vorschau) – Wechsel der Standardschriftart – Seitenanpassung – Text einfügen
12. *Tabstopps* – richtiges Einsetzen der Tabstopps – Tabstopps verschieben und löschen
13. *Aufzählungen* – Verstellen einer Aufzählung mit Zahlen und Buchstaben – vorangestellte Aufzählungszeichen ändern – Einfügen von Sonderzeichen in den Text
14. *Rahmen und Schattierungen* – Rahmen und Schattierungen einfügen – Schattierungen herstellen – Kopf- und Fußzeilenaufruf und Gestaltung
15. *Tabelle/Spalten* – Tabelle erstellen – Tabelle markieren – Text in Spalten teilen
16. *WordArt* – Einführung eines WordArt-Objektes – wie man es formatiert – Einfügen von AutoFormen und deren Formatierung – Erstellung einer Einladung mit WordArt, ClipArt und AutoFormen
17. Vorbemerkung: Jeder Teilnehmer bekam nach dem 16. Arbeitsschritt einen Text, der die Geschichte, Struktur und den Aufbau des Internets für Laien verständlich beschrieb. Dieser Text war als Hausaufgabe durchzuarbeiten, um zu Beginn Verständnisfragen klären zu können. Außerdem brannten wir für jeden Teilnehmer den vom HeLP (Hessisches Landesinstitut für Pädagogik) erstellten Internetkurs auf CD-ROM und gaben ihn jedem mit.

    So kommst du ins Internet – Was du alles brauchst – Welches »Anrufprogramm« dir Windows zur Verfügung stellt und wie du es nutzt – Kennenlernen der Oberfläche (Ähnlichkeiten mit Word)

18. *Internetnutzung* – Eingabe der URL – Aufruf von Sites – Suchen von Informationen mithilfe von Suchmaschinen (konkrete Aufgaben lösen, Beispiel: Über Lastminute-Anbieter eine an diesem Tag günstige Reise in ein 4-Sterne-Hotel in der Karibik suchen und finden)
19. *Freies »Surfen«* (mit Hilfestellung)
20. Vorbemerkung: Die Teamer hatten für jeden Teilnehmer über einen freien Anbieter eine eigene E-Mail-Adresse eingerichtet.
    E-Mailing im Internet – Aufruf der eigenen Adresse im Netz – Abholen und Schreiben von Mails (sofortige Ausführung) – Gestaltung der Postfächer
21. *Outlook Express 5* – Oberfläche – Schreiben und Versenden von Mails – Anpassung an die eigenen Bedürfnisse – Carbon Copies

Jeder Arbeitsschritt wurde an und mit gleichen Texten vollzogen. Die Hausaufgabe war immer so gestaltet, dass das Gelernte vertieft werden musste und kreativ weitergearbeitet werden konnte. Die Ergebnisse wurden mitgebracht und besprochen. Schwierigkeiten und Fragen wurden bearbeitet. (Die Workshops fielen leider der Straffung des Lehrgangs zum Opfer.)

Bilanz und Ausblick

Es tut sich spürbar etwas in der Grundschule!

Im Rahmen der Erstellung der Schulprogramme machen sich immer mehr Kollegien Gedanken über die Einbindung des Computers in den Schulalltag.

Anlässlich unserer Vorstellungsrunde für den zweiten Halbjahreslehrgang berichteten alle Teilnehmer über Computer in den Klassen ihrer Schulen. Die Erfolge solcher Lehrgänge, wie

Aspekte entgegen. Die Entwicklung von geeigneter Software ist sehr kostspielig und der Markt Schule bildet noch immer ein sehr kleines Segment. In der Praxis steht deshalb eine Ausrichtung am vorhandenen Angebot im Vordergrund. Was kann mit dieser oder jener Hard- und Software pädagogisch erreicht werden?

Die Prospekte von Verlagen, Anzeigen in Zeitschriften oder die Offerten auf Messen offerieren ein buntes und wenig sortiertes Bild. Für Eltern und für Schulen gibt es zwar eine Vielzahl von Angeboten, bezogen auf Fächer, für das Üben oder auch für spielerisches Lernen zu Hause – vorausgesetzt, ein Multimedia-PC steht zur Verfügung, am besten noch mit einem Internetanschluss. Wo aber steckt das pädagogisch »Gute«, wer befindet darüber und wie komme ich als Lehrperson zu einer konkreten Empfehlung?

Leider werfen solche Fragen eine Reihe von Schwierigkeiten auf, die Beratern ebenso wie den Käufern von Unterrichtssoftware den Weg zu einer Entscheidung erschweren. Hinter dem Produkt, das auf dem Ladentisch oder im Versand erhältlich ist, verbergen sich Vorstellungen von Unterricht, von Inhalten und deren Aufbereitung, von Sichtweisen über einen Lerner oder auch Einstellungen zum Lernen, die für den Erwerber nicht unwichtig sind. Gleichzeitig ist Unterrichtssoftware aufgrund der erforderlichen Computerumgebung und Programmierung ein technisches Produkt, das mit seiner Aufmachung allzu leicht die pädagogischen Dimensionen überlagert.

Unterrichtssoftware aus unterschiedlicher Sicht

Unterrichtssoftware ist ein Sammelbegriff für eine Vielzahl von Programmen, die für pädagogische Aufgaben eingesetzt werden können. Schon in den Zeiten des computerunterstützten Unterrichts Ende der 60er-Jahre wurde in Übungsprogramme (»drill and practice«), tutorielle Programme, Simulation, interaktives Programmieren und lernergesteuerte Programme unterschieden. Heute wird im Zusammenhang mit der Datenbank SODIS dieses Gliederungsschema erweitert auf Typen, die früher nicht vorhanden waren. Beispielsweise werden Werkzeuge zum Schreiben, Rechnen, Recherchieren oder Kommunizieren sowie themenbezogene Datenbanken oder explorative Arbeitsumgebungen hinzugenommen. Trennscharf können solche Einteilungen allerdings nicht sein, weil sich viele Programme nicht eindeutig bestimmten Kategorien zuordnen lassen. Solche Aufgliederungen wollen einen Anhaltspunkt dafür geben, welche Struktur den Programmen zugrunde liegt und in welchen unterrichtlichen Zusammenhängen sie möglicherweise eingesetzt werden können. Für eine Lehrerin oder für einen Lehrer, die sich für Unterrichtssoftware interessieren, sind jedoch weitere Differenzierungen notwendig.

Aus der Sicht von Unterricht und Schule

Aus der Sicht von Unterricht und Schule ergeben sich eher grundsätzliche Fragen an den Einsatz von Unterrichtssoftware:

- Passt die Software überhaupt zur üblichen Art des Unterrichts?
- Können unerwartete und nicht beabsichtigte Widersprüche oder Konflikte im Unterricht auftreten, wenn bestimmte Programme verwendet werden?
- Welches Lernarrangement ist sinnvoll, in dem die Software eingesetzt wird?
- Welche Lernarrangements sind erwünscht, welche sollen unbedingt vermieden werden?
- Wird daran gedacht, beispielsweise alle Schüler einer Klasse,

nur ausgewählte Kleingruppen oder einzelne Schüler mit dem Programm lernen zu lassen?

Solche und weitere Fragen stehen im Zusammenhang mit dem Unterrichtsverständnis einer Lehrkraft oder auch mit dem Medienkonzept für einen Jahrgang beziehungsweise für die Schule. Das Interesse an einzelnen Programmen kann hier den Anstoß zu grundsätzlicheren Überlegungen geben mit dem Ziel, eine Verständigung über die gewünschten Lernarrangements oder allgemeiner über die als sinnvoll erachteten Medienwelten in der Schule herbeizuführen.

Ein Beispiel für grundsätzliche Überlegungen ist die Frage, ob alle Schülerinnen und Schüler zeitgleich am PC lernen sollen oder genügen Medienecken in den Klassenzimmern? Im ersten Fall benötigt die Schule mindestens einen Computerfachraum, in den Klassen oder Gruppen zum Lernen gehen. Solche herausgehobenen Situationen unterscheiden sich deutlich von der Nutzung einer Medienecke im Klassenzimmer im Rahmen einer Binnendifferenzierung. Natürlich ist mit einer solchen Alternative eine Reihe weiterer Aspekte verknüpft, die sich von der finanziellen Ebene, über unterrichtsorganisatorische Überlegungen bis hin zu Unterrichtsinhalten erstrecken können.

Aus der Sicht von individuellen Lernprozessen

Unterrichtssoftware wird an Lernprozessen des individuellen Lerners ausgerichtet. Sie ist immer dann, wenn sie nicht nur ein offenes Werkzeug ist, ein antizipierter und materialisierter Lernprozess. Insofern hat Unterrichtssoftware ähnliche Elemente wie ein sehr gründlich vorbereiteter Unterricht. Jeder vorbereitete und vorgeplante Unterricht nimmt gedanklich ein Stück Unterrichtsgeschehen vorweg und transformiert diese Unterrichtssequenz in Informationseingabe, Materialien, Sitzarrangements, Zeiteinteilungen, erwartete Schülerbeiträge und Moderationsphasen. Unterrichtssoftware beinhaltet ihrerseits diese Anteile. Mit der Fertigstellung des Produkts ist entschieden, wie mit der Software im Unterricht umgegangen werden kann. Natürlich können je nach Programm sehr viele Freiheitsgrade eingebaut worden sein, z.B. für Voreinstellungen, die von der Lehrkraft vorgenommen werden können, bevor Schüler mit dem Programm lernen, oder für Lernwege, Navigation durch den Lernstoff und Antwortmöglichkeiten der Lernenden. Im Unterschied zum lehrergeführten Unterricht sind beim Einsatz der Unterrichtssoftware jedoch keine spontanen, also nicht vorgedachte Änderungen möglich. Weder können bei Bedarf zusätzliche Informationen eingebracht werden, noch können Schüler situativ emotional und motivierend angesprochen werden.

Während die Lehrkraft bei noch so detaillierter Vorbereitung nicht an der Vorgabe festhalten muss, sondern während des Unterrichtsprozesses auf nicht vorhergesehene Ereignisse reagieren kann, kann es diese Flexibilität bei Unterrichtssoftware nicht geben. Dieser Schwierigkeit begegnet Unterrichtssoftware über die Interaktionsmöglichkeiten, die für die Lernenden unterschiedlich freizügig eingerichtet werden können. Mit Unterrichtssoftware aus der Kategorie »lineare und verzweigte Übungs- und Lernprogramme« sind die antizipierten Lernprozesse sogar bis in einzelne Schritte hinein vorüberlegt und vorbestimmt, bei explorativen Arbeitsumgebungen bestehen weit größere Freiheitsgrade und die Lernenden treffen durch ihre Aktionen Entscheidungen für den Verlauf von Lernprozessen. Das Programm stellt in diesem Fall das Lernmaterial zur Verfügung, während der Lernprozess, soweit es das Programm zulässt, lernergesteuert ablaufen kann. Doch alle Freiheitsgrade in einem Programm, selbst durch Hinzunahme eines Internetzuganges, bleiben in einem vorgegebenen Rahmen. Die Möglichkeit zur situativen Einflussnahme auf Lernprozesse – wie durch eine professionelle Lehrkraft – wird Unterrichtssoftware nicht erreichen können.

Aus der Sicht des Entwicklers

Bei vielen Programmen ist die Sicht des Programmierers entscheidend für die pädagogische Qualität, aber auch für den Markterfolg. Da bisher Unterrichtssoftware selten durch Auftragsarbeit von Pädagogen an Programmierer entsteht, sondern inhaltlich und technisch von engagierten Individuen entwickelt wird, werden dort auch qualitative Grundentscheidungen getroffen. Die Vorstellungen einzelner Personen zu bestimmten Inhalten, zu Unterricht und zu Lernprozessen bilden sich ab in Sequenzen und Strukturen des Programms. Auf diesem Hintergrund wird auch die Bedeutung von psychologischem und wahrnehmungsbezogenem Wissen über den Lerner deutlich. Je mehr Verständnis über den individuellen Lernprozess vorliegt, umso präziser und effektiver kann Unterrichtssoftware darauf eingehen – eine Stärke, die dieses Medium gegenüber anderen Lehr- und Lernformen auszeichnen kann. Selbstverständlich spielen Kriterien wie Funktionalität, Benutzeroberflächen, Animationen und insgesamt die Performance des Programms ebenfalls eine wichtige Rolle für die Akzeptanz des Produkts. Trifft der Entwickler den »Geschmack« vieler Lehrkräfte, dann ist ihm der Markterfolg sicher. Programme, die einfach handhabbar sind, die sich leicht und unkompliziert in den üblichen Unterrichtsablauf einfügen lassen, die inhaltlich und methodisch keinen besonderen Aufwand verursachen, solche Programme lassen sich in größerer Zahl absetzen. Spiegelt das Programm die Vorstellung vom Unterricht und vom Lernen wider, die der Erwerber teilt, dann sind weniger Hemmnisse zu überwinden, als wenn das Programm neue Anforderungen transportiert. Sollen bei der Erstellung von Unterrichtssoftware pädagogische, fachliche, psychologische und informatikbezogene Aspekte mit hohen qualitativen Ansprüchen berücksichtigt werden, dann wird deutlich, dass die Softwareerstellung ein sehr komplexer und interdisziplinärer Prozess sein kann, an dem sehr unterschiedliche

Kompetenzen beteiligt werden müssten. Das noch immer schmale Marktsegment für Unterrichtssoftware bietet für ein solches sehr teures Vorgehen keine Spielräume.

Auf dem Weg zur »Positivliste« ist es schon bedeutsam, dass Unterrichtssoftware dazu beitragen soll, ein qualitativ besseres Lernen zu unterstützen. Programme, die lediglich das substituieren, was im herkömmlichen Unterricht auch passiert, können zwar unter dem Aspekt der Motivation punktuell interessant sein, sie müssen sich aber die Frage nach Aufwand und Nutzen stellen lassen. Erfreulicherweise gibt es zunehmend Programme im Angebot, die Unterricht inhaltlich und methodisch in einer Weise ermöglichen, wie es mit herkömmlichen Methoden nicht oder nur sehr unbefriedigend möglich ist. Für Unterrichtssoftware, die zu neuen Lehr- und Lernformen beitragen können, indem sie Synergieeffekte von Medium und modernen Unterrichtsformen ausloten, wird noch viel Entwicklungsaufwand erforderlich sein.

Unterrichtssoftware aus der Sicht der Beratung

Ebenso wie die Zahl der Computer in den Privathaushalten von Jahr zu Jahr zunimmt, vergrößert sich auch Jahr für Jahr die Zahl derjenigen Grundschullehrer und -lehrerinnen, die sich Hilfe suchend an Beratungseinrichtungen wenden. Mitunter widmen ganze Schulen dem Computereinsatz an der Grundschule einen pädagogischen Tag oder eine pädagogische Fortbildung. Die überregionalen Fortbildungseinrichtungen können die gewaltige Menge der Fortbildungshungrigen in diesem Bereich kaum noch bewältigen.

Die Bandbreite der unterschiedlichen Vorkenntnisse der Ratsuchenden ist immens. Sie reicht dabei von denen, die zu Hause schon einen Computer besitzen und selber nutzen, bis zu denjenigen, die einen PC von Eltern ihrer Schüler gespendet bekamen, aber keinerlei Kenntnis über die Anwendungsbereiche des Computers besitzen. Mancher Ratsuchende sieht im Computer eine Instanz, die den Schülern bzw. Schülerinnen etwas leichter vermitteln kann, was den Lehrern manchmal schwer fällt und nicht immer zu gelingen scheint. Andere brauchen erste Hinweise, welches pädagogische Potenzial in diesen Systemen bei geeignetem Einsatz stecken könnte.

Viele Schulen arbeiten mit Geräten spendefreudiger Firmen. Dies bedeutet dann aber, dass diese Computer in der Regel mehrere Jahre alt sind, ihr Standard lange überholt ist und aktuelle multimediale Software nicht lauffähig sein kann. Eine weitere Folge des Alters dieser Geräte kann ein erhöhter Reparaturbedarf sein. Da sie aber alten Standards entsprechen, sind im schnelllebigen Computerzeitalter zum Teil keine Ersatzteile mehr zu bekommen. Glücklich ist dann noch derjenige, der in seiner Asservatenkammer gleichartige Geräte gesammelt und dazu hilfsbereite Eltern an der Hand hat, die bereit und in der Lage sind, aus mehreren defekten einen funktionsfähigen Computer zusammenzubasteln.

Das, was wir heute noch Computer nennen, kann morgen schon restlos veraltet und von technischen Entwicklungen überholt sein. Die Veränderung vollzieht sich sowohl im Hardwarebereich als auch im Softwarebereich. Arbeitsspeicher und Festplatten verfügen über Kapazitäten, die vor einigen Jahren nicht vorstellbar waren. Dennoch benötigen die neuen Programme oft nahezu das gewonnene Festplattenvolumen. Die meisten Programme sind sprachunterstützt. Soundkarten mit angeschlossenen Lautsprechern sind daher schon fast durchgängig zwingend erforderlich. Damit Programme mit großen Datenmengen (z.B. durch die Verwendung bewegter Filmsequenzen) in den Unterricht einbezogen werden könnten, müssen die Konfigurationen ausreichend dimensioniert werden.

Schulen in Deutschland, die durchgängig solch eine Ausstattung vorweisen können, sind aber wahrscheinlich nur selten anzutreffen. In der Regel sind Geräte mit sehr unterschiedlichem technischem Standard vorhanden. Ein Kriterium für die Softwareauswahl muss daher auch immer die vorhandene Hardware sein. Ein Problem, das auch für die Softwareanbieter die Festlegung auf bestimmte Standards erheblich erschwert.

Edutainment

In den letzten Jahren häufen sich Programme, die unter dem Begriff »Edutainment« in die Schulen und Familien dringen. Unter Edutainment wird eine Verbindung von *Education* (Bildung, Ausbildung) und *Entertainment* (Unterhaltung) verstanden. Bei dieser Art von Programmen, die nicht zufällig häufig von großen Spielsoftwareherstellern vertrieben werden, überwiegt im Programmgeschehen zeitlich und inhaltlich die animierende Spielsituation. Die zu übenden Inhalte sind in der Regel viel zu weit gefasst.

Zielgruppe dieser Programme ist nicht mehr die Schule, sondern sind die Eltern, als zahlungskräftiger, neu zu erschließender Markt. Dies ist auch erkennbar an dem Ort, an dem diese Produkte erworben werden können, es sind immer weniger pädagogische Einrichtungen oder Fachgeschäfte, sondern zunehmend Kaufhäuser und Großmärkte.

Beurteilungskriterien

Ob eine Software für die Grundschule geeignet ist, hängt von mehreren Faktoren ab:

- In welchem Bereich soll die Software eingesetzt werden?
- Ist die Software didaktisch vertretbar?
- Welche Ziele sollen mit dem Einsatz dieser Software erreicht werden?
- Wie ist die Organisation des Unterrichts geplant (Tages-,Wochenplan, offener Unterricht, Projekte, Binnendifferenzierung, Förderunterricht etc.)?
- Können die Kinder selbstständig mit dem Programm umgehen?
- Bringt der PC-Einsatz zu dem angestrebten Thema einen Lernfortschritt?
- Ist die Software bezahlbar und läuft sie auf dem ausgewählten Rechner? Wie sind die Lizenzierungsmodi, wenn die Software an mehreren Stellen in der Schule eingesetzt werden soll (Einzelpreis, Schullizenz)?
- Darf die Lehrkraft die Software zu Hause für die Unterrichtsvorbereitung ohne zusätzliche Kosten einsetzen?

So lassen sich sicher noch weitere wichtige Fragen finden, über die man sich vor dem Einsatz des PCs im Unterricht im Klaren sein sollte, ebenso wie auch bei der Benutzung anderer Lehr- und Lernmittel. So hat z.B. das Institut für Bildungsmedien an der TU Berlin einen ausführlichen Katalog von Beurteilungskriterien für Software zusammengestellt (www.ibi.tu-berlin.de/). In drei Bereichen werden folgende übergeordnete Vergabekriterien aufgeführt:

- Interaktivität mit Vielfalt, Funktionalität und Erschließbarkeit der Interaktionsformen, Ausführung und Funktionalität der

Lernsteuerung sowie Ausgestaltung innovativer Interaktionen,

- Medialität mit Softwaredesign, -stabilität und -konsistenz, Funktionalität der Softwaregestaltung sowie Aufwand-Nutzen-Relationen,
- Adaptivität mit Auswahl und Aufbereitung der Inhalte, Anpassung an die Lernerfaktoren sowie Anpassungsfähigkeit an die Veränderungen des Lernerverhaltens.

Vergleichbare und noch unmittelbarer auf Unterricht bezogene Bewertungsraster sind auch für SODIS, eine Datenbank zur Dokumentation und Bewertung von Unterrichtssoftware, entwickelt worden (www.sodis.de/).

Der gegenwärtige unterrichtliche Computereinsatz an der Grundschule betrifft in erster Linie die Bereiche »Einsatz von Lern- und Übungssoftware« und »Gestaltung von Texten«. Für beide Bereiche müssen an die Software bestimmte Minimalanforderungen gestellt werden.

Bei der Bildschirmgestaltung dürfen nur zur Bearbeitung notwendige Details berücksichtigt werden, sodass in jedem Programmteil ein klarer übersichtlicher Bildschirm präsentiert wird. Die dargestellten Programmsymbole müssen ebenso wie die verwendete Sprache dem Lesevermögen und den Fähigkeiten der Schüler entsprechen. Dementsprechend ist es nicht sinnvoll, für einen im Zahlenraum bis zehn übenden, das erste Schuljahr besuchenden Schüler folgende Erfolgsmeldung zu präsentieren: »Hans, das hast du großartig hingekriegt.«

Die benutzten Zahlen und Buchstaben müssen ausreichend groß erscheinen und den ansonsten im Unterricht verwendeten Schrifttypen entsprechen. Die Präsentationszeit muss die Aufnahmefähigkeit der Schüler berücksichtigen.

Alle Teile eines Programms müssen einen engen didaktischen Rahmen haben. Da, wo es sinnvoll ist, z.B. bei der Übung des Klassenwortschatzes, müssen die Programmdaten jedoch zusätzlich durch einen zum Programm gehörenden Editor veränderbar sein. Durch diese Veränderungsmöglichkeit oder Ergänzung der Vorgaben können Programme individuell zugeschnitten werden. Die zum Grundwortschatz gehörenden Wörter sollten optional durch Bilder und die dazugehörenden gesprochenen Begriffe ergänzt werden können.

Rückmeldungen sollten sofort erfolgen. In diesem Zusammenhang ist besonders die Programmreaktion auf Fehleingaben interessant. Findet eine automatische Einstellung auf das Leistungsniveau statt? Wird eine Hilfestellung gegeben? Wie sieht die Hilfestellung aus? Wird nur mitgeteilt, dass die Eingabe falsch war, oder lässt gar in dramatischer Zuspitzung ein außerirdisches Wesen bei Falscheingabe die Fühler hängen, worauf die Aufgabe nach einigen Minuten ohne sonstige Hilfe noch einmal präsentiert wird?

Mitunter wird auch zur Lösung mathematischer Gleichungen eine Stelle eines mehrstelligen Ergebnisses im Wert angezeigt. Diese Hilfestellungen sind pädagogisch fragwürdig und nutzen längst nicht die Möglichkeiten, die dieses Medium bieten kann und die Kritiker von Übungsprogrammen zu dem Schluss kommen lassen, dass es keinen Unterschied macht, ob auf einem Arbeitsblatt oder am Computer Übungen durchgeführt werden. Pädagogisch sinnvolle Software sollte Anschauungshilfen geben. Diese Hilfe könnte in Mathematik z.B. in einer Simulation der Rechenvorgänge bestehen. Die Möglichkeiten der grafischen Darstellung von Operationen, die der Computer bieten kann, müssen genutzt werden. Leider geschieht dies noch in viel zu wenigen Programmen.

Eine Protokollierung der Ergebnisse als Datei oder Ausdruck kann im Einzelfall sinnvoll sein, sollte aber überwiegend positiv formuliert werden. Automatische Beurteilungen in Form von Noten erscheinen eher demotivierend und fördern die Konkurrenz statt die Freude am Lernen.

Sicher nicht vorrangig, aber im Schulalltag für Lehrer und

Schüler entlastend, ist die Option, den Ton abschalten zu können.

Eine Tastaturverzögerung, die eine Wiederholung desselben Zeichens bei längerem Tastendruck verhindert, ist für viele Grundschüler anfangs sehr hilfreich und erleichtert auch körperbehinderten Schülern die Arbeit am PC.

Auf die Notwendigkeit, dass die zum Einsatz kommende Software den gültigen Lehrplänen entsprechen sollte, braucht hier nicht ausführlicher hingewiesen zu werden.

Die praktische Arbeit am PC wird dadurch erleichtert, dass nicht in jedem Teilbereich mit anderen Programmen, mit zum Teil völlig unterschiedlicher Benutzerführung, gearbeitet wird, sondern indem auf Programmpakete zurückgegriffen wird, die ein breites Spektrum abdecken.

Grundsätzlich gelten in allen Bereichen, in denen der Computer in den Unterricht der Grundschule einbezogen wird, die gleichen Anforderungen an Klarheit des Bildschirmaufbaus und Eindeutigkeit der Menüführung. Für die Einbeziehung der computerunterstützten Gestaltung von Texten gelten für Textverarbeitungen darüber hinaus noch einige besondere Anforderungen, die sich auf den Umfang der Textverarbeitungen beziehen. Für Schreibanfänger reicht es völlig aus, wenn die Textverarbeitung das Speichern, Laden und Drucken von Texten ermöglicht. Die ausreichend groß dargestellten Buchstaben sollen den im Unterricht verwendeten entsprechen. Die Möglichkeit der Korrektur im Text muss ebenso wie ein automatischer Zeilenumbruch und eine Leerzeileneinfügung vorhanden sein. Im Prinzip kann eine solche Textverarbeitung für die gesamte Grundschulzeit völlig ausreichen.

Im Laufe ihrer Grundschulzeit können Schüler jedoch auch an die Arbeit mit immer komplexeren Oberflächen und Arbeitsgängen herangeführt werden.

Mit »grafischen« Textverarbeitungen, z.B. unter Windows, können die Schüler lernen, Texte im Sinne eines Layouts zu bearbeiten. Die Bedieneroberfläche sollte dabei an die individuellen Bedürfnisse anpassbar sein. Text sollte in unterschiedliche Größen und Schrifttypen abgewandelt werden können.

Die Einbeziehung und Bearbeitung von Bildern kann für verschiedene Projekte (Geschichtenbücher, Plakate, Einladungen ...) einerseits durchaus eine Bereicherung sein, andererseits besteht die Gefahr, dass sich ein Perfektheitsanspruch ausbildet, an dem gemessen die Schüler mit ihren selbst gemalten Bildern nicht mehr zufrieden sind.

Die Benutzung eines Rechtschreibkorrekturprogramms kann durchaus sinnvoll sein, da die Korrektur nicht vollautomatisch erfolgt, sondern hauptsächlich bei der Fehlersuche hilft.

Fazit

Die einzelne Lehrerin oder der einzelne Lehrer wird selten in der Lage sein, sämtliche auf dem Markt befindlichen Programme selbst zu überprüfen und die für seinen Verwendungszweck sinnvollen auszuwählen. Hilfreich wäre sicherlich eine Positivliste oder ein Gütesiegel wie bei Stiftung Warentest. Die Komplexität pädagogischer Prozesse wird einem solch einfachen, weil kontextfreien Verfahren jedoch immer entgegenstehen. Der Unterricht, die Lerngruppe, zuweilen auch der Lehrplan müssen bei der Einschätzung eines Programms mitgedacht werden, sodass Erfahrungen an der einen Stelle nicht ohne weiteres generalisierbar sind.

Dennoch gibt es die Möglichkeit, Eingrenzungen vorzunehmen und die Beliebigkeit einzuengen. So sind auch »Positivlisten« entstanden, die in den Beratungseinrichtungen der Länder verwendet werden. Sie können auf gezielten Unterrichtserprobungen basieren, Erfahrungen von Lehrkräften berücksichtigen oder auch nur ein gemeinsames Verständnis von Unterricht bündeln.

In den Ländern wird deshalb auf Beratung und Information einerseits, aber auch auf Fortbildung und Stärkung der Entscheidungsfähigkeit bei jeder einzelnen Lehrkraft gesetzt.

4 Pflege und Administration

Schulleitung und Computer – Der Computer als Innovationsmotor

Gerhard Renner

Es geht alles – man muss es nur tun. Diese Abwandlung eines Zitates von Erich Kästner kann am ehesten die Erfordernisse beschreiben, vor die sich Schulleitungen gestellt sehen, wenn sie an den Einsatz von Computern in Schulen denken. Von vielen Pädagoginnen und Pädagogen argwöhnisch beobachtet, ist der Computer dabei, über die Bereiche kreatives Schreiben, Differenzierung und Förderung Einzug in die Didaktik und Methodik der Grundschule zu halten. Obwohl das Herstellen eigener Texte, Hefte und Bücher mittels alter Drucktechniken (z.B. Freinet) in der Primarstufe im Rahmen handlungsorientierten Lernens auch weiterhin seine Berechtigung finden wird, beginnt sich im Zuge der unaufhaltsam voranschreitenden Verbreitung moderner Rechner aber auch das Herstellen eigener Texte mit Computern zu etablieren. Unendlich die Möglichkeiten, mit dem Computer Texte zu verfassen, zu redigieren und zu gestalten. Zum Durchbruch gekommen ist dies freilich noch nicht, fehlen doch in den Grundschulen immer noch genügend Kolleginnen und Kollegen, die über eine entsprechende Handlungskompetenz verfügen. Darüber hinaus haben noch nicht überall Schulträger und Schulaufsicht die Einsatzmöglichkeiten von Computern in Grundschulen erkannt. Mittel, die es ermöglichen, dass sich auch Grundschulen Ausrüstungen für Computer zulegen könnten, werden nicht überall im notwendigen Ausmaß bereitgestellt. Der Ausweg: Sponsoren müssen gesucht und gefunden werden. Computeranlagen benötigen Wartung, ein normalerweise durchaus kostenintensiver Bereich. Auch hier sind unkonventionelle Lösungen gefragt. Sind alle Hindernisse beseitigt, kann sich der Computer schnell als Innovationsmotor einer Schule erweisen. Im Folgenden sollen Voraussetzungen und Erfahrungswerte dargestellt werden.

Kompetenz erzeugen – der Computer als Innovationsmotor

Innovation setzt immer Menschen voraus, die bereit sind, sich neuen Wegen auch zu öffnen. Es sind nicht selten gerade die Schulleitungen, von denen die Initiative zum Einsatz von Computern an Grundschulen ausgeht. Ist die eigene Entscheidung für den Computer erst einmal gefallen, ist Überzeugungsarbeit bei Eltern und Lehrern zu leisten. Zunächst einmal muss Interesse geweckt und anschließend eine Kompetenz hergestellt werden, die es den Kollegen gestattet, die Vorzüge der Arbeit mit Computern kennen zu lernen und für eigene Zwecke zu verwenden.

Grundschullehrerinnen und -lehrer haben in der Regel große Erfahrung in der Gestaltung von Texten. Ihr bisher geläufiges Arbeitsmittel ist oft die Schreibmaschine. So kennen sie auch zur Genüge die leidigen Erfahrungen mit Tippfehlern und ihrer mitunter umständlichen Korrektur. Hier nun sollte die Überzeugungsinitiative ansetzen. Die Präsentation von computergestalteten Texten kann schon das Wunschdenken auslösen, so etwas auch herstellen zu können. Ist das Interesse erst einmal geweckt und der erste Termin der schulinternen Fortbildung »Texte gestalten mit Computern« vereinbart, so ist es empfehlenswert, die Kolleginnen und Kollegen nicht sofort mit technischen Grundbegriffen zu überfordern. Vielmehr erweist sich der

Ansatz, ohne weitere Theorievorbereitung sofort an den fertig eingestellten Geräten zu schreiben, oft als richtiger. Die Erfahrung zeigt, dass viele Kollegen innerhalb kürzester Zeit die Vorteile gegenüber der archaischen Arbeit mit der Schreibmaschine erkennen und Hemmschwellen überwinden. Mittels weiterer Arbeit am heimischen PC (unbedingte Voraussetzung für Erfolg) kann sich dann relativ schnell die Kompetenz herausbilden, Texte mit modernen Programmen selbst zu gestalten.

An der Wendelinusschule Steinau sind Kolleginnen und Kollegen inzwischen dazu übergegangen, ihre Arbeitsblätter und Unterrichtshilfen mittels moderner Textverarbeitungsprogramme, wie z.B. Winword, selbst zu gestalten. Nicht zuletzt der persönliche Erfolg, etwas Neues erfolgreich gemeistert zu haben, das man sich bisher vielleicht nicht zugetraut hatte, mag dazu beigetragen haben, dass sich das Kollegium auch anderen Bereichen der täglichen pädagogischen Arbeit noch weiter geöffnet hat. Zur Optimierung der Textverarbeitung wurde als Schul- und Heimlizenz das unter dem Programm »Windows« installierte umfangreiche Schriftenpaket der »pädagogischen Werkstatt Mühlacker« erworben (Kosten für Schul- und Heimlizenz ca. 1000 DM). Mit diesen Schriften können Arbeitsblätter in den gängigen Schulausgangsschriften erstellt werden. Lückentexte und Spiegelschriften sind ebenso leicht in Form gebracht wie Texte mit Symbolen und mathematischen Formeln. Besondere Freude haben die Kinder unserer Schule bei der Arbeit mit dem Programm »Creative Writer«, das leider ebenso wie das Nachfolgeprogramm »Juniorschreibstudio« von Microsoft vom Markt genommen wurde. Es vereint in einer kindgemäß gestalteten Oberfläche in beinahe idealer Weise Elemente von Textverarbeitungs- und Grafikgestaltungsprogrammen. Die Anwendungen sind wesentlich einfacher und effektvoller zu bedienen als in den Originalsoftwareprogrammen, die bei der Entwicklung von »Creative Writer« Pate gestanden haben müssen.

Computer herbeischaffen – aber wie?

Die leidige Kostenfrage beim Erwerb von Personalcomputern lässt sich angesichts leerer »öffentlicher Hände« nur unkonventionell lösen. Im Zuge der sich ständig beschleunigenden Entwicklung der Datenverarbeitung veralten Computer immer schneller und werden so für die Wirtschaft oder Privatnutzer uninteressant. Um es vorweg zu sagen: Schulen können nicht die Entsorgungsplätze für veraltete Computer sein. Ein Pentium 133 mit 32 MB Arbeitsspeicher und 2 GB Festplatte sollte es mindestens sein. Vor älteren Geräten ist zu warnen. Der Wartungs- und Reparaturaufwand steht in keinem Verhältnis zum angestrebten Nutzen. Da die Schulträger in der Regel für Grundschulen vergleichsweise wenig Mittel für eine PC-Ausrüstung zur Verfügung stellen können oder wollen, sollten zu ortsansässigen Banken und Firmen Kontakte aufgenommen werden.

Dank einer Industriespende ist die Computerlernwerkstatt Steinau mit ausrangierten, aber voll funktionstüchtigen Personalcomputern der Typenreihen Pentium 166–233 ausgestattet. Im Rahmen des Schulversuches »Computer in der Grundschule« kam darüber hinaus eine Kooperation mit dem Hessischen Landesinstitut für Pädagogik, Regionalstelle Wiesbaden (HeLP), zustande. Vom HeLP wurde das Grund- und Sonderschulsoftwarepaket »Hibspack« zur Verfügung gestellt, notwendige Zusatzausstattung wie Computermäuse, Druckerverteilerschalter und -kabel konnten mit Unterstützung des Hessischen Landesinstitutes für Pädagogik, Regionalstelle Fulda, erworben werden, das darüber hinaus auch funktionsfähige Pentium-Computer zur Verfügung stellte. Alle Geräte konnten mittlerweile miteinander vernetzt werden. Die dafür notwendige Software Windows 98 wurde über Mittel der Comenius-Förderung der Europäischen Union beschafft, die auch Microsoft Office 97 zur Verfügung stellte, damit die Schüler der Wendelinusschule mit

Partnerschulen in Europa kompatibel Texte per E-Mail austauschen können.

Inzwischen sind auch alle Klassenräume mit je einem Pentium 133 ausgestattet worden, die neben Windows 98 und Office 97 mit dem »Hibspack« bestückt sind. Die darin enthaltenen Lern- und Förderprogramme (z.B. Budenberg, Capito-Lesewelt, Capito-Rechenwelt) sind ansprechend und doch einfach zu bedienen. Unnötiger Luxus anderer moderner Lernprogramme wurde weggelassen. Erfolg versprechend für den Leselernprozess ist der Einsatz des Programms »Capito-Lesewelt«, das inzwischen in überarbeiteter Version auch mit Sprachausgabe über Soundkarte per Lautsprecher oder Kopfhörer betrieben werden kann. Mit diesen Lernprogrammen erfolgt schon im Anfangsunterricht eine gezielte Förderung schwacher und leistungsstarker Schüler und Schülerinnen. Mit dem Schreibprogramm »Minitext« von Budenberg verfassen bereits Kinder des ersten Schuljahres eigene Texte. Für den Computerbetreuungslehrer besonders erfreulich: Die Schüler der vierten Klasse formatieren mittlerweile selbst ihre Schülerzeitung mit dem Textverarbeitungsprogramm Winword. Vorbei die Zeiten, als man die Gestaltung der Schülertexte noch selbst besorgen musste und sich mit Uraltprogrammen wie Word 3.0 die Nächte um die Ohren schlug.

Problematischer gestaltete sich die Beschaffung der Drucker, die wesentlich schwieriger als gebrauchte Rechner durch Sachspenden beschafft werden können. Durch Teilnahme am Projekt »Öffnung von Schule« des Hessischen Kultusministeriums konnte 1994 eine Zusammenarbeit mit einer lokalen Computervertriebsfirma hergestellt und ein Anfangsbestand von drei Druckern für die Schule erworben werden. Weitere Drucker konnten als Sachspenden dem Inventar der Computerlernwerkstatt zugeführt werden. Im Computerraum wurden darüber hinaus durch Verteilerboxen immer vier Computer mit einem Drucker verbunden. Die Erfahrung zeigte jedoch schon bald, dass der Einsatz automatischer Druckerverteilerschalter große

Vorteile gegenüber den günstigeren Handschaltern hatte. Nach Bereitstellung automatischer Schalter konnten Bedienungsprobleme reduziert werden. Dennoch ist es gerade immer der Betrieb der Drucker, der Kolleginnen und Kollegen wie auch den Kindern die größten Probleme bereitet. Häufige Fehlerquellen sind: Papiereinzug und Online-Offline-Betrieb (ein Drucker muss zur Annahme eines Druckauftrages »online« geschaltet sein). Als günstig hat sich der Einsatz von Tintenstrahldruckern (z.B. der Baureihe 5xx der Fa. Hewlett-Packard) erwiesen. Diese konnten schließlich über Elternspende und Schulträger besorgt werden.

Administrative Aufgaben und Problemstellungen

Zu einem erfolgreichen Einsatz von Computern in Grundschulen gehören natürlich auch so lästige administrative Aufgaben wie Registrierung und Inventarisierung sämtlicher Geräte und Zubehörteile, nicht zu vergessen die Lizenzierung der erworbenen Software. Abgesehen davon, dass sie eigentlich beim ersten Einsatz verpflichtend ist, bietet die Lizenzierung bei der Herstellerfirma u.a. die Möglichkeit, günstig an so genannte Update-Versionen (überarbeitete bzw. erneuerte Softwareversionen) zu gelangen oder aber Unterstützung bei Softwareproblemen zu erhalten. Für die betreuende Lehrkraft ist der Einsatz vertrauter Software natürlich von Vorteil. Software lässt sich im Übrigen günstig durch Downloads (Herunterladen) im Internet organisieren, mitunter sogar kostenlos als so genannte »Freeware« oder zum Ausprobieren bzw. zur Ansicht als »Shareware«. Hier muss nach einer festgelegten Frist das Sharewareprogramm von der Festplatte (auch Harddisk genannt) wieder entfernt oder aber bezahlt werden.

E-Mail – Grundschüler und -schülerinnen im Internet

Zukunftsweisend im Sinne einer planvollen Medienerziehung war die Teilnahme der Wendelinusschule an Projekten wie »IMMIS« (HeLP) und »Schulen ans Netz« (Telekom). Mittels moderner und schneller Pentium-Rechner, die im Rahmen der Projekte angeschafft werden konnten, wurde es möglich, mit Grundschulen in Hessen, im weiteren Deutschland oder anderen Ländern der Welt über eine eigene »Homepage« (ständig über das Internet abrufbare Informationsseite, Adresse der Wendelinusschule: www.wendelinusschule.de) in Kontakt zu treten. Eine Registrierung als bundesweit kommunikative »online-Schule« kann über die Homepage des Deutschen Bildungsservers an der Humboldt-Universität in Berlin erfolgen. Voraussetzung ist die Erstellung einer eigenen Homepage, die ständig abrufbar sein muss (www.schulweb.de).

Bei der Arbeit mit dem Internet ist weniger an ein Surfen im weltweiten Netz (engl: world wide web = »www«) gedacht. Vielmehr geht es vordringlich um schriftliche Kommunikation als Weiterentwicklung der kommunikativen Kompetenz auf einer höheren, bisher unbekannten Ebene, die aber bereits schon jetzt ihren unaufhaltsamen Siegeszug angetreten hat. Da wir zudem sowieso inzwischen mit der Erkenntnis leben müssen, dass sogar Grundschulkinder zunehmend zu Hause Kompetenzen erwerben, die vielen unserer Kollegen bisher fremd sind, ist es nur legitim, diese den Kindern bei Vorhandensein der technischen und personellen Voraussetzungen nicht vorzuenthalten, sondern ihnen einen im Interesse einer vernünftigen und zukunftsweisenden Medienerziehung gestalteten Zugang zum E-Mailing (Übermittlung elektronischer Post über das Internet) zu ermöglichen. Die Deutsche Telekom AG hat mit ihren bundesweiten Initiativen »Schulen ans Netz« bzw. »Deutschland geht online«

viele Schulen mit den technischen Voraussetzungen (ISDN-Telefonanschluss/Modem als Verbindung des Computers zum Telefonnetz/Multimediacomputer mit Soundkarte, Verstärker, Lautsprechern und Mikrofon) ausgestattet und hier – nicht nur im eigenen Interesse – einen wichtigen Beitrag zur Schulinnovation geleistet.

Wie kann es weitergehen?

Für einen erfolgreichen Einsatz von Computern in der Grundschule gewinnt neben der Kompetenzerweiterung der Kollegen auch die Wartungsfrage zunehmend an Bedeutung. Lagen bisher die Einrichtung und Wartung in den Händen von begeisterten Eltern oder kundigen Kolleginnen und Kollegen, so wird bei der schnell wachsenden Verbreitung von PCs die Wartungsfreundlichkeit der eingesetzten Geräte immer wichtiger. Hier kann besonders der Einsatz so genannter HD-Wächterkarten (z.B. Dr. Kaiser: www.dr-kaiser.de) von Vorteil sein, die nach jedem Ausschalten des PCs dessen Urzustand wieder herstellen. In jedem Fall lohnt es sich, von erfolgreichen Installationen ein sog. Image herzustellen, mit dem in kurzer Zeit neue PCs neu eingerichtet bzw. »geklont« werden können. Hilfreiche Unterstützung für hessische Schulen bietet das Supportzentrum am Pädagogischen Institut Frankfurt (www.bildung.hessen.de/anbieter/help/frankf/support/).

Besondere Kenntnisse erfordert auch die Vernetzung und Administration von Computernetzwerken. Die Wendelinusschule ist mittlerweile komplett vernetzt. Als Serverlösung wurde der sog. Kommunikationsserver ARKTUR eingesetzt, der eine Weiterentwicklung der Kommunikationslösung des Heise-Verlages für Schulen darstellt (www.arktur-schule.de). Die Lösung basiert auf dem Betriebssystem Linux und täuscht für die angeschlossenen Windows-Rechner einen Windows-NT-Server vor. Man muss nicht unbedingt Linux beherrschen, eine einfache Benutzeroberfläche gestattet eine leicht zu handhabende Konfiguration. Passend zu dieser Lösung wurde Netscape mit einem Konfigurationsprotokoll kombiniert, das eine relativ problemlose Administrierung der Anwender gestattet. Jedes Kind an der Wendelinusschule hat mittlerweile seine eigene E-Mail-Adresse (name@wendelin.fd.he.schule.de). Über das Deutsche Forschungsnetz (www.dfn.de) bzw. den Anbieter WinShuttle (www.winshuttle.de) werden dreimal am Tag E-Mails abgeholt und versendet.

Zwecks Kompetenzerweiterung wird ein Computerkurs über die Regionalstelle Fulda des Hessischen Landesinstitutes für Pädagogik in den Räumen der Lernwerkstatt Steinau angeboten. Unterstützung erfolgt auch über das Regionale Medienkompetenzzentrum (RMZ) der HeLP-Regionalstelle Fulda (http://home.t-online.de/home/rmz.fulda/), die auf Anforderung die Hard- und Softwarekonfiguration übernimmt. Die Lernsoftware wird im Rahmen des Projektes »Computer an Grundschulen« vom HeLP in Wiesbaden auch weiterhin gestellt.

Wichtige Empfehlungen für den Einsatz von Computern an Grundschulen

Abschließend und noch einmal zusammenfassend könnten folgende Empfehlungen bei der Initiierung einer schuleigenen Arbeit mit Computern in der Grundschule hilfreich sein:

- Über Kontakte zu Firmen, Banken und Versicherungen kann man über Sachspenden zu funktionstüchtigen Computern gelangen. Hierbei sollte darauf geachtet werden, dass Geräte ab Typ Pentium133 (mit VGA-Farbmonitor) gespendet werden. Ältere Geräte eignen sich nicht mehr für einen Einsatz, da für diese leicht bedienbare Softwareprogramme nur selten oder gar nicht erhältlich sind. Darüber hinaus erfordern diese einen erheblichen Wartungsaufwand.

- Bei der Werbung für das Computerprojekt in der eigenen Schule sollte der Schwerpunkt auf »Freies Schreiben am PC« gelegt werden. Hier erfährt man am ehesten Zustimmung und Unterstützung durch Kollegen, zumal ein Computer in dieser Funktion auch einen Stellenwert für die eigene Arbeit der Lehrerinnen und Lehrer bekommen kann. Die Werbung mit Lernspielen wirkt dagegen mitunter eher abstoßend.
- Kompetenzen werden am ehesten angebahnt, wenn eine schulinterne Lehrerfortbildung durchgeführt wird. Erfolg versprechend ist die Vermittlung des Einsatzes des Computers als komfortable »Schreibmaschine«. Die ersten Sitzungen sollten nicht mit technischem Fachwissen überfrachtet werden. Die Kolleginnen und Kollegen lernen zunächst an gut konfigurierten Geräten.
- Von großer Bedeutung ist die Installierung eines »troubleshooters«, der den Kolleginnen und Kollegen in und außerhalb der Schule bei der Lösung von Hard- und Softwareproblemen im Sinne von »Hilfe zur Selbsthilfe« zur Verfügung stehen sollte. Die Anfangsprobleme nehmen erfahrungsgemäß schon bald ab.
- An kompetente Mitstreiter im Kollegium können auch Aufgaben, wie z.B. Betreuungsfunktionen, delegiert werden.
- Die ideelle Unterstützung durch den Schulträger sollte hergestellt werden. Je mehr von der Schule bei der Durchführung von Projekten in Eigeninitiative organisiert wird, desto eher erfährt man im Bereich Zubehör/Wartung finanzielle Unterstützung, wenn sonstige Mittel erschöpft sind.
- Bewerbungen bei landes-, bundes- oder gar europaweiten

Projekten können Schulen in den Genuss moderner Hard- und Software bringen, wo öffentliche Schulträger keine Mittel mehr anbieten können.

- Support für ein Projekt »Computer« erhält man auch bei der lokalen Lehrerfortbildung.
- Experten in der Elternschaft sollten gesucht und angesprochen werden. Sie können die sonst kostenintensive Wartung der Geräte übernehmen und als Pannenhelfer einspringen, wo die Wartungskompetenz der Schule endet.
- Das Lizenzrecht muss ernst genommen werden. Ausgediente Software von anderen Schulen sollte nur inklusive Lizenzkarten und Löschungsbescheinigung übernommen werden. Auch Software über so genannte »class-in-a-box«-Pakete (10–15 Lizenzen) oder Schulversionen sind erschwinglich, z.B. finanziert durch Elternspende oder Sponsoren.
- Es ist empfehlenswert, den Stundenplan so zu gestalten, dass die Arbeit mit Computern in Blockstunden beliebig erfolgen kann.
- Als lohnend kann sich auch die Kontaktaufnahme zu Lokalzeitungen erweisen, die z.B. durch Projekte wie »Zeitung in der Schule« den Einsatz von Computern in Schulen unterstützen und diesen mitunter sogar einen kostenlosen Zugang zum Internet ermöglichen können.
- Computer sollten möglichst vom gleichen Typ sein. Dies erleichtert die Wartung. Als Mindestvoraussetzung sollten alle Geräte über die gleiche Version des Betriebssystems Windows verfügen.
- Beim Erwerb und Einsatz von Druckern sollte auf leichte Handhabung geachtet werden. Empfehlenswert ist der Einsatz von Tintenstrahldruckern mit Einzelblatteinzug. Auch hier sollte Wert darauf gelegt werden, Drucker möglichst vom gleichen Hersteller bzw. von verwandten Baureihen einzusetzen.

Elternkooperative und Schulleitung – Eine Ressource auf Zeit

Sylvia Reiß und Claudia Lenius

Dieser Beitrag beschreibt ein Projekt, an dem sowohl Schulleitung, Lehrerinnen als auch Eltern in einer Kooperation beteiligt waren. Wir wollen damit Mut zur Einführung von Computern an solchen Grundschulen machen, an denen es bisher noch keine »amtliche« Unterstützung gibt und bei denen deshalb auf die vorhandenen Ressourcen bei Eltern, Lehrerinnen und Schulleitung zurückgegriffen werden muss. Der Einsatz von Computern an der Grundschule ist unseres Erachtens auch möglich, wenn es keine IT-Spezialisten oder Hardwarecracks im Schulpersonal gibt. Und wir möchten damit Empfehlungen an Eltern und Lehrerinnen aussprechen, was man tun kann, aber auch, was man besser lassen sollte.

Tatort: Paul Maar Schule in Bad Homburg
Täter: Claudia Lenius (Rektorin) und Sylvia Reiß (Elternbeirat) als Initiatorinnen des Projektes und 21 Eltern (Computergruppe) sowie das Lehrerkollegium
Mitwirkende: 180 begeisterte Schüler/Schülerinnen

Voraussetzungen der Zusammenarbeit von Eltern und Schulleitung

- 1. Die Arbeit von der Beschaffung von PCs über die Installation bis zum Einsatz im Schulalltag ist als ein »Projekt« zu verstehen. Mit Anfang und Ende. Mit einem Ziel und Zeitvorgaben vor Augen. Es müssen klare Vorstellungen entwickelt werden, was man in einem definierten Zeitraum erreichen will.
- Das Potenzial für den Einsatz von PCs ist in der Schule und dem Umfeld vorhanden – es ist nur wichtig, dieses zu erkennen, zu kommunizieren und zu nutzen. Mit anderen Worten, hier ist Organisationstalent gefragt.
- Das Tun ist eine Sache – das Darüberreden ist ebenso wichtig (z.B. über Vorstellungen davon, wie der Einsatz von PCs in der Zukunft aussehen soll). Dies immer wieder vor Augen zu haben und immer weiterzuvermitteln sollte eine Selbstverständlichkeit sein, nach dem Motto: Betroffene zu Beteiligten machen. *Tu Gutes und rede darüber.*
- Niemals aufgeben – auch nicht auf Durststrecken an heißen Sommersamstagen, wie wir manche erlebt haben. Wichtig ist, sich auch in der Projektleitung nicht allein zu wissen und die Rückversicherung im Team zu haben.
- Dem Weg der kleinen Schritte folgen und auch kleine Erfolge anerkennen – denn dieses Projekt war nicht das Einzige an der Schule.
- Integration der Arbeit mit PCs in den Schulalltag als einen langen Prozess verstehen. Bereitschaft zum Austausch und gemeinsamen Lernen im Kollegium muss vorausgesetzt werden.
- Sich darüber im Klaren sein, dass der Computer nur ein Unterrichtsmedium von vielen ist.

Und so ist es gewesen ...

Begonnen hat das Computerprojekt im Rahmen einer Schulkonferenz. Anlass war eine angekündigte Spende von 15 PCs an die Schule, die Schulleitung und Elternbeirat gerne annehmen wollten. Niemand wusste allerdings genau, in welchem Zustand die Geräte sein würden. Bekannt war lediglich, dass alle PCs baugleich seien und mit Windows 95 betrieben werden könnten.

In unserer Schule gab es zu diesem Zeitpunkt bereits vier PCs. Angefangen hatte es mit zwei PCs, die von einer Kollegin aus privaten Beständen bereitgestellt wurden. Diese wurden von zwei Lehrkräften hin und wieder für differenzierten Unterricht und für eine Schreib-AG in den dritten und vierten Klassen genutzt. Danach folgten zwei weitere PCs von der Stadt Bad Homburg und vom Kultusministerium. Es handelte sich dabei um fabrikneue Geräte.

Die PCs waren aufgrund ihres Alters und ihrer Herkunft in der Bedienung nicht identisch. Für die Computeranfängerinnen aus dem Lehrerkollegium stellte dies eine Barriere dar.

Eltern hatten wiederholt ihre Bereitschaft signalisiert, entweder alte PCs oder neuere Geräte zu spenden oder bei Installationsarbeiten mitzuhelfen. Aus der Erfahrung von Computerprojekten an anderen Schulen wusste man allerdings, dass das Einrichten von alten PCs, wie z.B. Typ 286 mit Schwarzweißmonitoren keinen Sinn machte – nicht nur wegen der oben erwähnten unterschiedlichen Bedienungsanforderungen. Viele der heute aktuellen Lernsoftware läuft überhaupt nicht auf diesen Rechnern. Man kann die alten Geräte inzwischen an eine »Computer- und Zubehör-Sammelaktion« für Recyclingzwecke abgeben. Auf diese Weise kann vom Erlös dann moderneres Zubehör oder z.B. Druckerpatronen gekauft werden.

Parallel zu dieser Entwicklung bekam die Schule nun das Angebot einer Spende von weiteren 15 PCs. Dies waren Geräte aus der Spendenaktion einer Nachrichtenagentur mit der Maßgabe, sie in Schulen einzusetzen. Hier war nun die Gelegenheit, durch baugleiche oder gleichwertige PCs eine breitere Basis für den Einsatz von Computern im Unterricht zu schaffen. Und es wurde notwendig, die gelegentlichen Unterstützungsangebote der Eltern zu koordinieren und in Anspruch zu nehmen.

Dad or Mum, wanted!!!

Mit diesem witzigen Aufruf, vor allem an Väter und Mütter, die beruflich oder privat mit dem Computer zu tun haben, gründeten wir eine Computergruppe. Darüber hinaus wurden alle Elternvertreter aufgefordert, den Eltern in den Elternabenden über das Projekt »Computer an der Schule« zu berichten:

»Wir möchten die PCs gerne ›klar Schiff!‹ machen und unseren Kindern für den Unterricht zur Verfügung stellen. Daher wollen wir ein Elternteam gründen, das dieses Vorhaben ermöglicht. Gesucht – und hoffentlich bald gefunden – werden Eltern, die Kenntnisse über DV, Hard-/Software haben, die Spaß haben an einer Bestandsaufnahme, am Zusammenbau und Softwarecheck – oder die nach geeigneter Lernsoftware und Einsatzmöglichkeiten im Unterricht mitsuchen wollen.«

Die Resonanz auf das Schreiben war groß, innerhalb von wenigen Tagen hatten wir die Zusage zur Mitarbeit von 21 Eltern (17 Väter und 4 Mütter). Zu einer ersten »Bestandsaufnahme« der gespendeten PCs trafen wir uns an einem Samstagvormittag.

Zuerst investierten wir Zeit und Aufmerksamkeit in die persönliche Vorstellung aller Helfer. Bei einer so großen Gruppe ist es wichtig zu wissen, wer welches Know-how mitbringt. Die Vorstellungsrunde erfolgte nach folgenden Kriterien:

- Name
- Telefon privat und beruflich
- E-Mail-Adresse
- Computerkenntnisse in …

- Welche Hilfe wird angeboten (Wunsch)
- Wie viel Zeit wird zur Verfügung gestellt (Zeitinvestition)

Diese Vorstellungsrunde dauerte eine ganze Stunde – ein Zeitaufwand, der sich bezahlt gemacht hat. Mit dieser Liste, die per E-Mail-Protokoll an alle verschickt wurde, konnte jeder Mithelfer die Kenntnisse der anderen einschätzen und sich damit schnell nötige Informationen und Unterstützung holen.

Gleichzeitig kristallisierten sich drei Arbeitsgruppen heraus:

- eine Hardwargruppe,
- eine Softwaregruppe und
- eine Weiterbildungsgruppe.

Bei diesem Treffen wurden auch eine Inventarisierung aller PCs (von 8–64 MB RAM und vom 75-Hz-Prozessor bis zum 486DX2 – teilweise mit Maus, teilweise ohne CD-Laufwerk, teilweise mit Soundkarte) vorgenommen und die vorhandene Lernsoftware gesichtet und untereinander ausgetauscht. Ein Elternteam richtete die PC-Arbeitsplätze so ein, dass wenigstens ein Minimum an ergonomischen Gesichtspunkten bei den Bildschirmarbeitsplätzen berücksichtigt war.

Als Ergebnis dieses Treffens konnten folgende Ziele festgehalten werden:

- Innerhalb von drei Monaten sollten alle PCs technisch angeglichen werden, um die bis dahin ausgewählte Software aufzuspielen.
- Zwei PCs pro Klasse sollten miteinander vernetzt sein und es sollte ein Drucker angeschlossen und funktionsfähig gemacht werden.
- Geeignete Lernsoftware war auszuwählen.
- Eine Befragung des Kollegiums über dessen EDV-Kenntnisse sollte erfolgt sein.

Mit diesen Aufgaben und Zielvorstellungen gingen die einzelnen Elterngruppen an ihre Aufgaben.

Die Hardwaregruppe

Diese Elterngruppe hatte zu Beginn die meiste Arbeit. An mehreren Wochenenden wurden die Geräte in den Klassen installiert, Betriebsprogramme vereinheitlicht, Bootdisketten und CD-ROMs erstellt sowie fehlende CD-Laufwerke extern überbrückt.

Zum verabredeten Zeitpunkt konnten zehn PCs mit der dazugehörigen Software in Betrieb genommen werden. Bei fünf weiteren PCs sowie bei einigen Druckern gab es Schwierigkeiten mit der Anpassung und Vernetzung. Dass diese dann auch erfolgreich abgeschlossen wurde, ist vor allem der Kommunikation der Projektleitung mit den Teilgruppen und der Zähigkeit und Verbindlichkeit einiger Mithelfer zu verdanken. Hier erwiesen sich das Wissen, wer in der Gruppe über welches Know-how verfügte, und das Medium E-Mail als sehr hilfreich.

In unserer Arbeitsgruppe war auch ein Vater, der kompetent im Erstellen von Webseiten ist. Seiner Kreativität und seinem Einsatz haben wir eine eigene Internetseite zu verdanken. Diese Aktivität hat dazu beigetragen, dass sich mit diesem Projekt viele aktive Helfer identifizieren konnten und viele Eltern dank der Begeisterung ihrer Kinder über die Computerprojektarbeit weitere Informationen erhielten.

Die Softwaregruppe

Die Softwaregruppe, bei der die Lehrerinnen eingebunden waren, ermittelte den Bestand an der Schule und holte sich Erfahrung mit ausgewählter Software an benachbarten Grundschulen im Kreis. Die Softwaregruppe wählte schließlich folgende Programme als Standardsoftware aus: *Budenberg*, *Mathemeister* sowie *Creative Writer* (ein Schreibprogramm für Kinder).

Eine weitere wichtige Aufgabe der Softwaregruppe war, mit dem Lehrerkollegium zu überlegen, welchen Stellenwert der Einsatz eines PCs in unserem Unterricht bekommen soll.

Daraus ließen sich folgende Ziele ableiten: Der Computer sollte eingesetzt werden

- als Mittel des differenzierten Unterrichts,
- als Medium für Wahrnehmungs- und Konzentrationstraining,
- als Unterstützung für die Rechtschreibsicherheit,
- als Unterstützung für den Mathematikunterricht,
- als Vokabelstütze für den ersten Fremdsprachenunterricht,
- als Motivation in einer Schreibwerkstatt ...

Wichtig war dabei, für den Unterricht solche Lernsoftware zu installieren, die in erster Linie intensive Übungsmöglichkeiten bietet. Software mit stark spielerischem Charakter soll dem häuslichen Benutzen vorbehalten bleiben. Weiterhin beschloss das Kollegium, sich regelmäßig über Softwareneuerscheinungen zu informieren und gegebenenfalls nach entsprechender Prüfung weitere Lernprogramme aufzuspielen.

Die Weiterbildungsgruppe

Als die PCs vorbereitet waren, begannen auch die Schulungsmaßnahmen für das Kollegium. Unter den Helfern aus der Elterngruppe befand sich ein EDV-Trainer, der sich um die Einweisung jener Kolleginnen kümmerte, die zu diesem Zeitpunkt noch sehr wenig PC-Erfahrung hatten (Einführung in das Arbeiten mit dem PC am Freitagnachmittag und am Samstag).

Ein pädagogischer Tag sowie die Hospitation in einer Grundschule, in der schon seit fünf Jahren PCs im Unterricht eingesetzt wurden, schlossen sich an. Danach wurde an den schuleigenen PCs in diversen Arbeitsgruppen weitergearbeitet und darüber nachgedacht, wie der PC auch in eigenen unterrichtlichen Zusammenhängen eingesetzt werden könnte. Übungen im tagtäglichen Umgang mit den Geräten folgten.

Selbstverständlich wurden mit diesen »Intensivschulungen« aus den Kolleginnen noch keine »Fachleute«, doch der Bann war gebrochen. Ein wesentlicher Schritt war getan: Die Angst vor dem PC war überwunden und man konnte unbefangener an die Geräte herangehen. Es sind die kleinen Schritte, die zum Erfolg führen, und es ist wichtig, sich dies immer wieder klarzumachen.

Unsere bisherigen Erfahrungen mit den PCs

Ergebnis dieser Schulungen des Kollegiums ist, dass der bislang wenig genutzte Verwaltungscomputer, der inzwischen auch einen Internetanschluss hat, jetzt – für alle zugänglich – im Lehrerzimmer zur Verfügung steht. Auf diese Weise können versiertere Kolleginnen »schnell mal zwischendurch« ein neues Programm ausprobieren, etwas schreiben, mit dem PC in einer lokalen Datenbank recherchieren oder im Internet gezielt nach Informationen suchen. Neben dem praktischen Nutzen werden auf diese Weise auch die übrigen Lehrkräfte mit diesem Medium konfrontiert und beziehen es immer mehr in ihr Denken und Handeln ein. Die Kolleginnen können sich darüber hinaus gegenseitig bei Fragen zur Arbeit mit dem PC helfen oder ihre Ideen koordinieren, etwa um neue Software auszutauschen, Arbeitsblätter zu entwerfen oder Zeugnisformulare auszufüllen.

Dieser inzwischen wesentlich selbstverständlichere Umgang mit dem PC macht sich auch beim täglichen Einsatz im Unterricht deutlich bemerkbar. Heute gibt es keine Klasse mehr, in der der Computer nicht zumindest hin und wieder in die Unterrichtsarbeit einbezogen wird. Bereits im 1. Schuljahr wird mit dem PC gearbeitet. Die Kolleginnen lernen täglich voneinander, aber auch von den Schülern und Schülerinnen, die ihre Erfahrungen aus dem häuslichen Bereich einbringen können.

Nach wie vor kommen vereinzelt PC-erfahrene Eltern in die Schule, um ein Programm einzurichten, Fehler zu beheben oder die Möglichkeit für Kleingruppenarbeit zu bieten. Das bedeutet, dass die Mitarbeit von Eltern zwar wesentlich zurückgenommen werden konnte, eine »mobile Einsatztruppe« aber immer noch ansprechbar ist.

Insgesamt sind die Schüler und Schülerinnen bei der Arbeit am PC hoch motiviert. Über die aktuelle Begeisterung hinaus hoffen wir, dass dieses Medium vielen Kindern eine – den Unterricht erweiternde – Möglichkeit bietet, Zugang zum Lernstoff zu finden.

Mithilfe der PCs im Klassenzimmer gelingt es nun auch, eher zurückhaltende Kinder, häufig Mädchen, zur Auseinandersetzung mit diesem Medium zu motivieren.

Das Ergebnis

Wir haben unser Ziel, das wir uns bei der ersten Projektsitzung gesteckt hatten, nach sieben Monaten erreicht.

- In jeder Klasse sind zwei PCs miteinander vernetzt und an einen Drucker angeschlossen.
- Alle Lehrerinnen haben an verschiedenen Fortbildungsmaßnahmen teilgenommen. Etwa 70 Prozent des Kollegiums setzen den PC regelmäßig im Unterricht ein.
- Zwei PCs haben Internetanschluss (einer im Sekretariat und einer im Lehrerzimmer).
- Die Schule hat eine eigene Website.

Unser Wunsch für das Jahr 2001: neue Drucker in den Klassenräumen, Vernetzung aller PCs untereinander (nicht nur in den Klassen) und eine Projektwoche zum Thema »Neue Medien« zu Beginn des neuen Schuljahres, das Angebot einer Computer-AG für Schüler durch Eltern (die möglicherweise auch nachmittags stattfinden könnte).

Was haben wir gelernt und was würden wir das nächste Mal anders machen?

Gelernt haben wir viel: Das Wichtigste ist, dass man mithilfe und Unterstützung vonseiten der Eltern – besonders der männlichen Elternschaft – rechnen kann. Das Engagement der Eltern muss koordiniert werden, um es optimal nutzen zu können. Dazu hat sich die Organisation einer Projektleitung und die Differenzierung in Teilprojekte als hilfreich erwiesen, die ihrerseits wiederum verantwortlich von Einzelnen übernommen wurden.

Jeder sollte über die Fähigkeit und Kompetenz des anderen informiert sein, die verschiedenen Aufgaben sollten in akzeptable Etappen aufgeteilt (maximal ein Tag/eher zwei bis vier Stunden) und unmissverständlich beschrieben werden. Computerprojekte in der Schule sind »echte« Arbeit und keine Spielerei für Theoretiker und Technikhobbybastler!

In allen Klassen sollten gleiche Ausgangsbedingungen hergestellt werden. Damit unterstützt man vor allem die Kollegen, die noch ängstlich und mit Scheu an die Geräte gehen. Gelegenheit zum kollegialen Erfahrungsaustausch ist außerordentlich hilfreich. Ein PC im Lehrerzimmer leistet dazu hervorragende Dienste. Seine Nutzung trägt dazu bei, das Arbeiten mit dem PC zum »Normalfall« werden zu lassen. Das Vorbild einzelner Kolleginnen kann so »Schule machen«.

Bei gut gemeinten Spenden von alten Computern und Druckern ist Vorsicht geboten, hier steht die Anpassungsarbeit für einen einheitlichen Standard meist nicht im Verhältnis zur erhofften Leistung. Diese Arbeit kostet nämlich viel Zeit und Nerven (manchmal am Ende mit dem Ergebnis: nicht sinnvoll). Daher sollten solche Sachspenden dankend abgelehnt werden. In der Schule sollte ein Raum für die Computerschrottsammlung bereitstehen. Mithilfe eines lokalen Recyclingpartners können von dem Erlös Patronen und anderes Zubehör erstanden werden.

Aktionen wie die hier beschriebene sollten im schulischen, aber auch regionalen Umfeld publik gemacht werden. Oft ist die positive öffentliche Resonanz zusätzlicher »Lohn« für die viele unbezahlte Mühe.

Schulen mit Netz – Schulen ans Netz – mal so nebenbei? – Erfahrungen eines Netzwerkadministrators

Ralf Kirchhartz

Betreuung der Computer

Wer mit einem PC arbeitet, dem sind die vielen Probleme, die sich bereits mit einem einzelnen Gerät ergeben können, nicht unbekannt. Meist reicht das »normale« Wissen nicht aus, kompliziertere Probleme – selbst mit Anwendungsprogrammen, die angeblich selbsterklärend sind – zu lösen. Der alltägliche Umgang mit dem PC kann sich – wenn man dazu noch etwas experimentierfreudig ist – leicht als »the complete waste of time« erweisen, die Ergebnisse dessen, was man mit dem Computer »eigentlich« machen wollte, stehen in keinem Verhältnis mehr zu dem Zeitaufwand.

Die Anforderungen an das Know-how und das Zeitbudget steigen beträchtlich, wenn es darum geht, mehrere Geräte miteinander zu verbinden und diese dann noch allesamt mit einem Internetzugang zu versehen. Allein die Installation der Netzwerkkarten, die Herstellung der Verbindungen, die Softwareeinrichtung des Netzwerkes auf einfachstem Niveau, dem Peer-to-Peer-Netzwerk, können sich zu einem Alptraum auswachsen. Ganz zu schweigen von den Sicherheitsmaßnahmen, die man treffen sollte, wenn man es mit verschiedenen Personen zu tun hat, die die gleichen Geräte nutzen, oder wenn man den Zugriff auf die Daten der Welt wagt, sich andererseits aber auch dem Zugriff der Welt auf die eigenen Rechner aussetzt.

Da die heute angebotenen PCs und Betriebssysteme ohne

fachmännische Unterstützung nicht so zuverlässig funktionieren, wie man es in einer Einrichtung wie einer Schule erwarten muss (damit man seinen eigentlichen Aufgaben, dem Unterricht, nachkommen kann), helfen nur professionelle Überlegungen weiter. Dabei gehe ich hier nicht auf die Heimvariante eines Netzwerkes, das Peer-to-Peer-Netzwerk, ein, weil dieses den Anforderungen an Bedienerfreundlichkeit, Zuverlässigkeit und Leistungsfähigkeit nicht gerecht werden kann, auch wenn es verführerisch ist, ein kostenloses Angebot (weil in das Betriebssystem Windows integriert, das auch noch »kinderleicht« zu handhaben sei) zu nutzen.

Wozu ein Netzwerk?

Einzelne PCs in Klassen bieten neben der Ausführung von Programmen vielleicht noch die Möglichkeit, einen Ausdruck etwa von Schülertexten über einen lokal angeschlossenen Drucker vorzunehmen. Sie mit dem Internet zu verbinden ist nur dann möglich, wenn sie jeweils einzeln mit einer Telefonleitung und einem Modem, mit einer ISDN-Karte und einem ISDN-Router oder über eine Netzwerkverbindung mit einem File-Server/Router verbunden sind. Die Lösung über einzelne Telefonleitungen ist unsinnig, die Lösung eines ISDN-Routers bietet über die Telefonanbindung hinaus nichts.

Für ein Netzwerk gibt es zurzeit zwei grundsätzliche Lösungen: zum einen das Peer-to-Peer-Netzwerk, welches mehrere Computer als gleichrangige Teilnehmer eines Netzes verknüpft. Der als Gateway-Computer definierte Rechner (Tor zum Internet) kann dann mit einem Software-Proxy-Server bestückt werden, der den Internetzugang für alle anderen angeschlossenen PCs regelt. Diese Lösung ist zwar verhältnismäßig einfach und kostengünstig (bis auf die Proxy-Software sind die Softwarekomponenten im Windows-Betriebssystem integriert), sie hat aber den Nachteil, dass sie genauso stabil bzw. instabil funktioniert wie das Betriebssystem selbst und nur auf sehr kleinem und unsicherem Niveau einen Datenaustausch der einzelnen Computer untereinander zulässt.

Dies ist nur mit einem File-Server-Netzwerk – der zweiten Lösung – möglich, das Anwendungen für alle angeschlossenen PCs, etwa Arbeitsprogramme und größere Datenbanken, zentral zur Verfügung stellt. Netzwerke mit PC-Arbeitsplätzen (Workstations) haben heute eine Leistungsfähigkeit erreicht, die vor ein bis zwei Jahrzehnten nur Großrechnern vorbehalten war. In den 90er-Jahren war der Preisverfall von netzfähiger Hardware derart stark, dass das Thema Vernetzung nicht mehr nur Großbetrieben und Physikalischen Instituten vorbehalten blieb. Die Vernetzung einzelner PC-Arbeitsplätze und der gemeinsame Zugriff auf Datenbanken wurden durch die Weiterentwicklung der Hard- und Software für kleine Betriebe, »geisteswissenschaftliche« Fachbereiche der Universitäten, Institute und für Schulen thematisch in den Mittelpunkt gerückt. So bietet z.B. die Firma Novell sehr preiswerte Softwarepakete für Schulen an, die sich ein professionelles Netzwerk aufbauen wollen.

Welche Problemstellungen aber beispielsweise an einer Schule auftreten können, soll das folgende Protokoll darstellen, die Inhalte sind so variabel wie die Fehlerquellen.

PC der Klasse 3a, Monitor	Die Auflösung des Monitors von PC 22 war zu hoch eingestellt. Auflösung geändert. Frau Müller beschwert sich über Flackern des Monitors.
Adminraum	Kontrolle, ob Virenscannung in der Nacht auf beiden Servern gelaufen ist – Scan auf beiden Servern gelaufen und keine Viren gefunden.
Adminraum	Backup-Tape-Wechsel

Netzwerkdrucker Computerraum	Der Netzwerkdrucker im Computerraum hat eine Papierlaufstörung, die mit einfachen Mitteln nicht zu beheben ist. Das Papier hat sich fest auf eine Rolle gebrannt. Wenn man das Gerät einschaltet, riecht es nach kurzer Zeit verkokelt. Nach Absprache mit der Schulleitung den Techniker informiert – Reparatur morgen.
Klasse 3b	Frau Sagusch konnte ein langes Dokument nicht abspeichern. Nach mehrmaligen Versuchen und Kopieren des Originals in ein neu eröffnetes Dokument funktionierte es. Merkwürdig blieb, dass das neue Dokument fast dreifache Größe (jetzt 1,1 MB – vorher 330 KB) aufwies.
PC20/ Multimedia	Die Firewire-Karte im PC20 macht Probleme und lässt sich nicht einwandfrei ansteuern. Auf der Site von »digital-origin« nach »faq« geschaut, aber keine deutliche Antwort erhalten.
Neues Programm	Die Klasse 2b bittet, ein neues Programm (Name: MAX) auf den Klassen-PCs zu installieren. Dies geschieht nach Lektüre des Handbuchs. Fragen nach der Netztauglichkeit müssen erst überprüft werden.
Netzanbindung	Seit ca. 11.30 Uhr hat die Schule keine Verbindung mehr zum Internet. Beginn mit interner Fehlersuche führt zur Zeile: »MIPS-MPR-Reserve Out-Unknown« im Call Connection Manager. Versuch der erneuten Initiierung der Verbindung gescheitert. Die Reinitiierung des Systems und auch der Restart des Servers brachten kein anderes Ergebnis als »Out-Unknown«. Anruf bei der Support-Firma, die berichtete, dass der Fehler beim Provider liege und der entsprechende Ansprechpartner zurzeit den Fehler nicht analysieren könne. – Der Ausfall kann also etwas dauern. Mail an Kolleginnen verschickt.

Klasse 2b	Papierstau am Netzwerkdrucker HP DJ 1120c. Trotz 90-minütigen Basteleinsatzes konnte der Fehler nicht gänzlich behoben werden. Weiteres Vorgehen (evt. Service-Dienst) nach Absprache mit der Schulleitung.
Klasse 4c	Problem mit dem HP LJII (Lokaldrucker der Klasse 4c) wurde von Frau Schröder gemeldet. Das Kabel war locker am LPT1-Port. Kabel an LPT1-Port fest verschraubt.
Frau Schröder	Vom Computerraum aus kam man nicht ins Internet – Fehleranalyse ergab, dass der entsprechende PC nicht eingeloggt hatte.
Drucker im Computerraum	Drucker druckte nur kryptische Zeichen aus. Drucker angehalten und »powerdown«. Wieder eingeschaltet – Aufträge wurden jetzt wieder richtig gedruckt.
Zeitschaltuhr	Zeitschaltuhr im Computerraum war auf »off« gestellt – und nicht der Drucker, sondern der Printserver war mit ihr verbunden. Z-Uhr wieder aktiviert und Drucker angeschlossen.

Netzerfahrungen

Das Institut, an dem ich arbeite, stellte sich der neuen Herausforderung der aktuellen Informationstechnologien und begann Anfang 1995 mit den ersten Überlegungen, einzelne Workstations zu vernetzen. Im vorliegenden Beitrag möchte ich meine Erfahrungen vermitteln, die ich als »unbeleckter Neuling« und »Quereinsteiger« mit dem Aufbau und der Wartung des Netzwerks gesammelt habe.

Mein Institut beschäftigt ca. 40 Mitarbeiter und wird zu Teilen aus Landesmitteln finanziert. Diese Mittel sind knapp und das Budget für EDV ist nur ein kleiner Teil des Gesamthaushalts. Das argumentative Werben um Finanzmittel zur Beschaffung und Wartung von EDV-Komponenten ist seit dem ersten Tag der Planungen ein ständiger Begleiter meiner Tätigkeit. Diese erstreckt sich auch auf die Finanzierung der bereit- und freigestellten »manpower« und einer eventuellen externen Unterstützung (Supports).

Das Institut befindet sich auf drei Stockwerken und umfasst ca. 30 Räume. Heute sind 40 PCs vernetzt.

Die Frage der geregelten Pflege und Wartung (Administration) war zu Beginn der Netzinstallation keineswegs geklärt oder in ihrer Konsequenz geplant gewesen. Die Neueinstellung eines EDV-Fachmanns als Administrator war aus finanziellen Gründen schnell aus der Diskussion. Man suchte also aus den Reihen der eigenen Mitarbeiter jemanden, der sich die Administration »irgendwie« zutraute, ein gesteigertes Interesse an EDV hatte und »so nebenbei« ein paar Stunden erübrigen konnte.

Warum die Wahl auf mich fiel, soll hier nicht berichtet werden – aber ich will deutlich sagen: »So nebenbei« ist die Administration eines Netzwerks nicht zu leisten. Schon nach kurzer Zeit und ersten schlechten Erfahrungen mussten wir die Vorstellung aufgeben, die Netzadministration sei neben der normalen Tätigkeit zu erledigen.

Zielbestimmung

Wie bei jeder Neuanschaffung muss zuerst geprüft werden, welchen Nutzen sie bringt. Diese Überlegungen sind mit der Beschreibung eines grundsätzlichen informationstechnologischen Konzepts für die Einrichtung zu verbinden. In ihm sollte auch festgehalten werden, wer für welche Aufgaben gebraucht wird und wer für welchen Bereich zuständig sein soll.

Der Hauptzweck einer Vernetzung ist die gemeinsame Nutzung von Hardware (z.B. Drucker, Internetzugang), Datenbanken und Programmen. Um dies zu erreichen, müssen die Daten und Programme an einer zentralen Stelle gelagert sein, die für entsprechend berechtigte Personen zugänglich sein muss. Diese Aufgabe wird von einem zentralen Rechner, dem File-Server, übernommen.

Die gemeinsame Nutzung kann sehr unterschiedlich aussehen: gemeinsamer Zugriff auf eine Datenbank (z.B. ein Lexikon, Adressverwaltung), Nutzung einer zentralen Applikation (z.B. Schreibprogramm) oder Einsatz von Lernspielen, die im Multiplayer-Modus laufen, d.h., die netzwerkfähig sind.

Ein weiteres Argument für eine Vernetzung ist die gemeinsame Nutzung von Druckern. Je nachdem wie leistungsfähig ein Drucker und wie groß das Datenaufkommen ist, das ausgedruckt werden soll, reicht ein Drucker für fünf bis 20 Mitarbeiter. Die teure Ausrüstung jedes PCs mit einem Drucker entfällt. Zudem kann die Wartung und Beschickung mit Patronen oder Toner zentral geregelt werden.

Die zentrale Installation von Software ist im Vergleich zur Einzelinstallation auf den Workstations sehr zeitökonomisch. Vor allem in Voraussicht auf die kommenden Erweiterungen (Updates) einer Software und die Lizenzüberwachung ist eine zentrale Verwaltung der Anwendungssoftware (Applikationen) zu empfehlen.

Die Vernetzung bietet zwei weitere sehr nützliche Möglichkeiten: den Schutz und die Sicherung der Daten. Auf dem File-Server abgelegte Daten werden durch die Vergabe von Zugangsberechtigungen geschützt. Erst nach erfolgter Legitimierung (z.B. durch ein Passwort) erhält man Zugang zu seinen Daten und das ist dann von jeder Workstation aus möglich. Es macht unabhängig davon, an welchem Gerät man gerade arbeiten möchte (was vor allem dann wichtig ist, wenn das eigene mal kaputt ist). Die Datensicherung wird ebenfalls zentral durchgeführt und erspart es dem einzelnen Benutzer, dies selbst durchzuführen. Damit entfällt auch die Kontrolle bei jedem einzelnen Benutzer, ob er die Daten gesichert hat und ob die Sicherung erfolgreich war.

Schließlich ist die gemeinsame Nutzung von zentral eingerichteten Kommunikationsgeräten, wie z.B. Fax, E-Mail oder Internet, möglich. Kostspielige Ausstattungen jeder einzelnen Workstation mit einem Modem und einem Telefonzugang entfallen. Stattdessen verwaltet der File-Server die gesamte Kommunikation mit der Außenwelt. Entsprechende Dienste müssten auf dem File-Server installiert werden, und durch einen weiteren Ausbau des File-Servers wird er zur Schnittstelle zwischen lokalem Netzwerk und dem Außennetz, dem Internet.

Die Aufgaben eines Administrators

Für den Administrator gibt es vier zentrale Aufgaben: Datensicherung, Datensicherheit, Lizenzüberwachung und Dokumentation der Arbeitsabläufe.

Dic Nutzung zentral verwalteter Dienste, Applikationen und Datenbestände macht die einzelnen Benutzer in großem Maße abhängig von der reibungslosen Verfügbarkeit dieser Komponenten. Der Ausfall nur eines Teils der Komponenten (z.B. keine Internetanbindung oder kein Zugriff auf die Datenbank) kann den Ablauf stark behindern. Es liegt in der Verantwortung des Administrators, solche Störungen auf dem schnellsten Wege und möglichst vollständig zu beheben, damit die Auswirkungen des Ausfalls gering bleiben. Deshalb ist es für den Administrator eine Pflicht, im Vorfeld Vorkehrungen zu treffen, die die Ausfallsicherheit weitgehend gewährleisten, und einen Plan für den Wiederanlauf des Gesamtsystems Netzwerk im Fehlerfall bereitzuhaben.

Es sollte ein Sicherungskonzept erstellt werden, das die Probleme der Datensicherung berücksichtigt und je nach Firma, Institut oder Schule unterschiedlich beantwortet werden muss:

- Welche Daten müssen gesichert werden?
- Wie häufig muss gesichert werden?
- Wie lange müssen die Daten aufbewahrt werden?
- Wo werden Daten gesichert bzw. mit welchem Datenträger werden sie gesichert?
- Wer ist für die Datensicherung verantwortlich und kann die Daten im Bedarfsfall auch wieder schnell herstellen?

Was für die Sicherung der Daten gilt, hat auch für die Sicherheit des Zugangs zum Netzwerk Relevanz. Für die Datensicherheit sollte ebenfalls ein Konzept erstellt werden, das die Fragen nach genauen Zugriffsrechten beantwortet:

- Welche Passworte sind erlaubt, welche nicht?
- Wer vergibt/ändert Passworte?
- Wer hat auf welche Daten Zugriff?
- Wer darf Zugriffsrechte vergeben?
- Welche Maßnamen müssen getroffen werden, um den Datenschutz zu gewährleisten?
- Was soll geschehen, wenn ein Mitarbeiter absichtlich »fremde« Daten ausspioniert?

Computersoftware ist heute glücklicherweise nicht mehr sehr teuer. Dennoch kann man sich verleiten lassen, eine gekaufte Software, die nur für einen Arbeitsplatz zugelassen ist, auch auf einem zweiten oder gar noch mehr PCs zu installieren. Von solchen Überlegungen muss sich der Administrator eindeutig distanzieren. Ihm obliegt es, dafür zu sorgen, dass die Lizenzbestimmungen strengstens eingehalten werden. Er sollte sogar regelmäßig Kontrollen durchführen, ob sich auf den Arbeitsstationen unerlaubte Software befindet. Ist dies der Fall, muss die Software entweder nachträglich lizensiert oder zumindest sofort deinstalliert werden.

Es bedarf klarer Regeln in einem Netzwerk, und der Administrator muss darauf bestehen, dass sie eingehalten werden. Hier kann ein Informationsblatt sinnvoll sein, das jedem neuen Benutzer vor der ersten Sitzung zur Kenntnisnahme vorgelegt wird. Es sollte folgende Punkte behandeln:

- einen Auszug aus der aktuellen Fassung des Datenschutzrechts, der die Verantwortlichkeit im Umgang mit Daten und strafrechtliche Konsequenzen im Falle eines Verstoßes betont;
- Lizenzbruch wird nicht als Kavaliersdelikt behandelt;
- Herstellung und Gebrauch von Raubkopien oder gecrackter Software ist verboten;
- Software darf nur nach Absprache mit dem Administrator installiert werden;
- strengstes Verbot von Hackerangriffen, Virenprogrammierung oder sonstigen Sabotagen;
- das Aufsuchen von Internet-Sites mit pornografischem, rassistischem oder kriminellem Inhalt ist nicht erlaubt;
- abgestufte Konsequenzen für die Nichteinhaltung beschreiben (z.B.: 1. Verwarnung bzw. Abmahnung; 2. Ausschluss aus dem Netzverkehr; 3. Anzeige).

Alle diese Aufgaben (Datensicherung, -sicherheit und Lizenzüberwachung) müssen vom Systemverwalter dokumentiert werden. So könnte für die Datensicherung ein Formular erstellt werden, in dem relevante Informationen eingetragen werden können wie:

- Datum und Uhrzeit der Sicherung,
- Art der Sicherung (inkrementell, komplett),
- Generation (Grandfather, Father, Son – bei inkrementeller Sicherung),
- Umfang der Sicherung (System, logische Struktur, Verzeichnisse, Dateien),
- Version der Sicherungssoftware.

In der Regel legt die Software des File-Servers verschiedene Protokolldateien (Log-Files) an, die die Arbeit und die Suche nach Fehlerquellen wesentlich erleichtern. Dennoch sollte man sein eigenes Protokoll führen, in dem alle Änderungen oder Fehler eingetragen werden. Jede Softwareerweiterung, jede Installation neuer Software und auch jeder Umbau (z.B. neue Netzwerkkarte in einer Arbeitsstation) sollten protokolliert werden. Vor allem ist es sinnvoll, die Lösung und den Lösungsweg bei einem selten auftretenden Fehler zu protokollieren, um später schnell darauf zurückgreifen zu können, ohne dass man vorher Zeit raubende Recherchen durchführen muss.

Zur Dokumentation gehört, dass für jede einzelne Arbeitsstation ein Stammblatt geführt wird. In ihm werden alle relevanten Daten und Änderungen eingetragen (Hardware, Software). So behält der Administrator Überblick über das Netzwerk und über die darin verwendeten Komponenten.

Aufbau des Netzes

Nachdem in unserem Institut die Entscheidung zur Einrichtung eines Netzwerks gefallen war, begann man mit der gezielten Suche nach einer Netzplattform, die unseren Anforderungen an Stabilität, Sicherheit und breiter Implementierung unterschiedlicher Hardware am nächsten kam. Bei uns bekam die Plattform von Novell den Zuschlag. Danach wurde eine Firma beauftragt, einen genauen und kostengünstigen Plan zur Vernetzung des Instituts zu erarbeiten. Bei der Suche der Firma war wichtig, inwieweit sie bereit war, auf die Bedürfnisse des Instituts einzugehen und Mitarbeiter bereits bei der grundlegenden Durchführung der Vernetzung (Verkabelung, Hardwarebeschaffung, Plattforminstallation und Einführung) zu integrieren. Des Weiteren ist ein auf ein Jahr begrenzter Supportvertrag für die Anfangsphase des Arbeitens mit dem Netz sehr zu empfehlen.

Für die Verkabelung wählten wir eine eingeschränkte Sterntypologie. Mehrere Naben (Hubs) sind über einen Hauptstrang (Backbone) mit dem File-Server verbunden. Von den Hubs gehen mehrere Kabelsegmente aus, an denen bis zu fünf Arbeitsstationen sowie ein Steuerungselement für Netzwerkdrucker (Printserver) und ein Netzdrucker angeschlossen sind. Als Protokollplattform bot sich Ethernet II mit dem 10 BaseT-System an. Die Kabel wurden über die abgehängte Decke geführt, wodurch wir die Installation kostspieliger Kabelschächte vermieden. Auch hier wurde genau protokolliert, welche Strecke die einzelnen Kabel über der Decke nehmen (das ist für den späteren eventuellen Austausch von großer Bedeutung).

Ein gutes Netzwerk mit einer toleranten Plattform kann Arbeitsstationen mit unterschiedlichen Betriebssystemen (z.B. PC mit Windows 95 und Macintosh) und unterschiedliche Server integrieren. Dennoch ist im Fall von Neuanschaffungen eine Chance gegeben, sich durch eine klare Konzeption und einen entsprechenden »Einkaufsplan« später anfallende Arbeiten zu erleichtern, um dann nicht »Kraut und Rüben« miteinander vernetzen zu müssen. In unserem Institut wurde bei der Neuanschaffung »officefähiger« PCs darauf geachtet, dass sie möglichst baugleich waren. Vor allem das Mainboard und die Grafikkarte mussten genau übereinstimmen. Dadurch wurde es möglich, einen »Muster-PC« einzurichten, von dem mittels einer Klonsoftware ein Klon gezogen wurde. Mit ihm kann die immer gleiche Softwarekonfiguration sehr schnell und komfortabel installiert bzw. bei Systemcrashs auf den Arbeitsstationen wiederhergestellt werden. Wer schon einmal einen PC ganz neu aufgebaut hat, weiß, dass man gut drei bis vier Stunden braucht, bis alle Einstellungen stimmen. Der Klonvorgang reduziert diese Zeit je nach Datenmenge auf ca. 15 Minuten. Aber Vorsicht! Man muss auch hier das Lizenzrecht beachten. Hierzu bieten sich Selectlösungen der Software an, wobei man eine Software-CD mit einer ID kauft, die eine bestimmte Anzahl von Nutzungsrechten beinhaltet.

Die Möglichkeit der einfachen Replizierung stand auch bei der Überlegung im Vordergrund, einen zweiten Server anzuschaffen. Beide baugleichen Server spiegeln sich, was nichts anderes bedeutet, als dass eine doppelte Speicherung der Datenbestände auf die zwei unterschiedlichen Server-Festplatten vorgenommen wird. Dies erhöht die Stabilität und Ausfallsicherheit des Netzwerkes enorm, da mit dem zeitgleichen Ausfall zweier Server nur im Falle eines Stromausfalls zu rechnen ist. Gegen den Stromausfall empfiehlt sich die Anschaffung eines so genannten UPS (Uninterruptable Power Supply). Dessen Akkus überbrücken kurzfristige Ausfälle und bieten die Möglichkeit, im Falle eines länger dauernden Ausfalls die Server herunterzufahren. Natürlich gibt es auch UPS-Monitoring-Software, die das Herunterfahren automatisch übernimmt.

Pflege des Netzes – »Das Netz lebt«

Nur wenige Tage nachdem man ein neues Netzwerk mit möglichst vielen identischen Hardwarekonfigurationen und geklonten Arbeitsstationen aufgebaut hat, beginnt sich das Netzwerk »aufzupilzen«. Die eine Arbeitsstation reagiert anders als die geklonte Nachbarstation. Der eine Mitarbeiter gestaltet die Arbeitsoberfläche seines PC um, der andere deinstalliert ein Programm, das ihm nicht sinnvoll erscheint. Aber auch Änderungen oder Ergänzungen lassen das Netzwerk wachsen. In unserem Institut wurde zunächst ein elektronisches Postamt eingerichtet, sodass man von einem externen Mail-Provider unabhängig wurde. Anschließend wurden ein Fax-Server installiert und eine eigene Website gestaltet und verwaltet. So erweiterten sich die Aufgaben des Systemverwalters von der einfachen Administration auf die Gebiete eines Postmasters und Webmasters.

Bei der Pflege des Systems gibt es eine klare Abstufung der Aufgaben. An erster Stelle stehen alle Maßnahmen, die das zentrale System betreffen. Das betrifft die morgendliche Kontrolle der Server und des Backups nach Fehlermeldungen. Anschließend wird in den Log-Files nachgesehen, ob es Virenmeldungen oder Hackerangriffe gab. Dies ist unumgänglich, wenn man eine ständige Verbindung zum Internet hat bzw. das Internet einer der Dienste ist, die dem Netzwerk abverlangt werden.

Danach erst wird auf Fehlermeldungen von Kolleginnen und Kollegen reagiert. Gibt es hierbei Fehler, die eine wichtige Komponente betreffen (z.B. Ausfall des Netzdruckers oder Inkonsistenz einer zentralen Datenbank), so sind diese vorrangig zu beheben. Im Anschluss daran werden die großen und kleinen »Wehwehchen« behandelt, mit denen man im Laufe eines Arbeitstages konfrontiert wird. Dabei darf man nicht müde werden, auch noch so scheinbar einfache Anwendungen zu erklären und den Kolleginnen und Kollegen neue Kniffe und Tricks zu zeigen, die das Auftreten ähnlicher Fehler zukünftig vermeiden helfen. Außerdem ist das eine gute Gelegenheit, den direkten Kontakt mit den Kolleginnen und Kollegen zu pflegen.

Wie ein Detektiv wird man auf die Suche nach den Gründen der Fehler gehen müssen. Auch als Scout ist man tätig, da man die Fortentwicklung des Netzes betreiben muss, um up to date zu bleiben. Regelmäßig müssen die Websites relevanter Firmen aufgesucht werden, um nach Upgrades und Patches Ausschau zu halten. Nicht zuletzt gehört auch die Lektüre mindestens einer Computerfachzeitschrift zur Arbeit.

Abschließend möchte ich empfehlen, mit anderen Administratoren (oder Kollegen in gleicher Situation) in regelmäßigen Kontakt zu treten. Ich selber treffe mich einmal im Monat mit Administratoren anderer Institute in einem Arbeitskreis. Dort diskutieren wir aufgetretene Probleme, tauschen unser Wissen aus und informieren uns über Neuerungen. Alles in allem lässt sich sagen, dass das Netz lebt und man sich darauf einstellen darf, jeden Tag etwas »Noch-nicht-Gekanntes« und »Noch-nie-Gesehenes« zu erleben.

5 Grundschule und Internet

Das Internet für Einsteiger

Otto Mantler

Warum Internet in der Schule?

Information gesucht – im Internet gefunden. Nirgendwo gibt es eine umfangreichere Ansammlung von nachschlagbarem Wissen als dort. Das Internet, genauer gesagt das World Wide Web (WWW), entwickelt sich zum Medium schlechthin. Der Slogan »Information at your fingertips« wird Realität.

Der Wissensschatz als etwas, das man sich in jungen Jahren mühsam aneignet, um dann ein (Berufs-)Leben lang davon zu zehren, ist schon lange passee. Das schriftlich fixierte Wissen der Menschheit explodiert förmlich. Mit der Informationsflut kann niemand mehr Schritt halten.

Wissen ist Macht. Diese Macht wurde in alter Zeit bestens behütet und dem »gemeinen Volk« tunlichst nicht zugänglich gemacht. Klösterliche Bibliotheken für die Oberschicht und lateinisch Geschriebenes ließen die meisten »dumm sterben«. Und in der Schule? Der Lehrer war im Besitz des Wissens. Nur durch ihn konnten die Schüler zum »Licht des Geistes« gelangen.

Schulreformen in Richtung Bildung für alle, öffentliche Bibliotheken und Institutionen der Erwachsenenbildung leisteten und leisten einen unverzichtbaren Beitrag zur Verbreitung des Wissens. Trotzdem blieb der Prozess der Entstehung und Vermittlung des Wissens im Wesentlichen eine Einbahnstraße.

Das »weltweite Netz« (WWW) bietet nun erstmals in der Geschichte die Möglichkeit, von überall auf alle Informationen zuzugreifen – und selbst Beiträge zu liefern, die wiederum von allen abgerufen werden können. Das Verhältnis »hier die Lehrenden – dort die zu Unterrichtenden« wird dadurch nicht nur infrage gestellt, sondern – in Anbetracht des unkomplizierten Umgangs des Nachwuchses mit technischen Dingen und neuen Medien – mitunter sogar auf den Kopf gestellt. Das Internet macht aber auch als Kommunikationsmittel Furore (E-Mails, Chats).

Das WWW hat sich durch seine offene, nicht hierarchische Struktur zu einem Spiegelbild unserer Gesellschaft gewandelt. Was nur denkbar ist und den Interessen irgendeiner Gruppe von Menschen entspricht, findet sich über kurz oder lang auch im Internet: Selbstdarstellung und Informationen von öffentlichen Institutionen, multinationalen Konzernen, Firmen, Vereinen und Privatpersonen, Werbung und sexuelle Angebote aller Art, Diskussionsgruppen zu fast jedem Thema, Bildungsinhalte, Forschungsergebnisse, Referate von tausenden Schulen und Universitäten rund um den Erdball. Da das Internet niemandem – oder besser gesagt allen seinen Benutzern – gehört, hat es etwas Chaotisches an sich. Das Internet nun wegen seiner Schattenseiten (gemeint sind hier pornografische und gewaltverherrlichende Inhalte) pauschal abzulehnen, bringt nicht viel. Zu sehr ist es drauf und dran, allen anderen Medien – auch dem Fernsehen – den Rang abzulaufen. Seine wirtschaftliche Bedeutung wächst ständig: Eine Firma – und sei sie noch so klein – ohne Internetanbindung und Internetpräsenz wird schon in ein, zwei Jahren so seltsam anmuten wie heute eine Firma ohne Telefon oder Fax. Die Schule – will sie nicht weltfremd sein – hat sich damit auseinander zu setzen, darauf zu reagieren. Eine Vogel-Strauß-Politik kann nicht der Weg sein. Es gilt, die positiven Seiten zu nutzen: zu lernen, wie man benötigte Informationen am effizientesten aufspürt und wie man das Gefundene richtig einschätzt und einordnet.

Entwicklung des Internets

Das Internet entstand schon vor Jahrzehnten und war ursprünglich eine Vernetzung von Rechnern aus dem militärischen Bereich und von Forschungseinrichtungen (Universitäten). Die netzwerkartige Struktur wurde zum Zweck einer möglichst hohen Ausfallsicherheit gewählt: Schickt Rechner A eine umfangreiche Nachricht an Rechner X, so wird die Nachricht in etliche kleinere Datenpakete zerlegt, die sich selbstständig Wege dorthin »suchen«. Ausgefallene Rechner unterwegs werden einfach gemieden bzw. umgangen. Am Zielrechner werden die angekommenen Datenpakete automatisch wieder zusammengesetzt. Jedem Rechner im Internet ist eine eindeutige IP-Adresse (Zahlenkombination) zugeordnet, aus der sich sein Standort innerhalb des Netzes eruieren lässt.

Das Internet besteht aus mehreren Diensten, von denen E-Mail (elektronische Post), Newsgroups (vergleichbar mit »schwarzen Brettern«, auf die Nachrichten geheftet werden, die von allen gelesen und beantwortet werden können) und FTP (File Transfer Protocol – die Übertragung von Binärdateien, z.B. Programmen, über das Internet) zu den bekanntesten gehören. Erst als Mitte der 90er-Jahre die grafische Benutzeroberfläche des Internets, das so genannte WWW (World Wide Web), entwickelt wurde, konnten Internetbotschaften nicht nur Texte, sondern auch Grafiken, Tondateien, Videos u.a. beinhalten.

Dies führte zu einem explosionsartigen Anstieg der Benutzerzahl, das Internet wurde für Privatpersonen interessant, für Schulen und für große wie kleine Firmen mittlerweile sogar fast unentbehrlich. Eine eigene E-Mail-Adresse und eine Homepage (Selbstdarstellung im Internet) werden zum Muss.

Die Technik und die Organisation – Provider, Modem, Kabel, Standleitung, Internet via Satellit

Das Internet ist ein Netzwerk von Millionen Rechnern weltweit. Prinzipiell sind also alle gleichberechtigt. Der Grad der technischen Ausstattung und vor allem das Leitungsnetz zu benachbarten Internetknoten machen jedoch einen großen Unterschied: Militärische Einrichtungen, Regierungsstellen, Unis und multinationale Konzerne sind durch äußerst leistungsfähige Standleitungen miteinander verbunden. Für Privatanwender und kleinere Schulen ist eine direkte Anbindung an das Internet aufgrund der hohen Investitions- und Instandhaltungskosten (Leitungen, Hardware) nicht sinnvoll. Für sie gibt es Firmen, zu denen sie z.B. eine Telefonverbindung aufbauen und die ihnen gegen Entgelt eine zeitweilige Teilnahme am Internet ermöglichen. Solche Firmen nennt man Provider. Die Verbindung zum Provider erfolgt im einfachsten Fall via Modem und Telefonleitung. Hierbei fallen neben den Kosten für den Provider noch die Verbindungskosten des Telefonanbieters an. Beim Anschluss via Kabel-TV oder DSL ist die Monatsgebühr deutlich höher, dafür bleibt das Telefon frei benutzbar. Weitere technische Entwicklungen (Internet via Satellit, Funknetze etc.) sind in absehbarer Zeit verfügbar. Trotz Milliardeninvestitionen in die technischen Voraussetzungen (Glasfasernetz etc.) ist das Internet vergleichsweise langsam, da die Zahl seiner Benutzer und die Menge der transportierten Daten schneller wachsen als die Kapazität der Technologie.

Das WWW und der Browser

Um die bunten Inhalte des WWW auf dem Rechner betrachten zu können, braucht man einen so genannten Browser. Wer heute einen neuen Windows-Rechner kauft, bekommt nolens volens den Browser »Internet Explorer« mitgeliefert. Auch die Konkurrenz des Beinahemonopolisten Microsoft, die Firma Netscape, gibt ihren Browser für Privatanwender kostenlos ab. In so einem Browser ist es möglich, sich per Mausklick auf »Links« (Verbindungen) von einer Internetseite (Webpage) zur anderen zu bewegen (zu »surfen«), ohne sich über die dahinter liegenden technischen Belange und Internetdienste Gedanken machen zu müssen. E-Mails und News können ebenfalls mit dem Browserprogramm gelesen und geschrieben werden, auch das bei Jugendlichen so beliebte »Chatten« (»Plaudern« mittels Tastatur zwischen mehreren Teilnehmern, die gleichzeitig »online« sind) ermöglicht der Browser.

Eine Homepage für unsere Schule?

Personen, Vereine, Schulen oder Firmen, die sich im Internet präsentieren wollen, gestalten Seiten mit Texten, Grafiken, Fotos etc. und stellen sie als »Homepage« ins Internet. Von der Homepage gelangt der Besucher dann über Links zu weiteren Seiten. Zum Erstellen von Homepages gibt es inzwischen Programme, die ähnlich leicht wie moderne Textverarbeitungsprogramme zu bedienen sind.

Zu Beginn der Selbstdarstellung im WWW mag es noch genügt haben, ein paar Zeilen über die Schule, ein paar statistische Daten des laufenden Schuljahrs, ein paar Klassenfotos und ein

Foto des Lehrkörpers zusammenzustellen – fertig war die tolle Homepage. Inzwischen lockt das kaum mehr jemanden hinter dem Ofen hervor. Regelmäßig aktualisierte Angebote, die dem Besucher wirklichen Nutzen bringen, sind gefragt. Ein erster Schritt dazu kann es sein, konsequent alles, was eine Schule nach außen mitteilt, parallel und zeitgleich im Internet zu publizieren: Stundenpläne, Schulveranstaltungen, Einladungen zu Klassenelternabenden oder Schulfesten, Berichte und Fotos von Schulveranstaltungen, Projekten und Schülerarbeiten – angefangen von Zeichenarbeiten und Kurztexten bis zu Klassentagebüchern und kompletten Schülerzeitungen. Neben einem PC mit Internetzugang braucht es dazu nicht mehr als einen Scanner zum Digitalisieren der Fotos und Zeichnungen und die einmalige Anschaffung einer Homepage-Gestaltungs-Software. Erweitern lässt sich das Ganze noch durch interaktive Elemente wie Gästebücher und Onlineumfragen zu aktuellen Themen.

E-Mail

Das ist einer der ältesten und beliebtesten Dienste des Internets. Wenn man sich durch die Anmeldung bei einem Provider einen Internetzugang geschaffen hat, erhält man meist auch eine E-Mail-Adresse. Vorausgesetzt, man macht sie anderen bekannt, kann man bald die ersten »Briefe« aus dem elektronischen Postkasten abholen. E-Mails sind blitzschnell geschrieben, abgeschickt und beantwortet. So mancher Schreibmuffel hat durch E-Mails plötzlich wieder die Lust am Schreiben entdeckt (z.B. der Autor dieses Textes). Bisher war es üblich, für die E-Mails ein eigenständiges Programm zu verwenden – einen »mail-client« – oder am Browser entsprechende Voreinstellungen zu treffen. Dieses Verfahren stellt sich jedoch als hinderlich heraus, wenn man die E-Mails auch von einem anderen als dem »eigenen« Rechner abholen oder schreiben will (z.B. in Internetcafés, auf Reisen, in der Schule). Viele Provider bieten daher inzwischen auch das Web-Mail-Verfahren an, das das »Mailen« von jedem beliebigen Internetrechner aus ermöglicht (selbstverständlich ist der Zugang zum eigenen Postfach kennwortgeschützt). Die E-Mail-Adresse, die man vom Provider erhält, hat einen Nachteil: Wechselt man zu einem anderen Provider, verliert man sie, und ankommende elektronische Post läuft möglicherweise ins Leere. Mitunter ist es daher ratsam, eine Gratis-E-Mail-Adresse zu nutzen: Es gibt etliche Firmen im Internet, die jedermann eine kostenlose E-Mail-Adresse zur Verfügung stellen (z.B. freemail.de oder gmx.net; diese Firmen finanzieren sich über Werbung oder kostenpflichtige Mehrwertdienste). Wenn man bereit ist, die mehr oder weniger aufwändige Anmeldeprozedur durchzustehen, hat man neben dem Vorteil, dass man von überall aus mailen kann, auch ein Stück Unabhängigkeit vom Provider erreicht.

Chatten

Während es bei E-Mails durchaus üblich und sinnvoll ist, den eigenen Namen zu verwenden, ist beim Chatten das glatte Gegenteil der Fall: Wer Chatten will, schlüpft zumeist in einen Fantasienamen und gibt seine wahre Identität nicht preis. Chatten – lockeres »Schreib-Geplauder« über das Internet – erfreut sich speziell bei Jugendlichen sehr großer Beliebtheit. Abgesehen von Live-Chats mit Personen des öffentlichen Lebens (Politikern, Sportlern) dreht es sich beim Chatten meistens um das Thema Nr.1, das Jugendlichen am Herzen liegt. Sprache, Ausdruck und Rechtschreibung beim Chatten halten sich nur äußerst selten an die Normen, die die Erwachsenenwelt vorzugeben versucht. Und genau das ist es wahrscheinlich, was das Chatten auch für Kinder und Jugendliche, die sich mit dem Verfassen von Texten schwer tun, so interessant macht. Meines Erachtens ist es nicht sinnvoll, als Erwachsener (Lehrer) hier den Spielverderber oder gar Zensor spielen zu wollen. Auf eines sollte man die Schüler jedoch auf alle Fälle hinweisen: Genau so, wie sie selbst beim Chatten eine Fantasieidentität annehmen, tun das auch die anderen. Das macht Spaß und eröffnet der Fantasie und aufgestauten Gefühlsregungen ein Ventil – birgt aber andererseits die Gefahr in sich, dass sich auch sexuell abnorme Persönlichkeiten und Triebtäter dieser Tarnungen bedienen, um an Kinder oder Jugendliche heranzukommen. Daher sollten die Kinder beim Chatten ihre persönlichen Daten (Name, Adresse, Telefonnummer) auf keinen Fall preisgeben.

Newsgroups

Newsgroups sind weltweit lesbare Pinwände: Man stellt eine Frage und hofft, dass jemand eine brauchbare Antwort dazuheftet. Neben sehr vielen englischsprachigen Newsgroups gibt es auch deutschsprachige. Das schwierigste Unterfangen beim »Posten« (Senden) von News ist es, zuvor die richtige Newsgroup ausfindig zu machen. Postings am falschen Ort werden zumeist mit Nichtbeachtung »bestraft«. Auch ist es sehr ratsam, vor dem Stellen einer Frage zuerst nachzuschauen, ob sie nicht schon von irgendjemand gestellt worden ist. Häufig gestellte Fragen und Antworten werden manchmal in FAQ-Lists (»frequently asked questions«) zum Nachlesen für Neueinsteiger zusammengestellt. Des Weiteren sollte man es unterlassen, seine Frage an mehrere Newsgroups gleichzeitig zu richten (so genannte Crosspostings).

Werbung und Verkaufsangebote sind – außer in den betreffenden Kleinanzeigen-Newsgroups – untersagt. Wie man sieht, heißt es im Usenet (zu dem die Newsgroups gehören) Regeln – die »Netikette« – zu beachten.

Suchmaschinen

Das Internet wächst und wächst, ohne dass es irgendwo zentral geregelt oder strukturiert wird. Logischerweise gibt es daher auch kein vollständiges »Inhaltsverzeichnis«, über das man zu den gesuchten Informationen gelangen könnte. Suchmaschinen (»Suchroboter«) durchforsten das Internet nach neuen Seiten, Überschriften und Stichwörtern. Wenn man z.B. Informationen zum Thema Grundschule sucht, kann man in das Suchfeld der Suchmaschine (z.B. »google.de«) den Begriff eingeben und bekommt in der Ausgabe nicht nur die Adressen, sondern auch einen kleinen Text, der einen ersten Eindruck von der Art der Information gibt. Keine Suchmaschine ist in der Lage, das gesamte WWW abzubilden. Es gibt auch redaktionell betreute WWW-Verzeichnisse, die naturgemäß weniger Seiten umfassen, dafür aber genauere Ergebnisse liefern. Wer eine Homepage erstellt hat und möchte, dass sie auch gefunden und besucht wird, sollte sie gleich bei mehreren Suchmaschinen anmelden.

Das Internet als Geschäftsfeld, E-Commerce und Werbung

Das Internet erlangt immer größere Bedeutung für das Geschäftsleben. Online-Shops kennen keine Ladenschlusszeiten. Ausgesucht und bestellt wird per Mausklick, bezahlt meist durch Bekanntgabe der Kreditkartendaten, per Nachnahme oder per Vorkasse. Deutlich billigere Preise bei Angeboten aus Übersee entpuppen sich allerdings oftmals nach Aufschlag der Fracht- und Zollgebühren und spätestens im Umtausch- oder Garantiefall als schlechtes Geschäft. Andererseits: Meist geht es gut, und der Versandhandel (zu dem man E-Commerce auch zählen kann) bietet auch Vorteile für die Konsumenten, nämlich leichte und schnelle Vergleichbarkeit der Preise und dadurch günstigeren Einkauf. Werbung im WWW stellt sich derzeit zumeist als »Bannerwerbung« dar: Auf dem Weg zu den gesuchten Informationen erscheinen blinkende Balken mit Werbetexten und Grafiken, die zum Anklicken (und damit Ansteuern der Homepage des Anbieters) einladen. Meine Erfahrung in diesem Zusammenhang ist folgende: Es ist leichter, an dieser Art von Werbung »vorbeizusehen«, als beispielsweise an Werbespots im TV.

Sicherheit im Netz

Das Internet ist auch ein Tummelfeld für Hacker (das sind Leute, die aus verschiedensten Motiven heraus versuchen, sich Zugang zu den Daten auf den Rechnern fremder Leute zu erschleichen) und Computerviren. Schützen kann man sich davor durch Installation eines Antivirenprogramms, das ständig im Hintergrund wacht und durch die Benützung einer Firewall.

Gute Firewalls sind für Privatanwender und Schulen meist zu teuer. Regelmäßige Datensicherung ist hier der billigste und wirksamste Schutz vor unliebsamen Überraschungen. Bei der Übertragung sensibler Daten (z.B. Kreditkartennummern, E-Mails mit vertraulichen Inhalten etc.) im Internet ist zu beachten, dass normalerweise alles im Klartext vorliegt und leicht auf allen Rechnern, die die Datenpakete unterwegs passieren, eingesehen werden kann. Will man hier auf Nummer Sicher gehen, so muss man die Daten mit einem hochsicheren Verschlüsselungsprogramm (z.B. PGP – Pretty Good Privacy) codieren.

Gefahren und Nutzen des Internets

Wie schon einleitend festgestellt, halte ich es nicht für sinnvoll, das Internet wegen seiner negativen Auswüchse (Pornografie, Verbreitung neonazistischer Anschauungen) pauschal zu verteufeln oder eine Zensur des Internets zu fordern. Diese könnte wie ein Bumerang sehr schnell in Form eines Überwachungsstaates als Einschränkung des Rechts auf freie Meinungsäußerung zu uns zurückkommen. Für besorgte Eltern und für Schulen gibt es Ansätze, mittels Software (z.B. Cyber-Patrol) den Zugriff auf bedenkliche Seiten des Internets zu sperren. Solche Sperren haben es jedoch an sich, dass sie den Reiz des Verbotenen noch verstärken und findige Kinder zum Knacken der Schutzmechanismen herausfordern. Abgesehen davon ist ein lückenloser »Jugendschutz« im Internet aufgrund seiner offenen, nichthierarchischen Struktur gar nicht möglich bzw. wäre mit einem immens großen Administrationsaufwand verbunden. Ein Aufarbeiten der Problemfelder in Gesprächen, eine Erziehung zum kritischen Medienkonsum und vor allem das Anbieten positiver Alternativen ist meines Erachtens viel sinnvoller. Meine ständig aktualisierte Sammlung von empfehlenswerten Internetseiten für Schüler, Lehrer und Eltern soll ein kleiner Schritt in diese Richtung sein: Zu finden ist sie auf meiner Homepage www.lernspiele.at.

Kinder im Netz: »WWW« = »Wir wissen, wie's geht!«

Angela Hilger

Internet in der Grundschule?

Für die meisten Grundschulkinder ist der Computer in den letzten Jahren zur Selbstverständlichkeit geworden. Kinder sind neugierig darauf, was sie mit diesem modernen »Spielzeug« so alles anfangen können und haben keinerlei Furcht vor der Technik, ganz im Gegensatz zu manchem Erwachsenen. In vielen Kinderzimmern steht bereits der eigene Computer, auf dem Spiel- und Lernsoftware gleichermaßen installiert ist. Die Diskussion pro und kontra Computernutzung von Kindern verschiebt sich in letzter Zeit mehr und mehr in Richtung »pro«, denn die meisten Eltern haben mittlerweile eingesehen, dass es ohne Computerkenntnisse auf dem Arbeitsmarkt für ihre Kinder kaum noch Chancen geben wird.

Den Einsatz des Internets betrachten viele Eltern jedoch noch eher mit Skepsis. »Zu unübersichtlich, zu unkontrollierbar, zu gefährlich«, heißen die dagegen vorgebrachten Argumente. Angesichts der täglich um Tausende größer werdenden Angebote an Websites im Internet ist das ein, wie ich meine, zu Recht bestehendes Unbehagen.

Das Thema Internet in der Schule ist erst seit 1996 präsent, seit die Initiative »Schulen ans Netz« ins Leben gerufen wurde und sich auch Grundschulen für eine Förderung bewerben konnten. Durch diese Initiative soll Kindern und Jugendlichen im Rahmen ihrer schulischen Ausbildung ein Einblick in die neuen Informations- und Kommunikationstechniken ermöglicht werden.

Heute sollte es in der pädagogischen Diskussion nicht mehr nur um das Für und Wider, sondern um den richtigen Umgang mit Computer und Internet, um deren pädagogisch sinnvolle Nutzung in Ergänzung des regulären Unterrichts gehen. Kinder lassen sich durch die neuen Lernwelten, die Computer und Internet bieten, zu eigenverantwortlichem, selbstbestimmtem Lernen motivieren. Entdeckendes Lernen, projektorientiertes Lernen, offener Unterricht, Teamarbeit und Freiarbeit sind Kennzeichen der Arbeit mit den interaktiven Medien, durch die die ganze Welt im Klassenzimmer erschlossen werden kann.

Das Internet bietet als Informations- und Kommunikationsmedium eine Kombination aus Text, Bild und Ton, ähnlich wie es auch die Enzyklopädien für den PC tun. Es entwickelt sich sehr schnell weiter und verändert sich ständig, ja beinahe täglich. Während ein einziger Computer eine mehr oder weniger begrenzte Menge an Informationen bietet, überrollt den Internetanwender eine ungeheuere Informationsflut, ermöglicht durch die weltweite Vernetzung von Millionen von Computern, die mit ihren Angeboten einen Zugriff auf das gesamte »Weltwissen« – unabhängig von Ort und Zeit – erlauben.

Angesichts dieser Informationsfülle muss man lernen damit zurechtzukommen. Methoden und Strategien der Auswahl von Informationen zu kennen ist unabdingbare Voraussetzung für eine sinnvolle Nutzung des unstrukturierten Mediums Internet. Die Arbeit mit dem neuen Medium macht nur dann Sinn, wenn es pädagogisch gezielt eingesetzt wird. Ein Herumklicken auf Web-Seiten bringt noch keinen Lernerfolg. »Blicken statt Klicken« sollte die Devise sein, also das Heraussuchen, was innerhalb der Flut aller im Internet verfügbaren Daten wichtig oder unwichtig ist.

Damit wird ersichtlich, dass sich die Rolle der Lehrkräfte verändern muss. Bei der unterrichtlichen Arbeit mit dem Internet müssen sie den Kindern Orientierungshilfen bei der Auswahl der Internetangebote bieten, das bedeutet auch, dass die Informationen in geeigneter Weise strukturiert werden müssen. So wandelt sich die Aufgabe des Lehrers vom Wissensvermittler eher zum Berater und Wissensmoderator. Ein wichtiges Element im modernen Unterricht ist damit die Hinführung zur Medienkompetenz, also die Erziehung der Kinder zu kompetenten Anwendern der neuen Kommunikations- und Informationstechnik. In Zukunft wird in den Schulen mehr und mehr Wert gelegt werden müssen auf kreatives und flexibles Denkvermögen, kooperatives Arbeiten im Team und autonomes Lernen, das durch Integration der unterschiedlichsten Technologien geprägt ist.

Praktische Arbeit im Internet

Nachfolgend möchte ich Beispiele zeigen, wie im Unterricht der Grundschule der Computer und das Internet als Medium der Kommunikation und der Informationsbeschaffung eingesetzt werden können. Lernziel unserer Internetarbeit ist demzufolge, dass die Kinder lernen, sich einerseits kompetent auf verschiedene Weise im Internet zu präsentieren (= Kommunikation) und andererseits, sich ebenso kompetent im Internet zu orientieren, um an Informationen zu gelangen (=Information).

Technische Voraussetzungen

In den meisten Grundschulen stehen die Computer in den einzelnen Klassenräumen in einer Arbeitsecke. Ein einziger Computer mit Internetanschluss genügt bereits vollkommen, um mit dem Entdecken und Ausprobieren der Einsatzmöglichkeiten des Computers und des Internets im Unterricht starten zu können.

Die Grundschule, an der ich unterrichte, ist für die Arbeit mit dem Computer und dem Internet bestens ausgestattet. Schon seit einigen Jahren werden bei uns Computer sowohl in einzelnen Klassenzimmern im Rahmen der Freiarbeit und der Differenzierung als auch zusätzlich in einem zentralen Computerraum mit 14 Rechnern für die Arbeit mit ganzen Klassen eingesetzt. Dabei handelt es sich ausschließlich um ältere, gebrauchte Geräte, die ich durch Eigeninitiative zum Nulltarif von Firmen bzw. Schülereltern überlassen bekam. Im Jahr 1997 bewarben wir uns um Aufnahme bei der Initiative »Schulen ans Netz« und werden seitdem finanziell in Form eines kostenlosen Zugangs zum Internet gefördert. Daraufhin spendete uns ein Schülervater die gesamte technische Ausstattung (Router, Netzwerkkarten etc.), dank deren wir nun von allen Rechnern im Computerraum aus Zugang zum Internet haben.

Grundlegende Fähigkeiten

Welche Voraussetzungen brauchen die Kinder für die Arbeit mit dem Computer?

Folgende grundlegende Fertigkeiten müssen den Kindern vermittelt werden: Starten/Beenden von Programmen, Bewegen innerhalb von Programmen, Eingabe über Tastatur und Maus. Beim Schreiben sind noch weitere spezifische Fertigkeiten gefordert: Schreibprogramm aufrufen, Text eingeben, ggf. Korrigieren, Speichern, Beenden des Programms, Aufrufen von bereits gespeicherten Dateien. Außerdem kommt noch das Formatieren des Textes, also das Bestimmen von Schriftgröße, Schriftart, Schriftfarbe, Zeilenausrichtung und Gestaltung von Absätzen hinzu.

Kommunikation im Internet

Der Computer bietet vor allem in Verbindung mit dem Medium Internet völlig neue Möglichkeiten kommunikativen Lernens. Kommunikation ist die Kontaktaufnahme mit anderen, und zwar mithilfe von Sprache, Schrift, Gesten, Zeichen usw. Unterricht soll das kommunikative Lernen gezielt unterstützen, um die Kinder kompetent für die Kommunikation mit anderen zu machen. Sie müssen in ihrem Alltagsleben auf vielfältige Art kommunikative Beziehungen zu anderen Menschen aufnehmen, z.B. nach dem Weg fragen, um etwas bitten, sich nach etwas erkundigen.

Kinder wollen sich mitteilen, in welcher Form auch immer. Das schriftliche Kommunizieren gewinnt dann an Bedeutung, wenn sie das Schreiben und Lesen beherrschen. Mit viel Spaß schreiben sie vor allem dann, wenn sie wissen, dass ihr Text von anderen auch wirklich gelesen wird. Das Schreiben am Computer macht auch motorisch nicht so geschickten Kindern Freude, lässt sich beliebig unterbrechen und wieder fortsetzen, ist bestens geeignet für Teamarbeit und der Text kann für viele Leser verfügbar gemacht werden. Das alles bedeutet für den Schreiber eine hohe Motivation. Die Kinder legen außerdem meist nicht nur auf den Inhalt, sondern auch auf die äußere Gestaltung eines Textes viel Wert, denn die anderen sollen ihn ja gerne lesen.

Wie kann in der Grundschule die Kommunikation mithilfe des Computers aussehen?

Ich beschränke mich bei den nachfolgenden Beispielen auf die Kommunikation durch Schrift, denn die Kommunikation durch Sprache am Computer ist zwar auch schon möglich, es fehlen aber sicher – nicht nur an meiner Schule – die technischen Voraussetzungen dazu, wie hohe Übertragungsgeschwindigkeiten, schnelle Rechner etc.

Alle nachfolgenden Beispiele stammen zwar aus dem dritten

und vierten Schuljahr, können aber leicht modifiziert sicher auch schon in der Eingangsstufe der Grundschule verwirklicht werden. Es sind Erfahrungsberichte über Aktivitäten, die ich mit meinen Schülerinnen und Schülern im Unterricht praktisch erprobt habe. Die Arbeit im Internet entwickelte sich dabei organisch aus der gesamten Arbeit mit dem Computer.

Übung grundlegender Fertigkeiten

Alle für die Kommunikation im Internet erforderlichen Fertigkeiten können spielerisch vermittelt werden und regen sehr zur Kommunikation an: Schon in der Planungsphase erfolgt ein reger mündlicher Gedankenaustausch über die einzelnen Vorhaben. Während der gesamten Arbeit und ebenfalls nach deren Beendigung kommunizieren die Kinder intensiv miteinander, wenn die Werke über den Bildschirm oder auf Ausdrucken vorgestellt und kommentiert werden.

Beispiel 1:
Ein »Bild« mit Buchstaben auf den Bildschirm »malen«

Dabei lernen die Kinder, sich im Text zu bewegen, Buchstaben oder Wörter mit der Maus zu markieren, um Schriftgröße und -farbe dem Bild entsprechend gestalten zu können, die Zeilenschaltung zu üben, mit zentrierten Zeilen zu arbeiten, löschen, korrigieren und mehr. Beim Speichern ihres Werkes lernen sie, wie man Dateien richtig benennt und an eine passende Stelle (z.B. in einen Ordner mit dem eigenen Namen) speichert, an der man sie auch wieder finden kann, denn erst dann kann eine Arbeit jederzeit wieder neu aufgerufen und an ihr weitergearbeitet werden.

Spaß macht den Kindern bei einer solchen Arbeit auch die Möglichkeit des beliebigen Vervielfältigens. Wird das Bild (oder nur einzelne Elemente daraus) kopiert, lässt sich mit einem Mausklick beispielsweise eine ganze Häuserreihe zaubern.

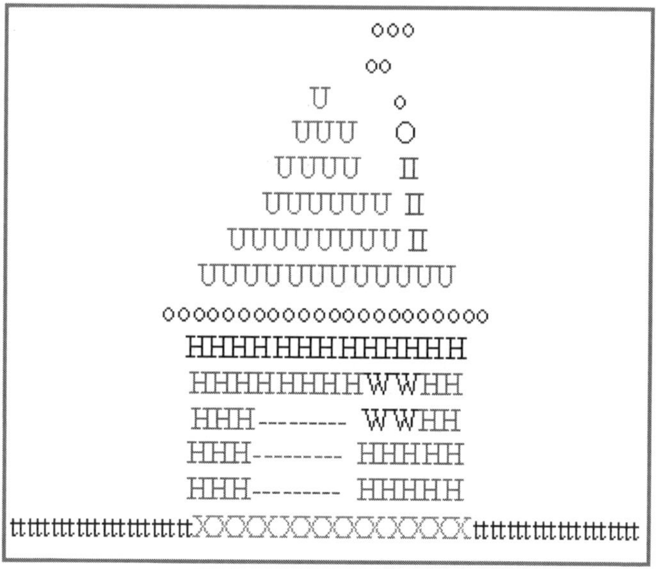

Beispiel 2:
Ein Schreibrätsel auf dem Bildschirm verfassen

Dieses Schreibspiel lässt sich sehr gut auch in einem Team spielen. Das erste Kind schreibt senkrecht untereinander ein beliebiges Wort (z.B. den eigenen Namen, ein Lieblingsspielzeug oder -tier), die weiteren Kinder ergänzen danach die vorhandenen Buchstaben zeilenweise ebenfalls mit passenden Begriffen.

Hierbei werden hervorragend Techniken geübt, die zum Schreiben von Texten auf dem Computer notwendig sind.

M artina
O tto
N orbert
I rene
K arl
A nton

Klassenkorrespondenz

Sind die Kinder im Schreiben mit dem Computer vertraut, kann mit der Klassenkorrespondenz begonnen werden. Klassenkorrespondenz ist schon seit Freinet eine bewährte Methode, Kinder zum Schreiben und Lesen zu motivieren, indem sie mit den Mitschülern und Mitschülerinnen schriftlich kommunizieren. Mit dem Computer, den viele Menschen überwiegend als komfortable »Schreibmaschine« nutzen, bietet sich hierfür eine sehr gute Möglichkeit.

Zum Schreiben genügt ein einfaches Schreibprogramm wie »Wordpad«, das in Windows integriert ist. Alle auf dem Computer installierten Schriften in verschiedenen Farben und Größen dürfen dabei ausprobiert werden. Außerdem können die Kinder ihren Text auch mit Bildern, die sie mit einem Zeichenprogramm selbst erstellen (z.B. mit »Paint«, ebenfalls in Windows integriert), oder mit »Cliparts« illustrieren.

So lassen sich motivierende Botschaften und Briefe für andere Kinder auf den Bildschirm zaubern. Diese Art der Korrespondenz regt sowohl zum Schreiben als auch zum Lesen an. Der Vorteil, den viele Kinder beim Schreiben mit dem Computer schätzen, ist das äußere Erscheinungsbild des Textes, da auch die größten »Schmierer« perfekte Arbeiten zustande bringen.

E-Mails schreiben

In allen Jahrgangsstufen der Grundschule ist eines der Lernziele des Deutschunterrichts das Schreiben von Briefen. In diesem Bereich der Sprachgestaltung lässt sich das Internet als Kommunikationsmittel in hervorragender Weise einsetzen, und zwar durch das Verfassen von E-Mails (= elektronische Briefe), einer weltweit verbreiteten Form schriftlichen Kommunizierens. Wurde im Unterricht die äußere Form eines Briefes besprochen und eingeübt, so können die Kinder einen Brief nicht nur auf herkömmliche Weise schreiben und im Umschlag mit der Post versenden, sondern auch eine E-Mail per Computer schreiben und mit einem einzigen Mausklick an den Adressaten abschicken.

Bei beiden Briefformen sind die meisten Lernziele dieselben: Anrede, sprachlich und rechtschreiblich richtige Gestaltung des Inhalts, Gruß, Angabe von Empfänger sowie Beachten der äußeren Form. Beim Schreiben einer E-Mail entfallen lediglich das Achten auf eine ordentliche Handschrift und die Angabe des Absenders, der automatisch beim Versenden angefügt wird. Inhalte der elektronischen Briefe können selbstverständlich alle Themen sein, die für die Kinder von Interesse sind.

So haben wir beispielsweise unsere Steckbriefe, die wir im Aufsatzunterricht (auf Papier) verfasst hatten, in den Computer getippt, einer anderen Schulklasse geschickt, uns damit vorgestellt und auf diese Weise persönliche E-Mail-Freundschaften zwischen einzelnen Kindern hergestellt. Rätsel und Witze wurden ebenso verschickt wie Berichte über schulische Aktivitäten oder der Gedankenaustausch über Themen, die Kinder interessieren. Eine Klasse schrieb uns beispielsweise, dass sie momentan ein bestimmtes Lieblingsspiel hätten. Weil wir dieses Spiel jedoch nicht kannten, fragten einige meiner Schüler schriftlich nach, wie man es denn spiele, und »postwendend« kam die genaue Anleitung über unseren E-Mail-Briefkasten zurück. Diese Art der Informationsbeschaffung bzw. des Gedankenaustausches ist sicher eine sehr unmittelbare und spontane Kommunikation, die im Alltagsleben der Erwachsenen eine ständig zunehmende Rolle spielt.

Für Grundschulkinder bedeutet das rasante Tempo, mit dem die E-Mails beim jeweiligen Adressaten ankommen, eine große Motivation zum Schreiben. So konnten wir beispielsweise von einer weit entfernten Schulklasse, mit der wir regelmäßige E-Mail-Kontakte pflegten, einige Male unmittelbar nach Verschicken einer Nachricht eine Antwort entgegennehmen. Diese Möglichkeit führte dazu, dass wir unsere Schülerinnen und

Schüler bewusst einmal in der Woche in einer bestimmten Unterrichtsstunde Briefe schreiben ließen, die noch am gleichen Tag beantwortet wurden.

In der vierten Klasse ist im Aufsatzunterricht das Schreiben von Briefen an eine Behörde vorgesehen. Wir entwarfen zunächst auf dem Papier einen Brief an unseren Bürgermeister, in dem wir ihn um einen Unterrichtsbesuch unserer Klasse im Rathaus baten. Wir erklärten ihm genau, welche Ziele wir mit unserem Besuch verfolgten und unterbreiteten ihm auch gleich einige Terminvorschläge. Nachdem ich die Briefentwürfe korrigiert hatte, durften die Kinder sie, statt eine »Reinschrift« ins Aufsatzheft bzw. auf Briefpapier schreiben zu müssen, als E-Mail verfassen. Meine Schülerinnen und Schüler machten sich begeistert an die Arbeit, wussten sie doch, dass einer ihrer Texte wirklich abgeschickt werden sollte. Das geschah dann natürlich auch im Namen der ganzen Klasse. Die übrigen E-Mail-Entwürfe druckten wir aus und klebten sie sozusagen als Reinschrift ins Aufsatzheft.

Groß war die Freude, als gleich am nächsten Tag die Antwort-E-Mail aus dem Rathaus in unserer Mailbox war und ausgedruckt sowie für alle Kinder kopiert wurde, um sie ebenfalls ins Aufsatzheft zu kleben.

Online-Schülerzeitung

Seit einigen Jahren leite ich eine Arbeitsgemeinschaft, die zweimal pro Jahr eine Schülerzeitung erstellt. Bei den Kindern verstarkt sich bei der Präsentation ihrer Texte das Bewusstsein, für Leser zu schreiben. Sie präsentieren sich einer breiten Leserschaft als Autoren. Seitdem wir eine eigene Schulhomepage haben, veröffentlichen wir einen großen Teil der Schülerzeitung auf einer Website. Dadurch werden die Texte noch weiter verbreitet und haben wesentlich mehr Leser als die gedruckte Papierausgabe, was für die Autoren einen noch größeren Schreibanreiz bedeutet.

Für die Online-Schülerzeitung schreiben die Kinder ihre Artikel wie gewohnt mit dem Computer und speichern die mit Word geschriebenen Texte in HTML ab. Ich füge sie dann, wenn alle Beiträge komplett sind, in die Homepage ein. Finden Kinder dann ihren Text im Internet wieder, erfüllt sie das mit Stolz und Freude. Einige Eltern schafften sich sogar schon extra einen eigenen Internetzugang an, um die Arbeiten ihrer Kinder auf unseren Websites anschauen bzw. um sie Verwandten präsentieren zu können.

Wir verwenden bei der Erstellung der Schülerzeitung das Internet jedoch nicht nur zur Präsentation der Schülerarbeiten, sondern auch zur Recherche für das Schreiben eigener Beiträge und vor allem zum Kennenlernen von anderen Schülerzeitungen. Im »Schulweb« (www.schulweb.de) lassen sich gezielt viele Schulen Deutschlands mit eigener Schülerzeitung finden. Höchst interessiert wird darin geschmökert und die eine oder andere Anregung für eigene Artikel entnommen bzw. mit unserer eigenen Arbeit kritisch verglichen.

Oftmals gehen dann sogar Leserbriefe (E-Mails) von einer Schule zur anderen oder es werden einvernehmlich einzelne Artikel als »Gastartikel« in die gedruckte Ausgabe der Schülerzeitung übernommen. Diese Möglichkeiten, die ohne Internet wohl so nie zustande kommen würden, erweitern den Horizont der »Redakteure« in erheblichem Maße. Sie können vergleichen, kritisieren, Ideen sammeln, beurteilen, bewerten und vieles mehr.

Gestalten von Webseiten

Mit Microsoft Word 2000 lassen sich Webseiten sehr einfach gestalten, wenn man die Websymbolleiste einblendet. Webelemente wie Cliparts, Banner, Aufzählungen, Trennlinien und Hintergründe können durch ein paar Mausklicks eingefügt werden. Ein Katalog mit fertigen Designs steht, wenn gewünscht, ebenfalls zur Verfügung.

Zunächst können die Kinder üben, wie man Hyperlinks herstellt: Ein Hyperlink ist eine Verknüpfung zu einem anderen Objekt. Ein Wort oder Bild führt den Leser, wenn er es mit der Maus anklickt, zu einer anderen Seite – egal ob diese Seite sich irgendwo auf einem Rechner im Internet oder einfach auf einer anderen Seite im gleichen Rechner befindet. Die Leser können so rasch und problemlos zu weiterführenden Informationen springen. Möglich sind Links zu anderen Seiten eines Dokuments oder zu beliebigen Internetadressen.

Für die Erstellung von Webseiten ist es zunächst nicht von Bedeutung, ob diese Seiten auch wirklich einmal ins Internet übertragen werden oder nicht, denn auch »offline«, also lokal direkt auf dem Computer, ergeben sie ein elektronisches Lesebuch für die Mitschüler, in das die Linktechnologie (Bilder, Ton etc.) eingebaut und über den Internetbrowser wiedergegeben werden kann.

Beispiel 1:
Webseiten (mit Hyperlinks) zum Thema
»Leben an unserem Schulteich«

Nachdem im HSK-Unterricht der dritten Klasse das Thema »Leben am Wasser« durchgenommen worden war und die originale Begegnung an unserem Schulteich vielfältige Beobachtungsergebnisse erbracht hatte, erfolgte für die Arbeitsgemeinschaft »Computer« die Aufgabenstellung, für andere Kinder unserer Schule das Thema als »elektronisches Lesebuch« aufzubereiten. Es wurde in Aussicht gestellt, dieses Buch danach als Webseiten in unsere eigene Schulhomepage einzufügen. Da das komplexe Thema in Form eines elektronischen Buches dargestellt werden sollte, mussten Seiten geplant werden, die man nach Belieben aufschlagen und in denen man blättern konnte. Dazu waren etliche Links, also Verknüpfungen nötig.

Zunächst wurde ein genaues »Drehbuch« erstellt: Was ist wichtig und lesenswert? Was gehört alles auf die Startseite? Wie teilen wir die übrigen Seiten ein? Welche Texte, welche Bilder sind nötig? Wo sollen Links gesetzt werden, wohin sollen sie die Leser führen? Wie kommt man zum Inhaltsverzeichnis zurück?

In arbeitsteiligen Gruppen erstellten die Schüler und Schülerinnen zunächst auf dem Papier den Plan ihrer Seite. Nachdem genau festgelegt worden war, wie die einzelnen Seiten auszusehen hatten, ging es an die Arbeit am Computer, wo die Gruppen ihre Seite mit Texten und Bildern gestalteten. Bei den Bildern kann man auf fertige Cliparts zurückgreifen oder Fotos bzw. Zeichnungen einscannen. Diese Zeit raubende und schwierige Vorarbeit wurde den Kindern von mir abgenommen, sodass sie nur noch unter mehreren passenden Beispielbildern auszuwählen brauchten.

Als alle Seiten fertig gestellt waren, fügten wir die Links ein. Dabei musste angegeben werden, auf welche Seite verwiesen werden sollte. Man kann die vorherige bzw. nächste Seite auswählen oder aber eine beliebige Seite. Deshalb ist es sehr wichtig, einen genauen Plan auf dem Papier zu erstellen, damit man einen Überblick darüber hat, auf welcher Seite sich was befindet. Es schien den Kindern auch wichtig, auf jeder einzelnen Seite die Möglichkeit zu bieten, auf die Startseite zurückzukommen, um sich über ein Menü etwas Neues auswählen zu können.

Zum Schluss wurde das komplette Dokument noch mit passenden Rahmen und Hintergründen geschmückt und deren optische Wirkung verglichen und diskutiert. »Schön« muss nicht immer auch »gut lesbar« heißen! Und schon ließ sich das fertige Projekt über den Internetbrowser begutachten. Auch Schüler der anderen Klassen unserer Schule lesen sehr gerne unsere Seiten. Wir teilen ihnen immer ganz offiziell mit, dass es auf unseren Computern wieder etwas Neues zu lesen gibt, und laden sie hierzu in den Computerraum ein.

Das fertige Projekt »Unser Schulteich« ist auf der Homepage unserer Schule zu begutachten. Adresse: www.m.shuttle.de/m/gsk3/teich/teich1.htm.

Beispiel 2:
Webseiten (ohne Links)

Ganz einfache, wesentlich schneller zu erstellende Internetseiten ohne Hyperlinks lassen sich auf folgende Weise mit einer ganzen Klasse im Rahmen des regulären Unterrichts erstellen: In einer neuartigen Form von Sachniederschrift schreiben die Kinder Wichtiges zu einem bestimmten Thema aus dem vorangegangenen Unterricht auf. Nach dem zunächst mündlichen Sammeln von brauchbaren Aussagen werden Texte in Gruppen- oder Partnerarbeit auf Papier aufgesetzt. Dabei ringen die Schüler intensiv um gute Formulierungsmöglichkeiten, denn »für das Internet« zu schreiben ist doch für alle etwas ganz Besonderes. Danach wird eine sinnvolle Reihenfolge festgelegt und die einzelnen Kinder tippen nacheinander ihre Texte mit einem Textverarbeitungsprogramm in den Computer und speichern es als Webseite, also als HTML-Dokument ab. Nach jeder eingegebenen Textpassage können Rechtschreibfehler rasch und problemlos ausgebessert und der vollständige Text zur abschließenden Begutachtung ausgedruckt werden. Wenn es an der Schule technisch möglich ist, lassen sich solche Internet-Sites natürlich auch mit eingescannten Bildern optisch aufwerten.

Sind alle mit dem Ergebnis zufrieden, muss diese Arbeit von der Lehrkraft (bzw. vom Webmaster) nur noch in die Schulhomepage eingebunden werden. Sie steht damit im Internet allen zur Verfügung. Selbstverständlich können die einzelnen Artikel von anderen Klassen auch »offline«, also lokal auf den Festplatten in unserem Computerraum gelesen werden.

Einige Beispiele für solche einfachen Webseiten finden sich auf unserer Schulhomepage zu Themen wie »Der Schäfflertanz«, »Unsere Lesewoche – Ein berühmter Kinderbuchautor bei uns zu Gast«, »Von Rittern und Burgen«, »Was wir über das Wasser wissen«, »Interessantes über den Wald«, »Unser Besuch bei der Polizei«.

(Alle Seiten sind zu finden unter der Adresse www.m.shuttle.de/m/gsk3/sonstige/themen.htm.)

Das Internet als Informationsmedium

Wie oben bereits bei der Arbeit mit unserer Online-Schülerzeitung angedeutet, verwenden wir das Internet häufig auch zur Beschaffung von Informationen für die eigene Arbeit. Für Grundschüler bedeuten das Schmökern bzw. Surfen im Internet eine Möglichkeit, spannende »Reisen« zu unternehmen, ja die ganze Welt ins Klassenzimmer hereinzuholen. Um sich jedoch im unüberschaubaren Internet orientieren und bewegen zu können, ist es unabdingbar, dass die Kinder Hilfen zur Selektion der Datenflut an die Hand bekommen. Erhalten sie auf die Eingabe eines bestimmten Suchbegriffs Tausende von dazu passenden Websites, dann hat eine weitere Recherche wohl keinerlei Sinn.

Ich habe sehr gute Erfahrungen mit einer speziellen Suchmaschine für Kinder (»Blinde Kuh«, www.blinde-kuh.de) gemacht. Hier werden für Kinder interessante Internetseiten übersichtlich und verständlich dargeboten und beim Weitersurfen gelangt man automatisch nur auf Kinderseiten. Die Schüler wählen, wie das folgende Beispiel zeigt, begeistert die in Teamarbeit gefundenen Informationen aus und bewerten sie hinsichtlich ihrer Brauchbarkeit für den Unterricht. So wird das Wissen selbsttätig erworben, Erkenntnisse werden miteinander verknüpft und Dinge können aus verschiedenen Perspektiven betrachtet werden.

Beispiel 3

Im regulären HSK-Unterricht in der dritten Klasse wurde ausführlich das Thema »Wasser« mithilfe von allen möglichen zur Verfügung stehenden Medien durchgenommen. Dabei erinnerten sich einige Kinder, bei der »Blinden Kuh« einmal Seiten entdeckt zu haben, die ebenfalls vom Wasser handelten. Sie wollten nachschauen, ob sie noch weitere interessante Informationen zum Thema finden und diese dann der Klasse vorstellen könnten. Also machten sie sich in Kleingruppen an die Arbeit und hatten nach kurzer Zeit eine Fülle von zusätzlichem Material, das sie auf die Festplatten unserer Computer in einem Ordner »Wasser« speicherten und der übrigen Klasse zeigten. Dabei erklärten sie jeweils, was sie sich aus dem Internet herausgesucht und warum sie gerade dieses Bild, diese Animation, diesen Text gewählt hatten. So wurde der gesamte Stoff des Themenkomplexes wiederholt, aktualisiert und ergänzt. Die Computerarbeitsgemeinschaft meiner Klasse trug im Anschluss daran eine Fülle von Informationen aus dem Unterricht und aus dem Internet zusammen und wir publizierten diese gesamte Projektarbeit auf einer neuen Seite unserer Homepage (www.m.shuttle.de/m/gsk3/wasser/wasser.htm).

Manchmal ist es aber nötig, nach Informationen im gesamten Internet zu suchen, sodass die Kindersuchmaschine allein nicht ausreicht. Statt meine Schülerinnen und Schüler aber völlig frei herum»surfen« zu lassen, lasse ich sie lieber gezielt »tauchen«, indem ich ihnen passende Adressen zur Auswahl anbiete. Geeignete Informationen aus diesem begrenzten Angebot herauszufinden ist für Grundschulkinder mühsam und zeitaufwendig genug.

Beispiel 4

In der vierten Klasse war eine Woche Aufenthalt im Schullandheim angesagt. Ziel war die Jugendherberge in Burghausen. Unser Programm sollte mithilfe des Internets vorbereitet bzw. geplant werden. In Gruppen durchforsteten die Kinder die Website der Stadt. Einzelne Seiten, die ihnen lohnenswert erschienen, sammelten sie als Bookmark (Lesezeichen), druckten sie aus und stellten sie den anderen im Unterricht vor. Im gemeinsamen Gespräch gediehen die Planungen so weit, dass wir das Programm erstellen konnten. So buchten wir direkt, also online, eine »Plättenfahrt« (= alter Salztransportkahn) auf der Salzach, meldeten uns für eine Burgführung an, wussten die Öffnungszeiten und Eintrittspreise des Hallenbads und für Regenwetter auch der Museen, planten den Besuch des Minigolfplatzes, warfen einen Blick in die Jugendherberge und konnten darüber hinaus auf den Fotos der Websites schon einen ersten Eindruck von dem reizvollen alten Städtchen gewinnen. Als wir schließlich vor Ort waren, freuten sich die Kinder, als sie verschiedene Gebäude aus dem Internet in der Realität wiedererkannten. Sie begrüßten das Städtchen wie eine alte Bekannte.

Rückblick und Ausblick auf die Arbeit im Internet

Verwendet man das Internet im Unterricht, erfordert dies selbstverständlich neue Unterrichtskonzepte, wie etwa das Gewähren von zeitlichen und inhaltlichen Freiräumen, denn es kann ja nicht die ganze Klasse zur gleichen Zeit online forschen. So kann projektorientiertes Lernen durch die Arbeit mit dem Internet sehr gut unterstützt werden. Wir verwenden dabei das Internet jedoch immer nur als zusätzliche und keineswegs als die alleinige Möglichkeit der Informationsbeschaffung. Alle traditionellen Medien wie Bücher, Lexika, Bilder/Fotos, Filme, Videos und dergleichen haben selbstverständlich nach wie vor ihren Stellenwert.

Es macht in meinen Augen keinen Sinn, mühsam und langwierig im Internet nach etwas zu suchen, das man wesentlich einfacher und schneller in einem Lexikon finden kann. Ich thematisiere das auch im Unterricht. Wenn es um die Recherche zu einer bestimmten Thematik geht, besprechen wir immer ganz genau, wie und wo wir uns die benötigten Informationen beschaffen können. Die Recherche im Internet ist dann meistens nur eine von mehreren Möglichkeiten.

Information der Eltern

Bevor ich mit der Einbeziehung des Internets in die reguläre Unterrichtsarbeit begann, informierte ich die Eltern meiner Schülerinnen und Schüler auf einem Elternabend von dem Vorhaben und stieß damit auf ungeteilte Zustimmung. In einem Fragebogen gaben sie außerdem über ihre Erwartungen, Bedenken und Wünsche Auskunft. Die überwiegend aus der gehobenen Mittelschicht stammenden Eltern haben zum großen Teil selbst Zugang zum Internet und bewerten das neue Medium durchwegs positiv. Sie sehen es als zunehmend größer werdenden Teil der Lebenswirklichkeit und erwarten sich von seiner Einbeziehung in den Unterricht eine zukunftsorientierte Ausbildung ihrer Kinder und das Erlernen eines kompetenten Umgangs mit den modernen Technologien.

Der einzige Vorbehalt, der dagegen laut wurde, war die Befürchtung, dass die Kinder beim Surfen im Internet eventuell auf nicht kindgemäße Seiten wie etwa Gewalt oder Sex stoßen würden. Diese Bedenken konnte ich jedoch mit dem Hinweis auf eine dementsprechende Sperre im Browser ausräumen. Außerdem halte ich die Aufsichtspflicht während des Surfens im Internet sehr genau ein.

Reaktion der Kinder

Mittlerweile gehört die Arbeit mit dem Internet seit einigen Jahren zu meinem Unterricht. Die Kinder empfanden das nur ganz am Anfang als etwas Besonderes und waren dementsprechend höchst motiviert. In der Zwischenzeit hat sich jedoch bei den neu übernommenen Klassen die Euphorie meiner ersten »Internet-Klasse« gelegt. Die Kinder arbeiten ganz selbstverständlich damit wie mit jedem anderen unserer Computerprogramme auch. Das Internet ist Alltag geworden und sie widmen sich ihm mit unterschiedlicher Intensität. Wer schreibfaul ist, drängt sich auch beim Verfassen von E-Mails nicht vor, wer dem Computer nicht allzu viel abgewinnt, der greift lieber zum Buch, wenn es um Informationsbeschaffung geht. Zum Surfen im Internet haben längst nicht alle Kinder immer Lust.

Ich akzeptiere das natürlich und biete die Arbeit im Internet auch immer nur im Rahmen der Freiarbeit an, sodass jederzeit die Möglichkeit besteht, sich mit etwas anderem zu beschäftigen. Doch im Großen und Ganzen sind die Schülerinnen und Schüler so begeistert von dem neuen Medium, dass fast alle an der Arbeitsgemeinschaft »Schülerzeitung und Computer« teilnehmen, die nachmittags stattfindet und in der intensiv mit dem Internet gearbeitet wird.

Ausblick der Lehrkraft

Dank der hervorragenden Ausstattung unserer Schule mit Computern und Internetzugangsmöglichkeiten hat sich für mich und meine Klasse die Arbeit mit dem Internet bisher als den Unterricht durchweg bereichernd erwiesen. Das Verfassen von Seiten für unsere Homepage sowie das von E-Mails sind echte Schreibanlässe, die ich nicht mehr missen möchte. Die Informationsbeschaffung im Internet wird zwar sicher immer mehr an Bedeutung gewinnen, ich halte es aber für sehr wichtig, dass meine Schülerinnen und Schüler dabei kompetent handeln und das Internet immer nur als eine Möglichkeit unter vielen anderen betrachten, um an Informationen zu kommen.

Es sind zunehmend mehr Webseiten mit unterrichtsrelevanten Inhalten zu finden, doch sie zu entdecken ist für Grundschulkinder nicht immer einfach. Gibt man in einer Suchmaschine z.B. den Begriff »Auge« ein, dann werden Tausende von Fundstellen aufgelistet. Freies »Herumsurfen« ist also wenig sinnvoll. Deshalb suche ich zur Unterrichtsvorbereitung ständig nach interessanten Seiten im Internet, was bei der Fülle des Angebots einen erheblichen Zeitaufwand bedeutet. Auch die Kosten, die mir dabei zu Hause für den Internetanschluss und die Telefongebühren entstehen, sind nicht gerade gering.

Doch die Kosten und Mühen für diese innovative Unterrichtsform nehme ich gerne in Kauf, weil ich davon überzeugt bin, damit meinen Schülerinnen und Schülern den Weg in die zukünftige Informations- und Wissensgesellschaft ebnen zu können.

Internet in der Grundschule? – Ein Einblick in die Erfahrungen von Schulen ans Netz e.V.

Anja Throm

Die Erfahrungen aus der relativ kurzen Geschichte des Vereins »Schulen ans Netz« machen die rasante Entwicklung hinsichtlich der Anwendung des Internets im Unterricht der Grundschulen deutlich. Zu Beginn der Initiative 1996, als die ersten Schulen über den vom Bundesministerium für Bildung und Forschung und von der Deutschen Telekom AG initiierten Verein ans Internet angeschlossen wurden, ging es allein um die weiterführenden Schulen. Grundschulen wurden nicht einbezogen – selbst der reine Computereinsatz ganz ohne Online-Anbindung war hier noch umstritten.

In der vierten Förderrunde 1999 wurden die Grundschulen erstmals ausdrücklich angesprochen und in die Förderung aufgenommen. Diese Entwicklung ging einher mit der zunehmenden Verankerung der neuen Medien in den Lehrplänen und Rahmenrichtlinien für den Grundschulunterricht. Die einzelnen Bundesländer setzen dabei noch heute ganz unterschiedliche Schwerpunkte, wobei der Computereinsatz als solcher mittlerweile unumstritten ist. Hinsichtlich der Nutzung des Internets in den ersten Klassen der Schulausbildung gibt es jedoch noch divergierende Meinungen.[1]

---

1 Im Mitteilungsblattes des Grundschulverbandes findet sich eine Gegenüberstellung der Aktivitäten der einzelnen Bundesländer zu diesem Thema (Grundschulverband Aktuell 2000).

Dies mag nicht zuletzt an den zurzeit wenig zufrieden stellenden technischen Lösungen und sinnvollen pädagogischen Konzepten liegen. Nichtsdestotrotz sollten wir uns der Aufgabe stellen, das Internet in den Unterricht der Grundschule zu integrieren. Denn einerseits wird es zu einem immer selbstverständlicheren Bestandteil unserer heutigen Informationsgesellschaft und gehört damit zur Lebenswelt von Kindern, andererseits bietet es eine Fülle an Möglichkeiten, interessante Lernanlässe zu schaffen und die Schule nach außen zu öffnen.

Schulen ans Netz e.V. hatte sehr bald erkannt, dass neben der ursprünglich rein technischen Unterstützung der Schulen auch eine inhaltliche Unterstützung notwendig sein werde. Aus diesem Grund wurden mehrere Projekte initiiert, die sich dieser Fragestellung widmen und auf diese Weise auch medienpädagogische Akzente setzen. Es wurde ein Onlinedienst für Lehrerinnen und Lehrer eingerichtet, der den Einsatz der neuen Medien durch umfangreiche Informationen und Anregungen in der Unterrichtspraxis unterstützen soll und die Erfahrungen von internetengagierten Lehrerinnen und Lehrern einer breiteren Öffentlichkeit zugänglich machen will. Es wurden und werden inhaltliche Projekte entwickelt, die innovative Wege hinsichtlich der Anwendung der neuen Medien im Unterricht beschreiten (siehe z.B. Afrika Life [www.africalife.de], Exilclub [www.exilclub.de]), und es werden Wettbewerbe durchgeführt (siehe uni@schule [www.uni-schule.de], EnterPreis [www.san-ev.de/enterpreis]).

In meinem Beitrag möchte ich auf die für Grundschulen relevanten Projekte von Schulen ans Netz e.V. eingehen: das Grundschulangebot von Lehrer-Online, EnterPreis und Naturdetektive. Des Weiteren werden Lehrerinnen zu Wort kommen, die bereits seit einiger Zeit das Internet im Unterricht nutzen.

Lehrer-Online – Informationen zum Thema »neue Medien im Unterricht«

Die Aufgabe von Schulen ans Netz e.V. ist unter anderem, Lehrerinnen und Lehrer beim Einsatz der neuen Medien und des Internets im Unterricht zu unterstützen (siehe Vereinssatzung: www.san-ev.de/docs/satzung.asp). Eine sinnvolle Unterstützung bietet der ständig wachsende Online-Informationsdienst »Lehrer-Online« (www.lehrer-online.de), dessen Entwicklung vom Bundesministerium für Bildung und Forschung gefördert wird.

Lehrer-Online bietet neben täglich aktualisierten bildungspolitischen Nachrichten konkrete Hilfen und Vorschläge für den Einsatz der neuen Medien im Unterricht, die von einem qualifizierten Redaktionsteam zusammengestellt werden. Unterstützt wird das Redaktionsteam von Lehrerinnen und Lehrern, die experimentierfreudig im eigenen Unterricht die Möglichkeiten im Einsatz der neuen Medien entwickeln und erproben. Ziel war, den vielen durch das Engagement von einzelnen Lehrerinnen initiierten Prozessen eine bundesweite Plattform zu bieten und andere anzuregen, sich ebenfalls an das Thema heranzuwagen. Schon früh wurde erkannt, dass die neuen Medien nicht nur ein Thema für die weiterführenden Schulen sind, sondern dass auch und gerade in der Grundschule erstaunliche Potenziale hinsichtlich einer sinnvollen Nutzung schlummern.

Um einen Eindruck über die Vielfältigkeit der Nutzungsmöglichkeiten zu geben, seien hier einige der im Grundschulbereich von Lehrer-Online veröffentlichen Beispiele skizziert.

Fortsetzungsgeschichten

Im Sprachunterricht kann man durch Fortsetzungsgeschichten, die im Internet veröffentlicht werden, vielfältige Schreibanlässe schaffen. Durch das Internet ist eine Kooperation von mehreren Klassen möglich. Die Veröffentlichung der Texte für andere macht den Kindern die Notwendigkeit deutlich, eine – hinsichtlich der Rechtschreibung und des Ausdrucks – für alle verständliche Fortsetzung zu schreiben. Eine Variante besteht darin, dass jedes Kind einer Klasse die Geschichte weiterschreibt und sich die Klasse dann gemeinsam darauf einigt, welcher Teil im Internet veröffentlicht wird.

- Siehe Rubrik »Mach mit!«: die Mitschreibgeschichten der Pestalozzischule in Gladbeck
- Siehe Rubrik »Unterrichtspraxis«: der Geschichtenwurm – Eine Geschichte macht einen »Stafettenlauf« und wird immer länger. »Der Geschichtenwurm« geht sogar noch einen Schritt weiter, indem es keine lineare Fortsetzungsgeschichte ist, sondern sich die Geschichte nach jedem Kapitel in mehrere Möglichkeiten verzweigt und in verschiedenen Enden mündet. Auf diese Weise wird die Möglichkeit der Verlinkung bzw. der hypermedialen Textstruktur anschaulich aufgezeigt.

E-Mail-Partnerschaft

Auch E-Mail-Partnerschaften bieten motivierende Schreibanlässe. Grita Nissen, Lehrerin einer Dorfschule an der Nordsee, schreibt von ihren Erfahrungen einer Partnerschaft mit einer kleinen schweizerischen Dorfschule am Bodensee. Wichtig ist, dass die Kinder Unterstützung durch anregende Schreibanlässe bekommen. So haben sich die beiden Klassen nicht auf eine reine »Brief«-Freundschaft beschränkt, sondern zur gleichen Zeit die gleichen Unterrichtsthemen behandelt. Die Konsequenz war, dass die Wikinger auch am Bodensee thematisiert wurden und man Gemeinsamkeiten und Unterschiede des Dorflebens feststellte (Rubrik »Unterrichtspraxis«).

Internationale Kooperationsprojekte

Kelly-Koala und seine Freunde

Der Stofftier-Koalabär reiste um die halbe Welt von der Orchard Grove Grundschule in Melbourne, Australien, bis nach Berlin. Die Berliner Grundschulkinder schrieben Geschichten über Kelly-Koala, machten Fotos und die Ergebnisse wurden im Internet veröffentlicht. Mittlerweile hat Kelly-Koala viele Bärenfreunde bekommen, die von Klasse zu Klasse reisen und viele spannende Abenteuer erleben. Zwei von ihnen sind bereits in Südafrika und Argentinien gelandet. Ihre Abenteuer sind ausführlich im Internet beschrieben und veranschaulichen eindrucksvoll die Möglichkeiten eines multimedialen Schreibprojekts (Rubrik »Mach mit!« – Bärenclub).

Mit Kommissar Kugelblitz durch Europa – ein Projekt zur Lesemotivation

Mit dem Comenius-Projekt (www.kitzingen.de/st-hedwig/comenius/) unserer Autorin Brigitte Umkehr, an dem fünf europäische Schulen beteiligt waren, wurden die Kinder durch das Internet zum Lesen »verlockt«. Ziel war es, unter dem Titel »Mit Kommissar Kugelblitz durch Europa« eine gemeinsame Detektivgeschichte zu schreiben, die durch verschiedene europäische Länder führt. Dazu gehörte im Vorfeld natürlich eine intensive Auseinandersetzung mit dem Thema. Die Schülerinnen und Schüler lasen verschiedene Detektivbücher und beschäftigten sich mit den kulturellen Besonderheiten der beteiligten Länder. Die Kitzinger Grundschüler dachten sich einen spannenden Geschichtenanfang aus, dieser wurde von den Schülerinnen und Schülern des jeweiligen Landes fortgesetzt, in dem die Verfolgungsgeschichte weiterging. Unterstützung hatten die deutschen Kinder durch die Kinderbuchautorin Ursel Scheffler, die per E-Mail mit der Klasse in Kontakt stand und die Geschichten der Kinder überarbeitete.

Anhand dieser Beispiele wird deutlich, welche interkulturellen Erfahrungen man sich mittels Internet aus weit entfernten Ländern ins Klassenzimmer holen kann. Die Ergebnisse aus den Projekten haben gezeigt, wie motivierend das für die Kinder ist und welchen Spaß sie dabei haben. Ein weiterer Aspekt der internationalen Projekte ist die Möglichkeit, eine Begegnung mit einer Fremdsprache (meist Englisch) innerhalb situativer Kontexte in den Unterricht einfließen zu lassen. Das Internet bietet auf diese Weise authentische und reale Anlässe, die Sprache kennen zu lernen und zu nutzen.

Informationsrecherche im Internet

Informationen lassen sich für viele Anlässe recherchieren, für unterschiedliche Sachunterrichtsthemen, zur Vorbereitung einer Klassenfahrt (Fahrpreise, Wetter, Sehenswürdigkeiten vor Ort etc.) oder aus aktuellen Anlässen. Das Internet bietet eine Fülle von Informationen, die sowohl aus Texten, Bildern, Sprechtexten, Tönen als auch Filmen bestehen können. Allerdings liegen diese Informationen ohne einheitliche Struktur, oft ohne qualitative Garantie und meistens nicht für Kinder als Zielgruppe vor. Damit wird es unabdingbar, mit den Kindern Strategien zu entwickeln, wie man an sinnvolle und nützliche Informationen herankommen und diese anschließend bewerten kann. Es ist auch wichtig zu erfahren, dass nicht jede Suche zum Ziel führt, dass man leicht vom Weg abkommt und dass nicht alle Informationen für Kinder geeignet sind. Aus diesen Erkenntnissen kann man gemeinsam gewisse Verhaltensregeln für den Umgang mit dem Internet entwickeln.

Bei dem Grundschulangebot von Lehrer-Online finden sich neben diesen Ideen für die Unterrichtspraxis Hinweise auf weiterführende Internetpublikationen und Angebote der einzelnen Bundesländer. Es werden regelmäßig Grundschulhomepages vorgestellt, die einen riesigen Fundus an Projektideen, Informationen und Erfahrungen bieten. Ein besonderes Anliegen ist es, unter der Rubrik »Mach mit!« Projekte von Schulen und anderen Institutionen zu präsentieren, die Kinder verschiedener Altersstufen zum virtuellen Mitmachen einladen. Außerdem werden informative, nichtkommerzielle Kinderseiten vorgestellt und Vorschläge für die Nutzung der Inhalte im Unterricht gemacht. Ein moderiertes Forum bietet allen Interessierten die Möglichkeit zum aktiven Austausch von Tipps, Meinungen und Fragen.

Um in Zukunft die Möglichkeiten der aktiven Beteiligung zu verbessern, wird der Grundschulbereich von Schulen ans Netz e.V. weiterentwickelt und ausgebaut. Mitte des Jahres 2001 wird eine innovative Arbeitsplattform zur Verfügung stehen, die es ermöglicht, ohne große Vorkenntnisse gemeinsam mit den Kindern Homepages anzulegen. Da das Projekt vom Bundesministerium für Bildung und Forschung gefördert wird, stehen diese Dienste kostenfrei zur Verfügung. Und: Experimentieren ist ausdrücklich erwünscht! (www.lehrer-online.de/grundschule).

EnterPreis – der Internetwettbewerb für Grundschulen

Im Oktober 1999 auf dem BundesGrundschulKongress in Frankfurt startete Schulen ans Netz e.V. den 1. deutschen Internetwettbewerb für Grundschulen »EnterPreis« (www.san-ev.de/enterpreis). Ziel des Wettbewerbs war das gemeinsame »entern« des Internets, indem Schülerinnen und Schüler und ihre Lehrerinnen zu einem selbst gewählten Thema eine Homepage erstellen sollten. Unterstützt wurde der Wettbewerb von der »Maus«, dem Grundschulverband, dem Bundeselternrat und zahlreichen Sponsoren.

Die Resonanz auf diesen Wettbewerb hat unsere Erwartungen bei weitem übertroffen. Von den rund 400 angemeldeten Teams aus dem gesamten Bundesgebiet lieferten 260 Teams einen onlinefähigen Beitrag ab. Das Interessante war, dass viele Lehrerinnen und Lehrer den Sprung ins kalte Wasser gewagt haben, indem sie den Wettbewerb als Anlass genommen haben, sich erstmals dem Thema »Internet« zu nähern. Gemeinsam mit dem Kinderteam und der ausdrücklich erlaubten Unterstützung kompetenter Eltern haben sie die Reise ins Internet angetreten.

Die Idee[2]

Durch den Wettbewerb sollten die Grundschulteams angeregt werden, sich auf sinnvolle und kreative Art mit den neuen Medien zu beschäftigen. Die Aufgabenstellung sah vor, dass sich Kinder – im Sinne des selbstorganisierten Lernens – ein für sie

2 Auszüge aus Speck-Hamdan/Throm 2000.

interessantes Thema aussuchten, sich damit unter Nutzung aller möglichen Informationsquellen auseinander setzten und es schließlich eigenständig auf einer Website so gestalteten, dass es für andere Kinder auch interessant ist.

Jedes Team hatte eine Lehrerin bzw. einen Lehrer als Coach, der den gemeinsamen Lernprozess moderierte und, wo es nötig war, Hilfe leisten konnte. Technische Unterstützung von kompetenten Eltern oder Studenten konnte hinzugezogen werden und im Werkstattbereich des »EnterPreis« wurde von Frau Dr. Granzer ein Online-Einführungskurs in die Erstellung von Webseiten angeboten. Es ging aber keineswegs um ein technisch perfektes Ergebnis, sondern um eine möglichst adäquate Umsetzung der Kinderideen in das Medium Website. Gefördert werden sollten die kreativen und sozialen Lernprozesse der Kindergruppe. Jedes Team erstellte deshalb eine Dokumentation über den Verlauf seines Projekts. Die Grundidee des Wettbewerbs hatte also in erster Linie nichts mit einer Einführung in ausgewählte Computerprogramme zu tun, wie sie von verschiedenen Seiten auch für Kinder angeboten werden. Sie ging einen wesentlichen Schritt weiter und verfolgte ein umfassenderes Ziel. Hinsichtlich des neuen Mediums setzte sie direkt an der Neugier des Kindes an, das wissen möchte, wie die Dinge sind und wie sie entstehen. Den Kindern sollte der Blick hinter die Kulissen der Medienwelt eröffnet werden – eine Idee, die im Übrigen auch schon bei Freinet zu finden ist. Dadurch, dass sie selbst am Entstehungsprozess einer Website beteiligt sind, gewinnen sie Distanz und Kritikfähigkeit gegenüber dem, was das Netz ihnen in Überfülle anzubieten hat. Die Auseinandersetzung mit Problemen wie dem Copyright, der Benutzerführung, der Verlinkung oder der Struktur von Websites wird über eine Erweiterung ihrer diesbezüglichen Kompetenz vor allem auch ihren Blick auf andere Websites schärfen. Ihre Fähigkeiten zur Bewertung und Beurteilung von Informationen wachsen. Über diese medienpädagogischen Zielsetzungen hinaus förderte »EnterPreis« auch projektorientiertes, selbstorganisiertes Lernen von Kindern. Um interessante Websites zu gestalten, muss man sich erst einmal selbst über den Interessengegenstand kundig machen. Man muss Informationsquellen finden und erschließen. Man muss auswählen, was wichtig, was verwertbar ist und was aus der Sicht des Betrachters von Interesse sein könnte. Man muss sich in dessen Position versetzen, um ihn richtig führen zu können. Man muss sich schließlich Gedanken darüber machen, wie man Wissens- oder Mitteilenswertes mithilfe der zur Verfügung stehenden Technik aufbereitet. Dabei wird dann diskutiert, im Netz gesurft, in Büchern gelesen, geschrieben, in der Natur beobachtet, gezeichnet, fotografiert, komponiert, eingescannt, gebastelt und ... – kurzum die ganze Breite dessen genutzt, was Kindern an Lernmöglichkeiten zur Verfügung steht. Die Ergebnisse des »EnterPreis« waren entsprechend vielfältig.

Die Ergebnisse

Als die Jury[3] unter dem Vorsitz von Ranga Yogeshwar (Leiter der Redaktion Wissenschaft beim WDR) die Beiträge unter die Lupe nahm, sah sie sich keiner einfachen Aufgabe gegenüber. Die Kinder hatten bewiesen, dass sie die Möglichkeiten des neuen Mediums aufs Vielfältigste zu nutzen verstanden hatten. Beliebte Themen waren Tiere oder auch Naturerscheinungen wie das Wetter oder die Sterne. In der Kategorie »Autoren und Künstler« erfreuten sich Spuk- und Gespenstergeschichten großer Beliebtheit. Aber auch die Beschäftigung mit Malern oder Komponisten regte die Kinder zu fantasievollen Beiträgen an. Deutlich war der Spaß zu spüren, den die Teams beim Produzieren ihrer Websites gehabt haben müssen. Viel Aufschluss gaben

3 Die Jury bestand aus einer Kinderjury der Montessori-Grundschule in Bonn und einer kompetenten Erwachsenenjury.

die Dokumentationen, in denen auch die aufgetretenen Probleme und Hindernisse beschrieben wurden, etwa wenn es darum ging, die Erlaubnis zum Abdruck einer bestimmten Abbildung zu erhalten, oder wenn die technischen Fähigkeiten nicht ausreichten, um die durch kommerzielle Computerspiele hoch gesteckten Ideen in die Tat umzusetzen. Es wurde ausdrücklich Wert darauf gelegt, bei der Bewertung der einzelnen Beiträge Produkt und Prozess gleichermaßen zu berücksichtigen. Die Erwachsenenjury und die Kinderjury, die unabhängig voneinander tagten, kamen zu dem gleichen Ergebnis: Sie ermittelten sieben Siegerteams. In einigen Fällen bedauerte die Jury, nur jeweils einen Sieger in jeder Kategorie benennen zu dürfen. Es gab eine ganze Reihe von weiteren hervorragenden Websites, die unter der Adresse www.san-ev.de angesehen werden können. Der Blick in diese Schatzkammer lohnt sich in jedem Fall: Man begegnet kleinen Gespenstern, die johlend durch den virtuellen Raum fliegen, oder Kindern aus allen Teilen der Welt, die Rezepte für leckere Speisen vorstellen. Man erfährt, wie man Meerschweinchen zu behandeln hat oder wie Kinder früher gespielt haben. Man muss Rätsel lösen, Puzzles zusammensetzen oder Schachzüge vorschlagen. Interessierte finden aber auch Antwort auf die Frage, mit welchen Mitteln und mit wessen Hilfe diese oft erstaunlichen Ergebnisse möglich wurden.

Die beteiligten Teams haben gezeigt, dass Lernen mit dem Internet aktiv, kreativ, fantasievoll und kooperativ sein kann. Die Anstrengungen haben sich für alle gelohnt: Abgesehen vom Wissenszuwachs für die Beteiligten steht jetzt für alle Interessierten über die oben genannte Internetadresse ein Fundus an Lerngelegenheiten bereit, der sicher viele neue Projekte anregen wird (www.san-ev.de/enterpreis).

»Naturdetektive« – Naturerfahrungen mit dem Internet

»Naturdetektive« (www.naturdetektive.de)[4] ist ein Internetangebot für Kinder, das in beispielhafter Weise aufzeigt, was qualitativ hochwertige Angebote für die unterrichtlichte Anwendung bieten können. Es wurde 1998 in Kooperation mit Schulen ans Netz e.V. entwickelt, um den Begriff und den Inhalt der »Internationalen Konvention über die Biologische Vielfalt« in der Öffentlichkeit bekannt und sie für Kinder »begreifbarer« zu machen. Mittlerweile hat sich das Projekt von einem reinen Schulprojekt zu einem Bürgerprojekt entwickelt, d.h., es können Schülerinnen und Schüler, Familien, Naturschutzgruppen oder auch Einzelpersonen teilnehmen.

Die Kinder werden über das Internetangebot aufgefordert, selbst mit detektivischem Spürsinn aktiv zu werden und die Natur in ihrer Umgebung genau zu beobachten. Im Jahr 2001 werden folgende 12 Tier- und Pflanzenarten sowie Naturphänomene thematisiert:

- Die Graue Runzelflechte – Algenpilz oder Pilzalge?
- Libellen am Teich – Hochglanzflieger
- Der Löwenzahn – Pusteblume und tausend Silberschirme
- Der Kleine Fuchs – Beflügelter Diamant
- Das Rotkehlchen – Guter Gartengeist
- Die Honigbiene – Fliegender Löffel Honig
- Wildgemüse – Natur pur

---

4 Die Naturdetektive sind ein Beitrag des Forschungs- und Entwicklungsvorhabens »Deutscher Clearing-House Mechanismus«, des Bundesumweltministeriums (BMU), des Bundesamts für Naturschutz (BfN) und der Zentralstelle für Agrardokumentation und -information (ZADI).

- Die Esche – Baum-des-Jahres-2001
- Spuren der Waldarbeit – Lebendiger Wald
- Die Phänologische Uhr – Wem die Blumen-Stunde schlägt!
- Fremde Pflanzenarten – Unendliche Geschichten
- Der Weißstorch – Nord-Süd-Wanderer auf Ost- und Westrouten

Zu den einzelnen Themen gibt es ausführliche Hintergrundinformationen und jedes Thema wird von einer Fachperson betreut.

Eine Besonderheit dieser Staffel ist, dass ein Thema – die Honigbiene – von einer Schulklasse mit Unterstützung ihres Biologielehrers und eines örtlichen Imkervereins betreut wird.

Neben der Aufforderung zur Naturbeobachtung mit genauem Beobachtungsauftrag werden die Kinder angeregt, ihre Erkenntnisse im Internet zu veröffentlichen. Auf einer eigenen Reporterseite haben sie die Möglichkeit, ausführlicher von ihren Erfahrungen zu berichten. Die Ergebnisse werden auf einer interaktiven Deutschlandkarte unter den Kriterien »WANN wurde die Beobachtung gemacht?«, »WO wurde die Beobachtung gemacht?« und »VON WEM wurde die Beobachtung gemacht?« miteinander verknüpft. Auf diese Weise kann man sich ein Bild davon machen, wann und wo zum Beispiel die ersten Störche von ihrem Winterquartier wieder in Deutschland eingetroffen sind, wann die ersten Jungen schlüpfen und wann sie sich wieder zurück auf die Reise ins Winterquartier begeben.

Über ein Forum besteht die Möglichkeit, zu jedem Thema mit der betreuenden Fachperson in Kontakt zu treten. Die Kinder können Fragen an die Fachperson stellen und über das Forum auch miteinander kommunizieren.

fentlichten Geschichten. Geschichten für die eigene Schulhomepage werden im Rahmen des Aufsatzunterrichts verfasst.

Zusätzlich biete ich eine Internet-AG an, bei der die Kinder den Umgang mit einem Browser und den Umgang mit einem Webseitenprogramm kennen lernen. In der AG aktualisieren wir unsere Grundschulhomepage und erstellen weitere Beiträge. Die Kinder wirken auch bei der Kinderseite von »Radio Oberland« mit.

Wie organisieren Sie den Interneteinsatz im Unterricht?

Die Schule hat einen Computerraum, der so ausgestattet ist, dass immer drei Kinder an einem Computer arbeiten können. Der Computerdienst, der die E-Mails abholt, wechselt jede Woche. In der Freiarbeit können die Kinder die Post bearbeiten. Nachmittags nutzen wir den Computerraum als Internetcafé.

Welche Sicherheitsmaßnahmen bei der Nutzung des Internets treffen Sie?

In der Grundschule auf dem Land sind Sicherungsmaßnahmen eigentlich nicht nötig, da die Schüler nie unbeaufsichtigt arbeiten. Wir haben noch kein Programm gefunden, das zuverlässig bedenkliche Internetseiten herausfiltert, aber gleichzeitig nicht alle informativen Seiten sperrt. Mit einem der getesteten Filterprogramme wird z.B. unsere eigene Schulhomepage gesperrt.

Warum halten Sie den Einsatz des Internets für sinnvoll?

Das Internet und den Umgang mit dem Computer halte ich für die neue Kulturtechnik, wobei ich den Umgang mit dem Computer genauso wichtig finde wie den Umgang mit dem Internet. Außerdem ist der Computer ein wichtiges Motivationsmittel. Weiterhin erleichtert er der Lehrerin/dem Lehrer die Darstellung von Sachverhalten und die Präsentation des Unterrichtsthemas.

Welche Meinung haben die Kinder, Eltern und Kollegen zu diesem Thema?

Die Kinder sind sehr begeistert.

Die Eltern finden es toll, haben aber keine Ahnung, was für Zeit und Energie die betreuende Lehrperson investieren muss. Die Kolleginnen nutzen den Computer gerne, sind aber nicht bereit, Zeit zum Erlernen des Umgangs und zur Betreuung des Computers zu investieren.

Was müsste sich verbessern, damit der Einsatz des Internets in Zukunft ein integraler Bestandteil des Unterrichts werden kann?

Die Ausstattung der Schulen muss verbessert werden. Das ist auf der einen Seite ein finanzielles Problem: Wer bezahlt die Computer? Wer bezahlt die Instandhaltung des Systems? Auf der anderen Seite besteht ein zeitliches Problem: Computer auf Spendenbasis sind sehr betreuungsintensiv, der Systembetreuer (Anmerkung: von Beruf Lehrerin!) der Grundschule erhält in Bayern keine Stundenermäßigung. Ich investiere wöchentlich ca. zehn zusätzliche Stunden ohne eine zeitliche und finanzielle Anerkennung zu erhalten.

Außerdem muss die Ausbildung aller Lehrerinnen und Lehrer stark forciert werden. Dabei wird meines Erachtens der didaktische Aspekt zu wenig beachtet.

Der Austausch zwischen den Schulen und Lehrern, die bereits mit dem Internet Erfahrungen gesammelt haben, muss besser organisiert werden. Wir brauchen Arbeitsgemeinschaften und Möglichkeiten des Erfahrungsaustausches im näheren Umfeld. Ich komme mir oft wie ein Alleinkämpfer in der Wüste vor. Die

Eltern sollten auch einen Beitrag leisten, z.B. durch die Betreuung der Computer oder finanzielle Unterstützung.

Interview mit Brigitte Umkehr von der St.-Hedwig-Grundschule in Kitzingen

Brigitte Umkehr unterrichtet seit 1991 als Lehrerin an der St. Hedwig-Grundschule in Kitzingen. Schon 1993 begann sie in einer damaligen zweiten Klasse mit Computern zu arbeiten. Seitdem beschäftigt sie sich intensiv mit Möglichkeiten, Computer und das Internet in Grundschulen einzusetzen.

Homepage der Schule: www.kitzingen.de/st-hedwig/

Wie nutzen Sie das Internet im Unterricht?

Wir nutzen das Internet hauptsächlich für E-Mails zu anderen Grundschulen und weiterführenden Schulen im Ausland. Es werden Brieffreundschaften zu Schülerinnen und Schülern geknüpft, die Deutsch lernen. Außerdem haben wir bereits per E-Mail Kontakt zu Kinderbuchautoren aufgenommen. Ich nutze E-Mails auch zur gegenseitigen Kommunikation mit den Kindern.

Im Internet suchen wir Informationen zu den verschiedensten Themen, z.B. über Autoren, Länder, Brauchtum, Künstler. Im letzten Schuljahr hatten wir zu einer verabredeten Zeit regelmäßig einen Chat mit einer anderen Schulklasse (siehe Homepage von uns). Auf unserer Homepage fassen wir unsere Projektergebnisse zusammen und schreiben Fortsetzungsgeschichten.

Wie organisieren Sie den Interneteinsatz?

Zu Beginn erkläre ich zwei Kindern, wie das Abrufen und Versenden von E-Mails funktioniert. Dann ist jeden Tag ein anderer

Schüler dran, der die E-Mails holt und sich in einem Steckbrief vorstellt, der wiederum an die Partnerschule geschickt wird. Die beiden Helferschüler stehen für Erklärungen und Hilfestellung bereit.

Welche Vorbereitungen treffen Sie?

Bei der Internetrecherche treffe ich vorher schon eine Auswahl guter Seiten, damit die Suche im Unterricht nicht ins Leere geht.

Warum halten Sie den Einsatz des Internets für sinnvoll?

Das Internet bietet unendlich viele Informationsmöglichkeiten. Das Veröffentlichen von Texten auf der Schulhomepage ist ein guter Anlass, Texte zu verfassen und zu bearbeiten. E-Mails ermöglichen eine schnelle und kostengünstige Kommunikation auch über Ländergrenzen hinweg.

Was müsste sich in Zukunft verbessern, damit der Einsatz des Internets ein integraler Bestandteil des Unterrichts werden kann?

Der Internetzugang im Klassenzimmer und in der Lernwerkstatt müsste schnell und kostenfrei sein. Die Rechner- und die Systembetreuung kann auch in Grundschulen nicht von einer Lehrerin/einem Lehrer geleistet werden, sondern sollte von einer Fachperson übernommen werden. Es fehlen noch spezielle Kinderseiten, die auf schulische Themen abgestimmt sind, sowie moderierte Plattformen für Kinder.

Interview mit Barbara Wachter von der Grundschule Gödenroth in Rheinland-Pfalz

Barbara Wachter (Jg. 54) hat 1978 ihr 2. Staatsexamen gemacht und ist seit fünf Jahren Schulleiterin der Grundschule Gödenroth. Seit dieser Zeit arbeitet sie mit den PCs im Unterricht, wobei sie den Schritt ins Internet vor zwei Jahren anlässlich des Wettbewerbs EnterPreis gewagt hat.

Homepage der Schule: www.welleg.bildung-rp.de/index.htm

Wie nutzen Sie das Internet im Unterricht?

Unter Aufsicht und Anleitung – während der Freiarbeit, der Wochenplanarbeit, dem Stationenlernen – dürfen die Schüler (hauptsächlich der dritten und vierten Klasse) im Internet surfen. Meistens nutzen sie das Internet zur Informationsbeschaffung zu Themen in allen Fächern.

Wie organisieren Sie den Interneteinsatz im Unterricht?

Wir haben einen fahrbaren Computertisch, sodass einer der drei schnellen PCs in die gewünschten Klassen gefahren werden kann. Alle Klassen und Zusatzräume wie die Aula haben Intranetanschlussdosen – allerdings fehlen noch die entsprechenden PCs!

Schüler, die den Internetführerschein erworben haben, dürfen vor und nach dem Unterricht und während der Pausen ohne Aufsicht surfen und mailen. Ein älterer PC im Lehrerzimmer ist als Proxy eingerichtet und ermöglicht allen PCs des Intranets Zugang zum Internet. Es sind für jede Klasse E-Mail-Adressen bei @welleg.de eingerichtet, auch im Intranet können E-Mails bei @welleg.home verschickt werden. Von dem E-Mail-Angebot wird reger Gebrauch gemacht! Alle anderen Kinder nutzen das Internet nur unter Aufsicht im Unterricht bzw. in der Internet AG.

Welche Sicherheitsmaßnahmen bei der Nutzung des Internets treffen Sie?

Virenscanner und Firewall sind in Vorbereitung. Besondere Filter werden wir auch in Zukunft nicht einsetzen, da der Internetführerschein genügend Sicherheit bietet. Zum Internetführerschein gehören eine Ausbildung im Surfen, Suchen, Mailen und eine Schulung im verantwortungsbewussten Umgang mit dem Internet (Netikette). Mit dem Abschlusstest verpflichten die Schüler sich mit ihrer Unterschrift, die folgenden Regeln einzuhalten: nicht auf verbotene Seiten wie Sex, Gewalt und Rechtsradikalismus zu gehen sowie den höflichen Umgang bei E-Mails.

Die Idee dazu kam von den Kindern selbst und hat sich in der Praxis bewährt, denn sie wollen ja schließlich nicht ihren Internetführerschein verlieren! Sie beobachten und disziplinieren sich gegenseitig. Ein Eingreifen von Lehrern war bislang noch nicht notwendig. Stichprobenartig kontrollieren wir den Cache, haben aber noch nichts Verdächtiges gefunden.

Warum halten Sie den Einsatz des Internets für sinnvoll?

Internetarbeit als multimediale Arbeit wird aus dem Leben der Kinder nicht mehr wegzudenken sein. Wir alle (Schüler und Lehrer) müssen uns daher dem Wandel stellen! Bereits jetzt verfügt eine wachsende Anzahl von Kindern über erstaunliche Medienkompetenz in diesem Bereich. Eine pädagogische Aufarbeitung der notwendigen methodischen, sozialen und kommunikativen Kompetenzen ist daher dringend notwendig – sonst macht es ja keiner!

Außerdem: Internetarbeit macht Spaß und bietet zusätzliche Möglichkeiten, den Unterricht zeitgemäß zu gestalten. Auch der kreative Umgang mit der Webgestaltung bietet neue Formen der Veröffentlichung, bedeutet aber auch eine neue Herausforderung an den Unterricht: Die Arbeit ist sehr zeitaufwändig und nur mit zusätzlichen oder AG-Stunden zu leisten.

Welche Meinung haben die Kinder, Eltern und Kolleginnen und Kollegen zu diesem Thema?

Die Schüler sind begeistert dabei – egal wie die Vorkenntnisse sind. Sie lernen schnell und sind wissbegierig. Die Eltern begrüßen die Internetarbeit grundsätzlich. Sie weisen aber auch auf die Gefahren hin, d.h. Missbrauch mit unerlaubten Seiten (vor der Zeit mit Internetführerschein!). Eltern haben nicht alle Internetzugang und sind so ihren Kindern unterlegen. Wenn die Internetarbeit zu viel Raum einnimmt, kommt die Angst, dass benotete Qualifikationen zu kurz kommen. Kolleginnen und Kollegen verfügen ebenfalls über unterschiedliche Internetkompetenz, was sich auch in ihren Einstellungen zu der Internetarbeit »offenbart«. Die Bereitschaft zur Fortbildung ist vorhanden – nur die Möglichkeiten sind aus verschiedenen Gründen reduziert. Auch bei den Kollegen ist der Druck oft sehr groß, »nicht zu viel Zeit zu verlieren« – Zeit, die man für die benoteten Fächer braucht.

Was müsste sich verbessern, damit der Einsatz des Internets in Zukunft ein integraler Bestandteil des Unterrichts werden kann?

Zunächst wäre eine bessere Ausstattung mit »vernünftigen« PCs (drei pro Klasse wäre mal ein Anfang!) – unterstützt vom Ministerium oder von Schulträgern – wünschenswert. Dann wären bessere Bedingungen für Lehrerfortbildung in diesem Bereich notwendig. Didaktisch-pädagogische Ansätze sind vorhanden – praktisch erprobte und direkt verwendbare Materialien fehlen fast gänzlich!

Aber noch mehr führt die fehlende offizielle Anerkennung

dazu, dass Eltern und Kollegen »keine Zeit« für multimediale Arbeit »verschwenden« wollen. Offizielle Akzeptanz im Curriculum würden den Lehrerinnen den Rücken freihalten und sie zur multimedialen Arbeit ermuntern. Ein weiteres, nicht zu unterschätzendes und kontinuierlich wachsendes Problem besteht in der Notwendigkeit, dass man eine zuverlässige und kontinuierliche Administrierung, Wartung und Betreuung der »multimedialen Technik« benötigt. Es müsste ein ständiger »Helfer« zur Seite stehen, um erfolgreiche, flüssige Computerarbeit zu gewährleisten.

Als Letztes müssten die Rechtsfragen geklärt werden. Konflikte mit dem Datenschutz und Copyright bei Schülerbildern sind noch nicht zufrieden stellend gelöst. Auch wäre eine pauschale Lösung für alle Schulen mit der Gema (vergleichbar mit den öffentlich-rechtlichen Sendern) wünschenswert.

Auch bei erst wenig vorhandenen Erfahrungen sollte man sich nicht beirren lassen! Internetarbeit mit Schülern ist notwendig und macht Spaß!

Was noch zu tun bleibt – Fragen, die die Zukunft beantworten wird

Die kommunikativen und kreativen Potenziale in der Nutzung des Internets im Grundschulunterricht wurden ausführlich beschrieben. Es ist auch angeklungen, dass es noch viele offene Fragen gibt, die es oft nicht leicht machen, diese Potenziale im Unterricht zu nutzen. Da diese Frage zum heutigen Zeitpunkt noch niemand zufrieden stellend beantworten kann, möchte ich zum Abschluss einige Gedanken dazu skizzieren und Forderungen für die Zukunft formulieren. Die Fragen beziehen sich auf vier Bereiche: die technische Grundausstattung an Schulen, die pädagogische Einbettung der neuen Medien in den Unterricht, die organisatorischen Rahmenbedingungen und die Lehreraus- und -fortbildung.

Technik

Trotz vielfältiger Initiativen mangelt es immer noch an technischer Ausstattung in den Grundschulen. Der Etat ist oft so knapp, dass es sogar an ganz elementaren Dingen wie Kopierpapier mangelt und meist viel dringendere Anschaffungen anstehen als ein neuer Computer oder Drucker. Außerdem investieren die computerinteressierten Lehrerinnen und Lehrer unverhältnismäßig viel Zeit in die Betreuung der Systeme. Dies kann und darf nicht sein: Damit das Internet sinnvoll im Unterricht genutzt werden kann, muss die Technik zuverlässig funktionieren und regelmäßig überprüft werden – und das von Fachleuten und nicht von den Lehrerinnen und Lehrern. Außerdem fehlt es gerade im Grundschulbereich noch an bediener- und kinderfreundlicher Soft- und Hardware. Das ist meines Erachtens aber nur eine Frage der Zeit, denn bei der schnell voranschreitenden technologischen Entwicklung und mit der flächendeckenden Verbreitung der neuen Medien wird uns die Handhabung in Zukunft möglicherweise so einfach erscheinen wie jetzt die Bedienung des Fernsehers. Voraussetzung dafür, dass sich Lehrerinnen und Lehrer nicht mehr um die Technik kümmern müssen, sondern sich auf deren pädagogisch sinnvollen Einsatz konzentrieren können, ist die professionelle Organisation des Technikeinsatzes in den Schulen. Schulen ans Netz e.V. erarbeitet und erprobt hierfür im Auftrag des BMBF Konzepte in und aus der Praxis, zu denen entsprechende Informationen vorliegen (www.san-ev.de).

Pädagogische Fragestellungen

Es gibt noch keine zufrieden stellende Konzeption, bei welchem Thema, zu welchem Zweck, in welcher Form und in welchem Umfang der Einsatz des Internets im Grundschulunterricht sinnvoll ist. Die jetzigen Erkenntnisse beruhen meist auf den Erfahrungen internetbegeisterter Lehrerinnen und Lehrer. Auf der Basis dieser Erfahrungen lässt sich feststellen, dass es sinnvoll sein kann, den Computer und das Internet als ein Lernangebot unter vielen anzubieten. Die neuen Medien sollten ihren festen Platz neben der Klassenbibliothek, der Druckerei, der Schreibmaschine, der Leseecke, den Bastel- und Malutensilien haben. Für den Lernprozess der Kinder sind originäre Erfahrungen unabdingbar. Diese können und sollen meines Erachtens auch nicht durch neue oder alte Medien ersetzt werden. Allerdings können diese Medien einen Lernprozess sinnvoll begleiten und unterstützen, indem sie reale Lese- und Schreibanlässe bieten, Kreativität und produktorientiertes Arbeiten fördern und vor allem die Möglichkeit zum selbstbestimmten Lernen bieten. Die neuen Medien sollten integraler Bestandteil des Unterrichts werden, und in diesem Zusammenhang gilt es, tragfähige pädagogische Konzepte zu entwickeln. In der jetzigen Situation liegt die große Chance, das Lernen in der Schule neu zu überdenken.

Organisatorische Fragestellungen

Organisatorische Fragen beginnen bei der technischen Ausstattung: Wie viele PCs sollen in einer Klasse stehen? Sollen alle PCs miteinander vernetzt sein und die Möglichkeit bieten, ins Internet zu gehen? Wie ermögliche ich allen Kindern eine eigene E-Mail-Adresse? Und wie setzt man das alles in die Tat um?

Sie gehen über Fragen der sinnvollen räumlichen Anordnung bis hin zu Fragen der Organisation im Unterricht: In welchen

Arbeitsphasen dürfen die Kinder an den PC und ins Internet? Wie ermögliche ich allen Kinder den Zugriff auf das Internet? In welcher Form muss das Surfen im Internet beaufsichtigt werden? Wie kann der Lernprozess so organisiert werden, dass die Lehrperson nicht die ganze Zeit helfend daneben stehen muss?

Es ist wichtig, dass Lernumgebungen geschaffen werden, die auf die individuellen Bedürfnisse der Schule abgestimmt sind. Bei all diesen Entscheidungen brauchen die Schulen kompetente Unterstützung und Beratung. Auch dafür werden bei »Schulen ans Netz« Konzepte entwickelt und für eine Nachahmung aufbereitet.

Aufgrund der bisherigen Erfahrungen haben sich für die Grundschule Medienecken bewährt, d.h. zwei bis drei vernetzte PCs, die mit ausgewählter Software im Klassenraum zur Verfügung stehen. Einige Antworten auf die Fragen lassen sich bereits aus den Interviews ablesen und verschiedene Lösungen finden sich in den anderen Beiträgen in diesem Band.

Eines lässt sich hinsichtlich der organisatorischen Fragestellungen im Unterricht feststellen: Die Grundschulen haben im Vergleich zu den weiterführenden Schulen aufgrund ihrer Arbeits- und Organisationsweise die große Chance zum integrativen Einsatz der neuen Medien. Die Bedingungen sind deutlich besser, denn es gibt in der Grundschule nicht den starren 45-Minuten-Rhythmus, die Planung eines Großteils der Unterrichtszeit liegt in der Hand einer Lehrperson und offene Lernsituationen mit selbstbestimmten Lern- und Arbeitsphasen sind in der Grundschule viel selbstverständlicher als in weiterführenden Schulen. Wie aus den Interviews deutlich wird, hat sich der Einsatz des Internets während der Phasen des Stationenlernens, der Freiarbeit, des Werkstattunterrichts und der Projektarbeit bewährt.

Von entscheidender Bedeutung bei der Forderung nach der Internetnutzung im Unterricht ist eine umfassende und fundierte Ausbildung der Lehrerinnen und Lehrer. Dabei sollten die neuen Medien bereits in die beiden Phasen der Lehrerausbildung integriert werden.

Bei der Nutzung des Internets stehen wir am Anfang einer interessanten Entwicklung. Der heutige Stand lässt erahnen, wohin es gehen wird. Wir haben die große Chance, gemeinsam mit den Kindern ein neues Medium und seine Möglichkeiten zu entdecken. Dabei darf der Spaß nicht zu kurz kommen, und großen Spaß haben die Kinder am Computer allemal, was sich in ihrer großen Lernmotivation ausdrückt.

Schauen wir nach vorn und bleiben wir gespannt auf die Entwicklungen, die die Zukunft noch bringen wird!

Literatur

Grundschulverband Aktuell. Heft Nr. 69, 1. Quartal, Februar 2000, S. 18–21.

Speck-Hamdan, Angelika/Throm, Anja: Von Gespenstern, Walen und interessanten Dingen – Der Grundschul-Internet-Wettbewerb »Enter-Preis« und seine Ergebnisse. In: Grundschulverband Aktuell, Heft Nr. 72, November 2000, S. 9–12.

Zu den Autorinnen und Autoren

Inge Blatt

Jg. 1942, Dr. phil., Germanistin, wissenschaftliche Mitarbeiterin am Institut für Didaktik der Sprachen und Koordinatorin der »Arbeitsstelle Schriftkultur und ihre Medien« am Fachbereich Erziehungswissenschaft der Universität Hamburg. E-Mail: blatt@erzwiss.uni-hamburg.de

Christian Büttner

Jg. 1944, Dr. phil., Diplompsychologe, Projektleiter und mehrere Jahre IT-Beauftragter an der Hessischen Stiftung Friedens- und Konfliktforschung (Frankfurt), Honorarprofessor an der Evangelischen Fachhochschule (Darmstadt). E-Mail: buettner@hsfk.de

Horst Eufinger

Jg. 1953, im Schuldienst seit 1978, zeitweise Tätigkeit als Mediendidaktiker bei M.I.T Video-Produktion für die Entwicklung von Multimedia-Lernstationen für Fortbildung in Betrieben, Computer im Grundschulunterricht seit 1982, Autor von Lernprogrammen für Apple-II-Computer und für den PC, seit 1991 Rektor der Adolf-Reichwein-Grundschule (heute: Grundschule »Am Hasenberg«) in Neu-Anspach, Computerfortbildungen für Grundschullehrerinnen seit 1993 für das Hessische Institut für Lehrerfortbildung. E-Mail: H.Eufinger@t-online.de

Ralf Kirchhartz

Jg. 1959, Diplomsoziologe, seit 1987 Mitarbeiter der Hessischen Stiftung Friedens- und Konfliktforschung, seit 1999 Administrator in der HSFK, CNA. E-Mail: kirchhartz@hsfk.de

Claudia Lenius

Jg. 1950, seit 1998 Rektorin an der Paul-Maar-Schule, einer Grundschule in Bad Homburg, mit etwa 200 Schülern und Schülerinnen. An den Umgang mit PCs kam sie durch Neugier und die Unterstützung ihres Mannes und ihrer drei Söhne. E-Mail: clenius@freenet.de

Angela Hilger

Jg. 1951, Grundschullehrerin, Multiplikatorin der Akademie für Lehrerfortbildung und Personalführung in Dillingen für Computereinsatz in der Grundschule, Fortbildungsreferentin, Masterteacher 1 beim Projekt »Intel – Lehren für die Zukunft«. E-Mail: angela.hilger@hilger.m.shuttle.de

Marianne Hoffmann

Jg. 1960, Grundschullehrerin, Konrektorin, arbeitet seit 3 1/2 Jahren im Modellversuch mit lese- und rechtschreibschwachen Kindern in der Grundschule; dabei Entwicklung und Erprobung von Förderkonzepten für die Grundschule, Durchführung einer Trainingsstudie in Zusammenarbeit mit der Forschungsgruppe Lese-Rechtschreib-Störung der Uni Marburg. E-Mail: peantini@t-online.de

Knut Künkel

Jg. 1955, Vater von zwei Kindern, Diplompädagoge, Lehramt für Sonderschulen, Förderlehrer in der Jugendhilfe, seit neun Jahren an einer Grundschule, seit 1993 Softwareberater für Grund- und Sonderschulen am Hessischen Institut für Bildungsplanung und Schulentwicklung, Mitarbeiter in der regionalen und überregionalen Lehrerfortbildung. E-Mail: k.kuenkel@gmx.de

Otto Mantler

Jg. 1961, entwickelte aus seiner Praxis als Lehrer für Grundschulen, Sonderpädagogik und Informatik heraus die CD-ROM »LESEN 2000« und evaluiert regelmäßig Lernsoftware auf lernspiele.at und in »Otto's Lernspiele-Lexikon«. Otto Mantler lebt und arbeitet in Vorarlberg (Österreich). E-Mail: otto.mantler@blackboard.at

Sigrid Müller

Jg. 1949, ist Grundschullehrerin und IT-Beauftragte der Hanauer Brüder Grimm Schule. Am Hessischen Landesinstituts für Pädagogik (HeLP) arbeitete sie im Bereich »Neue Medien in der Grundschule«. E-Mail: Sigrid.Mueller@t-online.de

Rudolf Peschke

Jg. 1947, M.A., Diplominformatiker, Referatsleiter am Hessischen Kultusministerium, zuständig für neue Medien im Unterricht. E-Mail: r.peschke@hkm.hessen.de

Sylvia Reiß

Jg. 1960, seit drei Jahren Elternbeirätin und Mitglied der Schulkonferenz der Paul-Maar-Schule (Bad Homburg). Sie lebt und arbeitet als selbstständige Kommunikationsberaterin mit Mann und Tochter in Bad Homburg. E-Mail: Sylvia.Reiss@t-online.de

Gerhard Renner

Jg. 1956, Leiter der Wendelinusschule Steinau mit angeschlossener Lernwerkstatt Grundschule des Hessischen Landesinstitutes für Pädagogik, Regionalstelle Fulda. E-Mail: renner@wendelinusschule.de

Wolfgang Sander

Jg. 1953, Dr. phil., ist Professor für Didaktik der Gesellschaftswissenschaften an der Justus-Liebig-Universität Gießen und Chefredakteur der Zeitschrift »kursiv« – Journal für politische Bildung. E-Mail: wolfgang.sander@sowi.uni-giessen.de

Gerold Scholz

Jg. 1944, Dr. phil., ist Professor am Institut für Pädagogik der Elementar- und Primarstufe an der Johann-Wolfgang-Goethe-Universität Frankfurt am Main, Forschungs- und Lehrschwerpunkt: Erforschung kindlicher Perspektiven. E-Mail: gerold.scholz@t-online.de

Elke Schwichtenberg

Jg. 1942, Mutter von drei Kindern, seit 1979 Grundschullehrerin in Nordrhein-Westfalen, seit 1984 Fachleiterin bzw. Rektorin als Ausbildungsleiterin in der zweiten Ausbildungsphase für Lehrerinnen und Lehrer in Hessen. E-Mail: e.schwichtenberg@gmx.de

Udo Spindler

Jg.1943, Schulleiter der Grundschule Ebsdorfergrund-Dreihausen, Leiter von Ausbildungsseminaren für Word, E-Mailing und Internet. E-Mail: Udo.Spindler@t-online.de

Anja Throm

Jg. 1969, hat das 2. Staatsexamen für das Lehramt für die Primarstufe, seit 1998 arbeitet sie bei Schulen ans Netz e.V. und ist dort für die inhaltlichen Projekte rund um den Einsatz der neuen Medien im Grundschulunterricht verantwortlich. E-Mail: aThrom@SAN-EV.de

Birgit Volp

Jg. 1954, Ausbildung für das Lehramt an Grundschulen, zehn Jahre in der freien Wirtschaft tätig, seit 1991 Lehrerin an der Selzerbachschule in Karben.